絶対役立つ臨床心理学

カウンセラーを目指さないあなたにも

藤田哲也 監修　串崎真志 編著

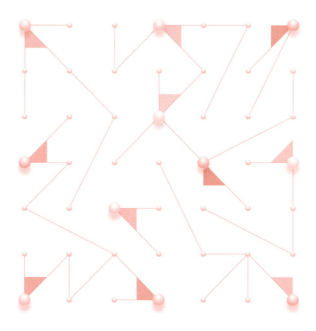

ミネルヴァ書房

目　　次

第 0 章　はじめに ……………………………………………… I
　　　　　──臨床心理学について学ぶ意味

　1　この本でみなさんに伝えたいこと……I

　2　心の不調をどうとらえるか……4

　　コラム 0-1：閾下知覚の実験　8
　　コラム 0-2：きょうだいの生まれ順は競争場面に対する好みに影響するか？　9

第 I 部　心理的障害の理解と支援

第 1 章　パーソナリティの理解 …………………………… 17
　　　　　──個人差に注目する

　1　ビッグ・ファイブとは……17

　2　心理的障害にはどのようなものがあるか……19

　3　傷つきやすさの利点……23

　　コラム 1-1：普通（normal）と普通でない（abnormal）の線引き　22
　　コラム 1-2：高い敏感性をもつ人（highly sensitive person）　25
　　コラム 1-3：神経症傾向のある人は出来事をネガティブに経験しやすい　26

第 2 章　うつ病と抑うつ障害 ……………………………… 33
　　　　　──ストレス社会を生きる

　1　症状・アセスメント……33

　2　病因・メカニズム……36

3 治　　療……40

　コラム 2-1：うつ病の文化差　35
　コラム 2-2：双極性障害　36
　コラム 2-3：子どものうつ病予防プログラム　41

第 3 章　不　安　症 …………………………………… 49
　　　　──怖れる気持ちとつきあう

 1 症状・アセスメント……49

 2 病因・メカニズム……52

 3 治　　療……56

 4 環境と遺伝……58

　コラム 3-1：社交不安症の文化差　51
　コラム 3-2：不安症がストレスフルな出来事を引き起こす？　60

第 4 章　統合失調症 ……………………………………… 65
　　　　──普遍的な心の病

 1 臨　床　像……65

 2 病因・メカニズム……70

 3 治療と支援……72

　コラム 4-1：統合失調症という病名　68
　コラム 4-2：統合失調症のバウムテスト・風景構成法　75
　コラム 4-3：病跡学──ゴッホの絵画に表現された精神世界　77

第 5 章　心的外傷後ストレス障害（PTSD）……………… 81
　　　　──癒しがたい心の傷

 1 症状・アセスメント……81

 2 神経生理メカニズム……88

3　ケアと支援……91

　　　コラム5-1：PTSDのなりやすさの遺伝的素因　83
　　　コラム5-2：レジリエンスと外傷後成長　84
　　　コラム5-3：PTSDにおける遺伝-環境相互作用　90

第6章　発達障害――自閉症の理解と支援 …………………… 97
　　　1　特徴・アセスメント……97
　　　2　自閉症スペクトラムの原因……99
　　　3　自閉症スペクトラムの認知的特性……101
　　　4　支　　援……102

　　　コラム6-1：腸内フローラと自閉症スペクトラム　100
　　　コラム6-2：自閉症スペクトラムの有病率　101

―――――――――――――――――――――――――
　　　　　　　第Ⅱ部　臨床心理学の理論と方法
―――――――――――――――――――――――――

第7章　臨床心理学の理論と方法の歴史 ………………………113
　　　　　――心に対するさまざまな考え方
　　　1　臨床心理学の誕生……113
　　　2　精神分析……118
　　　3　行動療法から認知行動療法へ……120
　　　4　人間性心理学……123
　　　5　家族療法……124
　　　6　その後の心理療法の展開……126

　　　コラム7-1：ヴントとウィットマー――ちょっとフザけた話　115
　　　コラム7-2：ヴントとウィットマー――ちょっとマジメな話　115

第 8 章　精神分析 …………………………………………… 133
　　　　――自分を深く見つめる

- *1* 自我心理学……133
- *2* 対象関係論……138
- *3* 神経精神分析……141
- *4* 分析心理学……142

　コラム 8-1：アドラー心理学　138
　コラム 8-2：ラカン派精神分析　140
　コラム 8-3：メンタライゼーションとエビデンス研究　145

第 9 章　認知行動療法 …………………………………… 149
　　　　――エビデンスにもとづくアプローチ

- *1* 認知行動療法とは……149
- *2* 認知行動療法の実際……152
- *3* 認知行動療法の適用……155
- *4* 心理療法の作用機序……159

　コラム 9-1：認知行動療法の二つの ABC 分析　151
　コラム 9-2：新世代の認知行動療法　156
　コラム 9-3：認知行動療法の多様な実践方法　158

第 10 章　人間性心理学 …………………………………… 163
　　　　――自分らしく生きる

- *1* パーソンセンタード・アプローチ……163
- *2* パーソンセンタード・アプローチの展開……166
- *3* フォーカシング指向心理療法……168
- *4* フォーカシングの展開……172

コラム 10-1：プレゼンス 168
コラム 10-2：フォーカシング・ショートフォーム 171
コラム 10-3：人間性・体験療法の効果研究 171

第11章　ナラティヴ・アプローチ……179
――心とセラピーを問い直す

1　物語的認識……179

2　ライフストーリー，ナラティヴ，記憶……182

3　ナラティヴ・セラピー……185

コラム 11-1：クライエントの物語とカウンセリングの方法の適合性　181
コラム 11-2：ナラティヴ・ベイスト・メディスン　185

第12章　神経科学と生理心理学……193
――心の生物学的基礎

1　脳のマクロな構造と部位……193

2　感情とそのコントロール……197

3　神経細胞と神経伝達物質……201

4　身体の生理学……204

コラム 12-1：皮　質　194
コラム 12-2：大脳皮質の五つの葉　195
コラム 12-3：感情と記憶　198

第13章　心理アセスメント……213
――専門家による心の見立て

1　心理アセスメント……213

2　心理検査……217

3　心理検査について知っておきたいこと……223

コラム 13-1：あなたは自分のことをわかっている？　216
　　コラム 13-2：ロールシャッハ・テストの脳研究　219
　　コラム 13-3：認知症と神経心理学検査　222

第14章　臨床心理学のための統計学 …………………………229
　　　　　――心理検査マニュアルを読むために
　　1　平均と標準偏差が意味するもの……229
　　2　標準化で何がわかるか……232
　　3　相関があるとはどういうことか……234
　　4　推測統計の考え方……237
　　コラム 14-1：心理統計学を学ぶ目的　234

■トピックス〈臨床心理学の現場〉■
　①心理職という仕事――さまざまな領域での役割　47
　②保育・子育て支援　79
　③教　　　育　108
　④スクールカウンセリング――未来の社会を支える援助　147
　⑤コミュニティ支援――傾聴ボランティア　177
　⑥スポーツ・リハビリテーション――Athlete First　211
　⑦『ダイニングテーブルのミイラ』　242

編者あとがき
監修者あとがき
さくいん

第0章 はじめに
——臨床心理学について学ぶ意味

> この本を手にしているみなさんは,「臨床心理学ってどんな心理学なんだろう」と, 不安と期待を胸に読んでいることと思います。もし心理学概論や心理学入門の授業を聴いたことがあるなら, 心理学がとても広い話題をカバーし, 多くの分野・領域に細分化されていることに驚いたことでしょう。○○心理学と冠の付く科目はたくさんあって, 臨床心理学もその一つです。本書は, 臨床心理学に関心をもちはじめたみなさんの, 最初の教科書になることを願って企画されました。

1 この本でみなさんに伝えたいこと

1-1 この本の特徴

みなさんの多くは, 臨床心理学のちょうど入り口に立ったところだと思います。「臨床心理学はおもしろそう。でも, 専門にするかどうかはわからない」。この本が対象にしているのは, まさにそのような読者です。そのような中で臨床心理学を学ぶ意味は, **日々の学生生活や卒業後の社会人生活に役立ち, 活用できる**ことでしょう。そのために, 本書では大学生に身近な話題をとりあげ, 臨床心理学の知見を実感できるように工夫しています。基本的な事項を押さえながら,（羅列的でなく）その考え方を理解してもらえるように, 学問としての質を落とさないことを心がけました。

またコラムとして, 新しい研究の話題なども簡潔に紹介しました。どうぞ, 臨床心理学の「ゼミ」に入った気分を味わってみてください。章末の「もっと

詳しく知りたい人のための文献紹介」は，さらなる勉強の道標になるはずです。各章のあいだにあるトピックス「臨床心理学の現場」では，臨床心理学が医療福祉，学校，保育の現場，地域社会などでどのように役立っているかを紹介しています。

　このような趣旨ゆえ，「心理学の授業を聴いたことはないけれど，メンタルヘルスの話題に関心のある」学生，教育・福祉・医療などの他の専門職を志す人，これから心理学を学びたい一般読者の要望にも応えていると思います。臨床心理学の教科書は，それを専門的に学ぶ人を想定していることが多いのですが，この本は**専門家にならない人にも読んでもらえるように**書かれています。

　もちろん，大学院に進学してカウンセラーなどの専門家になろうと思っている人も，有益な視点を得られるでしょう。つまり，臨床心理学に関心のあるすべての人が，この本を通して**日常生活を新しい視点で見直す**ことができればと願っています。

1-2　臨床心理学とは

　人生には悩みがつきものです。生きていると，ときに深い孤独や悲しみを味わうことがあります。不安や無力感に襲われたり，怒りや自責の念にさいなまれることもあります。一所懸命やってうまくいかないこともあれば，がんばろうと思ってできないこともあるでしょう。予期せぬ出来事に苦しんだり，人知れずつらい思いを抱えている場合もあると思います。

　臨床心理学は，このような**苦悩の理解と支援に関する心理学**です。ここでいう苦悩には，人生の途上で直面するさまざまな悩み（どの学校に進学するかなど）はもちろん，精神医学的な症状や発達上の障害も含まれます。自分自身だけでなく，家族や友人もあわせると，多くの人が身近に経験していることでしょう。

　臨床心理学は科学的な研究をふまえて，人びとに共通する要因を抽出し，効果的な支援を模索します（科学者-実践家モデル）。もちろん，苦悩の様子や解決の姿は人さまざまで，一つではありません。目の前にいる人を理解するときには，それぞれの個別的な事情が重要になってきます。このような個別性も臨床

心理学の魅力だと思います。事例研究を重視し、クライエント一人ひとりの理解と援助を第一義とする立場を、日本では**心理臨床学**と呼ぶこともあります。

1-3 臨床心理学はどのように生活に役立つのか？

さて、臨床心理学は生活にどのように役立つのでしょうか。もっといえば、臨床心理学を学ぶ目標として、何をどのように理解できれば、役立つようになるのでしょうか。

たとえば、次のような問いを投げかけられたら、あなたはどう答えるでしょうか。

問1：クラスの友人が、ここ2週間ぐらい授業に顔を出さなくなった。電話にも出ない。SNSの更新は一度だけ、「やる気出ない」とあった。みんな心配している。はたしてこれは日常生活に少し「張り」がなくなった程度なのか、何か精神的な問題を抱えているレベルなのか、その友人の状況をどう判断したらよいだろうか？

問2：小学生のいとこが教室でけんかして、友だちに軽いけがを負わせてしまった。いとこはカウンセリングを受けることになり、バウムテストという心理検査をしたという。その結果、「攻撃的なところがある」旨を指摘された。（けんかしたことを攻撃的だという同語反復は脇において）心理検査の結果は本当に「信用できる」のだろうか？　それとも「当たらない」こともあるのだろうか？

もちろん、この情報だけから判断することは難しいし、専門家であっても「正解」が一つになるとはかぎりません。まして、臨床心理学を学びはじめたみなさんが、**正確に判断できること**を目指す必要はないのです。それはむしろ危険な場合さえあります。

そうではなくて、目の前の現象に関連して、**臨床心理学にはどのような知見（考え方や議論）があるか**を思い出し、理解あるいは支援の可能性を考えることができるようになる。これが本書の目標です。問1の例でいえば、抑うつ症状

の原因や経過，典型例を思い出せることが大切でしょう。問2の例でいえば，心理検査が「心理ゲーム」や占いとどう違うのかを知っていることが重要です。

　もちろんあなた自身が専門家として解説したり，支援することは無理だと思います。この本でも，臨床心理学の技法（たくさんありますが）の修得は目標にしません。しかし，そのことでがっかりすることもありません。臨床心理学の基本的な知見を身につけていれば，日常生活を新しい視点で見直し，目の前のさまざまな現象を理解するのに役立つのです。

1-4　この本の構成

　以上をふまえて，本書の構成をみておきましょう。「第Ⅰ部　心理的障害の理解と支援」では，最初に心の「不調」になりやすい人とそうでない人の個人差（パーソナリティ）について考えたあと，精神医学的な症状（抑うつ，不安，統合失調症，心的外傷後ストレス障害，発達障害）について説明していきます。

　「第Ⅱ部　臨床心理学の理論と方法」では，臨床心理学の歴史を概観したあと，四つの主要な心理療法（精神分析，認知行動療法，人間性心理学，ナラティヴ・アプローチ）について解説します。続いて，臨床心理学を理解するのに今や欠かせない神経科学・生理心理学の話，そして最後に心理検査（心理アセスメント）と統計学についてとりあげます。

　みなさんがこの本を読み終えるころには，臨床心理学が科学的な知見を蓄積していることを実感できるでしょう。同時に，個々の事例を考えるときには，専門家でも意見が分かれるような曖昧さをもっていることもわかると思います。この本の内容が，みなさんの**人間に対する多様な見方**に貢献し，学生生活や社会人生活に少しでも活かされることを願っています。

2　心の不調をどうとらえるか

　ここからは，心の不調をどのようにとらえるか，臨床心理学の基本的な見方を紹介しましょう。第2章以降でとりあげる精神医学的な症状や発達上の障害，

そして人生の途上で直面するさまざまな悩みをあわせて，ここでは心の不調と呼んでおきます。

最初にA君の例を読んで，練習課題をやってみましょう（章末に解説があります）。

> ●練習課題 0-1
> 　A君は昨日，彼女とけんかして落ち込んでいます。最近，アルバイトで忙しくてなかなか会えない時期が続いていました。彼女から電話がかかってきて，「会えないんだったら，少し距離をおきましょう」といわれたのです。突然のことで，A君は頭が真っ白になりました。彼女の言葉の意味するところはわかりませんが，「もう一度，会って話をしよう」と返すのが精一杯でした。いろんな思いが心に浮かんできます。昨晩は食欲もわかず，眠れない夜を過ごしました。
>
> 　あなたがA君だったら，どのような思いが浮かんでくるか，書き出してみましょう。どうしてそのような思いが浮かんできたのか，自己分析してみましょう。

2-1　素因-ストレスモデル

　臨床心理学では，心の不調が生じるメカニズムを**素因-ストレスモデル**（diathesis-stress model）で説明します。A君の例では，彼女から距離をおこうと言われた出来事がストレスです。これが落ち込みや不眠の引き金になっていることは確かでしょう。ストレスは**環境要因**（environmental factors）の一つです。一般的には，ストレスが多くなれば，落ち込みや不眠の程度も増加します。しかし，それだけではありません。同じ出来事を経験しても，落ち込みや不眠の程度は人さまざまです。この個人差を生み出しているのが素因です。**遺伝要因**（genetic factor）や脳内の神経伝達物質（neurotransmitters）が相当します。

　たとえば，気分の落ち込み（抑うつ症状）には，**セロトニン**（serotonin）という脳の神経伝達物質が関与しているといわれます。そして，セロトニンの運搬（つまり量）を左右する遺伝子（5-HTT，セロトニントランスポーター遺伝子）が，第17染色体上にあります。その配列にはショート型（s型）とロング型（l型）の多型（polymorphism）があり，人によって異なることがわかっています。

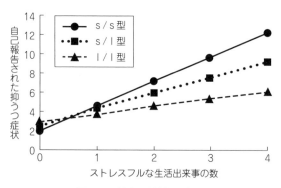

図 0-1　遺伝-環境相互作用

(注)　s 型遺伝子の保有者はストレスが多いほど抑うつ症状がでやすい。s/s 型は両親から s 型遺伝子を，l/l 型は l 型遺伝子を，s/l 型は s と l を一つずつ受け継いだことを示す。

(出所)　Caspi et al. (2003) Figure 1A をもとに作成

　じつはストレスが少ないときは，どの型（allele）をもっていても抑うつ症状に影響しません。ところがストレスが多くなると，ショート型をもっている人はぐんと抑うつ的になるのです（Caspi et al., 2003；図 0-1）。つまり，遺伝要因は環境によって発現したりしなかったりする。これを**遺伝-環境相互作用**（gene-environment interaction）と呼びます。一方でショート型をもっている人は，おもしろい漫画や映画を見ているときに笑顔が多いことも報告されています（Haase et al., 2015）。セロトニントランスポーター遺伝子のショート型は，必ずしも抑うつ症状につながるわけではなく，感情を増幅する働き（emotion amplifier）に関連すると考えられます。

　もう一つ重要なのが，その出来事をどう受けとめたかという個人差です。これは**認知的要因**（cognitive factor）と呼ばれます。A 君の例では，彼女から距離をおこうといわれたとき，「たしかにそのほうが二人にとってうまくいく」と考えることができれば，落ち込みは少ないかもしれません。「今日の彼女，何かいやなことでもあったのかな」と考えることも，（場合によっては無責任ですが）落ち込みを防ぐという点では効果的です。逆に，「自分はこのように，いつも愛想を尽かされる」と考えはじめると，どんどん抑うつ的になるでしょう。

認知的要因は，パーソナリティと同様に比較的安定した個人差と考えられます。しかし一方で，努力や練習によって変化することもわかっています。認知行動療法（第9章参照）は，そのような性質を応用したカウンセリングの方法です。

> ●練習課題 0-2
> 　インターネット依存（problematic internet use）にかんする素因-ストレスモデルを考えてみましょう。たとえばオンラインゲームにはまってしまう場合，どのようなストレスがきっかけになるか，どのような認知的要因があるか，遺伝や神経伝達物質の影響はあると思うか，考えてみましょう。

2-2　認知的無意識

　素因-ストレスモデルには位置づけられていませんが，もう一つ**状況要因**を付け加えておきたいと思います。私たちの気分や行動は，知らないあいだにその場の状況から影響を受けています。これは**認知的無意識**（cognitive unconscious），無意識的情報処理（unconscious processing），二重処理（dual processing）などと呼ばれます。臨床心理学の理論というより，認知心理学の理論です（参考書として Banaji & Greenwald, 2013；Beilock, 2015；Kenick & Griskevicius, 2013；Lobel, 2014）。

　わかりやすい例が，**閾下知覚**（subliminal perception）でしょう。閾下知覚は，感情や思考や行動が，意識的に知覚できない刺激に影響を受ける現象をいいます。また，閾下刺激だけでなく，私たちは見過ごしている（注意を向けていない）刺激の影響も受けます。このような現象をプライミング（priming）と呼ぶこともあります。道でとくに意識することなくラーメン店の看板を目にしたあと，食堂に行って注文するときラーメンを選んでしまう（しかもその影響に気づかない）などが，その例でしょう。

　一般的に，これらの効果は小さく長続きしないのですが，人の感情に影響しうる要因の一つとして，知っておきたいものです。

コラム 0-1：閾下知覚の実験

　この実験の参加者は，コンピュータの画面上で「q」の文字を探すという視覚検出課題（visual detection task）をしました（Bustin et al., 2015）。じつはその合間に，閾下刺激として Red Bull という単語がときどき瞬間的に（33ミリ秒＝1/30秒）提示されています。その結果，最後に参加者に渡される「お疲れさまドリンク」として Red Bull を飲みたいと思う程度が（Lde Ublr というランダムな文字を提示した統制群に比べて）上がりました。

　ただしこの効果には，上述の個人差の要因が絡んでいました。すなわち，**刺激欲求**（刺激希求：sensation seeking）という傾向が高い人ほど（表0-1），Red Bull の提示が効果的だったのです（図0-2）。どうやら刺激欲求の高い人の脳は，環境からの刺激を積極的に取り入れるようにできているようです。

表 0-1　刺激欲求尺度（Brief Sensation-Seeking Scale）

- 風変わりな場所を探索してみたい
- 家で多くの時間を過ごさないといけないときは，落ち着かなくなる
- 人を驚かせるようなことをしたくなる
- 大騒ぎするパーティが好きだ
- 経路や時間は前もって計画せずに旅行に出発したいものだ
- 何をやるのか予測がつかず，はらはらさせるような友達のほうが好きだ
- バンジージャンプをしてみたい
- たとえ違法であったとしても，新しくて興奮させる経験をしてみたい

（出所）　Hoyle et al.（2002）Table 1；柴田・古澤（2013）をもとに作成

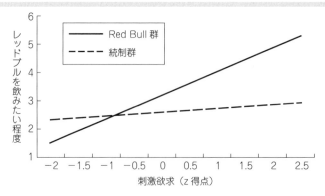

図 0-2　閾下知覚の実験

（注）　刺激欲求が高い人ほど Red Bull を飲みたくなる。刺激欲求（z得点）の0は平均値を示す。
（出所）　Bustin et al.（2015）Figure 1をもとに作成

コラム 0-2：きょうだいの生まれ順は競争場面に対する好みに影響するか？

　遺伝-環境相互作用を学部生が検証するのはむずかしいかもしれませんが，環境要因の大きさを見るなら，**生まれ順効果**（birth order effects）を調べることができます。奥平ら（Okudaira et al., 2015）は，5分間に足し算をするという架空のトーナメントにどれぐらい参加するかを，きょうだい構成別に調べました。その結果，（男性全体の平均参加率は42.6%だったのに対して）姉のいる男性の参加率は24%でした。どうやら，姉がいる男性は競争的な選択を好まないようです。姉とのかかわりが，男性の本来もつ競争的な性質を抑制するものと考えられます。なお，生まれ順はビッグ・ファイブ・パーソナリティ（第1章参照）とは関連しないようです（Rohrer et al., 2015）。余談ですが，市販の「きょうだい」本は，科学的研究の裏付けのないものが多く，それらを引用するとゼミの先生に怒られます。

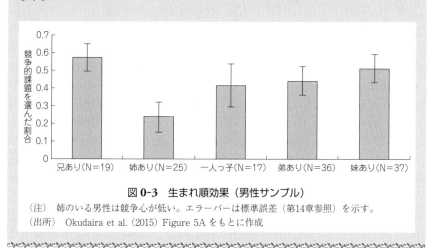

図 0-3　生まれ順効果（男性サンプル）

（注）　姉のいる男性は競争心が低い。エラーバーは標準誤差（第14章参照）を示す。
（出所）　Okudaira et al. (2015) Figure 5A をもとに作成

2-3　素因-ストレスモデルから読み取れること

　心の不調を見るときに，私たちは目につく要因だけで考えがちです。冒頭のA君が，もし部活動やアルバイト先でも落ち込むことがあるなら，私たちは彼の情緒不安定なパーソナリティ（第1章参照）を疑うでしょう。もし以前の彼女とのあいだでも同じような経験をしていたら，女心に鈍感な人だと判断するかもしれません。いずれにしても，一面的な理解で終わってしまいます。

素因-ストレスモデルは，心の不調をさまざまな要因から，多面的に理解する必要性を説いています。実際には，A君の落ち込みは遺伝要因，認知的要因（出来事の受けとめ方），環境要因（ストレス），そして状況要因が重なって生じていると考えられるのです。

●練習課題の解説
【練習課題0-1】

否定的な状況の原因をどう考えるか（**原因帰属** causal attribution）は，自分らしさ（認知的要因）をかなり反映します。自分が悪いと思うか，彼女にも非があると考えるか（internal or external），状況はもう変わらないと思うか，がんばれば打開できると考えるか（stable or unstable），自分そのものが愛想を尽かされていると思うか，会えないことだけが問題だと考えるか（global or specific）によって，気分の落ち込みの程度は異なるでしょう。エイブラムソンら（Abramson et al., 1989）の**無力感理論**（hopelessness theory，第2章参照）では，internal/stable/global な人は落ち込みやすいと予測します。

【練習課題0-2】

オンラインゲーム依存の特徴は，「オンラインのやりとりが（対面よりも）好き」「自分を元気にするためにゲームを使う」「ゲームのことで頭がいっぱいになる」「ゲームに費やす時間を制御するのが難しい」などの項目で示されます（Haagsma et al., 2013）。そのような人のパーソナリティとして，**衝動性**（impulsivity），自己調整力（self-regulation），**協調性**（agreeableness）が低いことがあげられています（Collins et al., 2012）。

協調性が低いことは人間関係が苦手なことを意味します。インターネットを使いすぎる若者は，顔写真を見たときの脳波が小さい（顔に特別な意味を見いださない）という報告もあります（Greenfield, 2015, p. 135）。衝動性が低いことは少し意外ですが，オンライン上における軽率な言動の影響は大きいので，慎重な言動が身に付くものと考えられます。

ディーン（Dean, 2013, p. 122）は，インターネット行動の多くは習慣化していて，私たちは知らず知らずにちょっとした理屈をつけてそうしていると指摘します。たとえば，大切なレポートを書いている途中で，メールやツイッターをチェックしても，それが邪魔になるとは思えない。むしろ休憩だと合理化（rationalize）しているわけです。

遺伝の影響はあるのでしょうか。ある研究によると，インターネットを強迫的に使用している程度（compulsive internet use scale）の遺伝率は0.48でした（Vink et al., 2015）。これはビッグ・ファイブ（第1章参照）のようなパーソナリティと同程度です。ちなみに**遺伝率**（heritability）は，個人差（得点分布）をもたらしている要因の中で，遺伝の影響の割合を計算した指標です。一卵性双生児と二卵性双生児の得点を比較することで得られます。

もっと詳しく知りたい人のための文献紹介

丹野義彦・石垣琢麿・毛利伊吹・佐々木淳・杉山明子（2015）．臨床心理学　有斐閣
　⇨この章の内容に限らず，臨床心理学をさらに深めるために必携の教科書です。とくに第4章「臨床の基礎学としての心理学」を最初に読んでおくと，心理学全体における臨床心理学の位置づけがよくわかります。

ルイス，D.　得重達朗（訳）（2015）．なぜ「つい」やってしまうのか　CCCメディアハウス
　⇨私たちの気分や行動は，知らないあいだにその場の状況からずいぶん影響を受けています。この章で少しふれた認知的無意識にかんする，認知心理学や社会心理学の知見をやさしく学ぶことができます。原題は *Impulse*（衝動性）。

引用文献

Abramson, L. Y., Metalsky, G., & Alloy, L. (1989). Hopelessness depression: A theory-based subtype of depression. *Psychological Review, 96*, 358-372.

Banaji, M. R., & Greenwald, A. G. (2013). *Blindspot: Hidden biases of good people.* New York: Random House.（バナージ，M. R., & グリーンワルド，A. G.　北村英哉・小林知博（訳）（2015）．心の中のブラインド・スポット　北大路書房）

Beilock, S. (2015). *How the body knows its mind.* New York: Atria Books.（バイロック，S.　薩摩美知子（訳）（2015）．「首から下」で考えなさい　サンマーク出版）

Bustin, G. M., Jones, D. N., Hansenne, M., & Quoidbach, J. (2015). Who does Red Bull give wings to? Sensation seeking moderates sensitivity to subliminal advertisement. *Frontiers in Psychology, 6*, 825.　doi: 10.3389/

fpsyg.2015.00825.

Caspi, A., Sugden, K., Moffitt, T. E., Taylor, A., Craig, I. W., Harrington, H., ...Poulton, R. (2003). Influence of life stress on depression: Moderation by a polymorphism in the 5-HTT gene. *Science, 301*, 386-389.

Collins, E., Freeman, J., & Chamarro-Premuzic, T. (2012). Personality traits associated with problematic and non-problematic massively multiplayer online role playing game use. *Personality and Individual Differences, 52*, 133-138.

Dean, J. (2013). *Making habits, breaking habits: Why we do things, why we don't, and how to make any change stick.* Boston, MA: Da Capo.（ディーン，J. 三木俊哉（訳）(2014). 良い習慣 悪い習慣 東洋経済新報社）

Greenfield, D. (2015). *Mind change: How digital technologies are leaving their mark on our brains.* New York: Random House.（グリーンフィールド，S. 広瀬 静（訳）(2015). マインド・チェンジ KADOKAWA）

Haagsma, M. C., Caplan, S. E., Peters, O., & Pieterse, M. E. (2013). A cognitive-behavioral model of problematic online gaming in adolescents aged 12-22 years. *Computers in Human Behavior, 29*, 202-209.

Haase, C. M., Beermann, U., Saslow, L. R., Shiota, M., Saturn, S. R., Lwi, S. J., ...Levenson, R. W. (2015). Short alleles, bigger smiles? The effect of 5-HTTLPR on positive emotional expressions. *Emotion, 15*, 438-448.

Hoyle, R. H., Stephenson, M. T., Palmgreen, P., Lorch, E. P., & Donohew, R. L. (2002). Reliability and validity of a brief measure of sensation seeking. *Personality and Individual Differences, 32*, 401-414.

Kenick, D. T., & Griskevicius, V. (2013). *The rational animal: How evolution made us amater thanwe think.* New York: Basic Books.（ケンリック，D. T., & グリスケヴィシウス，V. 熊谷淳子（訳）(2015). きみの脳はなぜ「愚かな選択」をしてしまうのか 講談社）

Lobel, T. (2014). *Sensation: The new science of physical intelligence.* New York: Atria Books.（ローベル，T. 池村千秋（訳）(2015). 赤を身につけるとなぜもてるのか 文藝春秋）

Okudaira, H., Kinari, Y., Mizutani, N., Ohtake, F., & Kawaguchi, A. (2015). Older sisters and younger brothers: The impact of siblings on preference for competition. *Personality and Individual Differences, 82*, 81-89.

Rohrer, J. M., Egloff, B., & Schmukle, S. C. (2015). Examining the effects of birth order on personality. *Proceedings of the National Academy of Sciences of the United States of America.* [Published online before print]

柴田由己・古澤照幸 (2013). 日本語版 Brief Sensation Seeking Scale の作成 (2) 日本心理学会第77回大会発表論文集, 13.

Vink, J. M., van Beijsterveldt, T. C., Huppertz, C., Bartels, M., & Boomsma, D. I. (2016). Heritability of compulsive internet use in adolescents. *Addiction Biology, 21,* 460-468.

第Ⅰ部
心理的障害の理解と支援

第1章 パーソナリティの理解
——個人差に注目する

　その人に特徴的な感情・思考・行動をパーソナリティといいます。比較的安定的な（つまり時間や状況によって変化しにくい）個人差といってもいいでしょう。臨床心理学で扱う心の不調は個人差が大きいので，その基本となるパーソナリティについて知ることは，とても重要です。この章では，最初に心理学でもっともよく使われるビッグ・ファイブ（パーソナリティの5因子モデル）を紹介し，それにもとづいて心理的障害を説明したあと，傷つきやすいパーソナリティの利点について考えてみたいと思います。

1　ビッグ・ファイブとは

1-1　パーソナリティを五つの特性で表す

　ビッグ・ファイブ（Big Five：パーソナリティの5因子モデル five-factor model）は，パーソナリティを五つの特性（traits）で記述する理論です。マクレイ（McCrae, R.）やコスタ（Costa, P.）に代表される多くのパーソナリティ心理学者たちが研究してきました。

　最初に，次の練習課題を通して，自分のパーソナリティをビッグ・ファイブにもとづいて把握してみましょう（章末に解説があります）。

●練習課題 1-1
　表1-1の10項目について，自分にどのくらいあてはまるかを，1点（まったく違うと思う）から7点（強くそう思う）のあいだで点数化してみましょう。
　得点の計算方法：項目2，項目6，項目8，項目9，項目10は逆転項目です。

1点を7点，2点を6点，3点を5点……というように数値を逆にして計算します。項目番号1と6が外向性（extraversion），2と7が協調性（agreeableness），3と8が勤勉性（conscientiousness），4と9が神経症傾向（neuroticism），5と10が開放性（openness to experience）の特性を示します。各特性について2項目の数値を足してください。

表1-1　日本語版10 Item Personality Inventory

1	活発で，外向的だと思う
2	他人に不満をもち，もめごとを起こしやすいと思う
3	しっかりしていて，自分に厳しいと思う
4	心配性で，うろたえやすいと思う
5	新しいことが好きで，変わった考えをもつと思う
6	ひかえめで，おとなしいと思う
7	人に気をつかう，やさしい人間だと思う
8	だらしなく，うっかりしていると思う
9	冷静で，気分が安定していると思う
10	発想力に欠けた，平凡な人間だと思う

（出所）　小塩ら（2012）Appendixをもとに作成

1-2　五つの特性の意味

　ビッグ・ファイブの意味について，ここではネトル（Nettle, 2007）のパーソナリティ論をもとに解説します。

　外向性得点の高い人は，社交的で熱中しやすいという特徴があります。脳の基本メカニズムは報酬への反応（response to reward）で，ドーパミン（dopamine）系の活動によって，報酬になるような刺激を求めます。ネトルによると，重要な他者からの関心，地位，物，配偶者，新しい技や仕事の修得，たんに楽しい場所にいることなどは，外向性得点の高い人たちにとって誘因（incentive），すなわち行動を起こす刺激になります。

　神経症傾向（情緒不安定性）得点の高い人は，ストレスを受けやすく，心配性です。脳の基本メカニズムは脅威への反応（response to threat）で，扁桃体（amygdala）の活動をともなって，危険な状況を避けようとします。ネトルによると，傷つけられるリスク，地位を失うリスク，社会からの排斥のリスクなど，さまざまな危険を察知するシステムです。

勤勉性（誠実性，統制性）の高い人は，自己管理（self-directed）ができ，ものごとをきちんとします（organized）。脳の基本メカニズムは反応抑制（response inhibition）で，前頭葉（frontal lobe）の活動によって，衝動を自制（self control）します。認知心理学では，**実行機能**（executive functions，物事を計画するなど，思考や行動を調節するための脳の機能。第12章参照）の一つにあげられる特性です。

　協調性（調和性）得点の高い人は，他者に共感し，人を信頼します。共感（他者の情動や思考を感じたり推測すること）や信頼の脳活動によって，他者に配慮し，協力的な人間関係を築きます。私たちが集団をつくり，社会を形成するために欠かせない特性です。

　最後の**開放性**（経験への開放性）がわかりにくいのですが，ネトルは心の連想（mental associations）が広がることだと説明しています。開放性得点の高い人は，創造的で想像的です。一方で風変わり（eccentricity）なところがあり，度を超せば型破り（idiosyncrasy）な傾向とも紙一重です。

　ビッグ・ファイブをパーティの楽しみ方でたとえると，五つの特性は，週末のパーティの参加のしかたにどう影響するでしょうか（Larsen et al., 2013, pp.68-70）。外向性は「パーティだったらとにかく参加したい」程度，神経症傾向は「パーティに怖い人がいないか」を気にする程度，勤勉性は「パーティよりも勉強や仕事を優先しなければ」と考える程度，協調性は「パーティで友だちができそうな」程度，開放性は「ユニークなパーティを開催してみたい」と思う程度といえます。

　また，ビッグ・ファイブのほかに，アシュトン（Ashton, M.）とリー（Lee, K.）の提唱した HEXACO モデルも注目されています。これはビッグ・ファイブに正直-謙虚（honesty-humility）の特性を追加した形になっています。

2 心理的障害にはどのようなものがあるか

2-1 異常心理学

　この本では第2章以降で，抑うつ障害，不安症，統合失調症，心的外傷後ス

表 1-2 　Abnormal Psychology（第13版）に掲載されている心理的障害

気分障害	抑うつ障害，双極性障害
不安症	恐怖症，社交不安症，パニック症，全般不安症
強迫症，PTSD	
解離症，身体症状症	
統合失調症	
物質使用障害	アルコール，タバコ，マリファナ，オピオイド，精神刺激薬
摂食障害	神経性やせ症，神経性過食症，過食性障害
性に関する障害	性機能不全，パラフィリア
児童期の障害	ADHD，素行症，学習症，知的能力障害，自閉スペクトラム症
人生後期と神経認知障害	
パーソナリティ障害	

（出所）　Kring & Johnson (2016) Contents をもとに作成

トレス障害（PTSD），発達障害について説明します。精神症状についての知識は，臨床心理学において必須です。これは精神医学と重なる領域で，臨床心理学では**異常心理学**（abnormal psychology）と呼んでいます。クリングとジョンソン（Kring & Johnson, 2016）の教科書では，**精神疾患の診断・統計マニュアル**（Diagnostic and Statistical Manual of Mental Disorders：**DSM**）というアメリカ精神医学会の診断基準をふまえて，表 1-2 のような心理的障害をとりあげています。

2-2　心理的障害と神経症傾向

　これらの心理的障害を，ビッグ・ファイブから考えてみましょう。ある研究（Kotov et al., 2010）によると，抑うつ障害，不安症，物質使用障害など多くの障害で神経症傾向が高く，勤勉性が低くなっていました（表 1-3）。**持続性**（慢性）**抑うつ障害**（persistent depressive disorder または dysthymia），社交不安症（social anxiety disorder）などでは，それに加えて外向性も低くなっていました。開放性は持続性抑うつ障害で低く，協調性はいずれの障害とも無関連でした。

　しかし，ある障害でビッグ・ファイブの特性が低くても，その障害の結果として得点が下がっただけかもしれません。そこで患者・（発症していない）きょうだい・（血縁のない）統制群を比較し，素因としてのパーソナリティの影響を

表1-3 心理的障害に対するビッグ・ファイブの影響

	外向性	神経症傾向	勤勉性	協調性	開放性
抑うつ障害		1.33	−0.90		
持続性抑うつ障害	−1.47	1.93	−1.24		−0.57
恐怖症		0.92	−0.67		
社交不安症	−1.31	1.63	−1.06		
パニック症	−1.07	1.92	−0.98		
全般不安症	−1.02	1.96	−1.13		
強迫性障害	−1.12	2.07	−0.97		
PTSD	−0.79	2.25	−1.02		
物質使用障害		0.97	−1.10		

(注) 数値は統制群に対する効果量 d を示す
(95パーセント信頼区間（第14章参照）が0を含まないもののみ表示）
数値が正の値で大きいほど，その特性は障害の程度を重くする
数値が負の値で大きいほど，その特性は障害の程度を軽くする
(出所) Kotov et al. (2010) Table 4 をもとに作成

推測する研究もあります。ある研究（Boyette et al., 2013）によると，神経症傾向は，**統合失調症**の患者＞きょうだい＞統制群でした。また3群ともに，開放性が高いほど**精神病様**の経験（subclinical psychotic experiences）が増えていました。

これらの研究から，心理的障害に共通して影響するパーソナリティ特性は，神経症傾向といえそうです。

2-3 文化・社会の影響

操作的診断基準（コラム1-1参照）は信頼できるのでしょうか。ある研究（Targum et al., 2013）では，抑うつ障害患者の問診の様子を録画し，アメリカと日本の医師に評定してもらったところ，重症度の評定に違いはありませんでした。一方，ある研究（Mackin et al., 2006）では，**双極性障害**（気分が高揚する躁状態（mania）と抑うつ状態の両方を繰り返す障害。第2章参照）患者の問診の様子を，アメリカ，インド，イギリスの精神科医に評定してもらったところ，アメリカとインドは，イギリスに比べて症状を重いと判断しました。何を「普通でない」とみなすかは，社会や文化の影響を受けている可能性があります。

コラム 1-1：普通（normal）と普通でない（abnormal）の線引き

どのような心理的障害が「問題」になるのでしょうか。「普通」と「普通でない」状態は，どのように区別できるのでしょう。カマー（Comer, 2013）によると，私たちは**四つのD**（the four Ds）という基準をもっています。すなわち，集団の中で少数ないし極端である（deviant），本人が困っている（distressing），日常生活の遂行能力が阻害されている（dysfunctional），そして他者に危害を加える恐れがある（dangerous）です。

これらの基準は曖昧で主観的です。たとえば左利きは少数派ですが，それだけで abnormal とはいえないでしょう。PTSD のような後遺症は苦痛を伴いますが，多くの人がそうなるなら，むしろ normal な反応というべきかもしれません。また，生活機能の低下は環境しだいでずいぶん違うことがわかっています。dangerous = abnormal という基準は理解しやすいですが，その人物が危険かどうかを，どうやって客観的に予測できるでしょう？

このような「普通」と「普通でない」の曖昧さを承知しつつ，**DSM では操作的診断基準**（原因がわからなくても，いつくかの症状を満たすことをもって診断する）を採用し，改訂を重ねることで共通理解を得ていくという方法をとっています。これまで DSM-Ⅲ（1980年），DSM-Ⅲ-R（1987年），DSM-Ⅳ（1994年），DSM-Ⅳ-TR（2000年），DSM-5（2013年）と版を重ね，いまや治療と研究の共通言語になりました。いっぽう，それが影響力をもちすぎる傾向に対しては，フランセス（Frances, 2013）などが警鐘を鳴らしています。

クラインマン（Kleinman, 1988）によると，ストレスの影響は，西洋の社会では抑うつや不安として現れますが，中国では身体的な問題として訴えられる傾向があるといいます。人びとはそれを疾患（disease，つまり生物医学的モデル）ではなく，**病い**（illness，つまり人生や生活の中に意味づけられる物語）として経験し，社会の側にもそれを受けとめるヘルスケア・システムがあるのです。

また，ある社会や文化で特徴的に現れる症状を**文化結合症候群**（culture-bound syndromes）と呼ぶこともあります。たとえば，ラテンアメリカ社会の神経発作（ataque de nervios）は，泣き叫んだり感情を制御できなくなる現象です。日本の**対人恐怖症**（taijin kyofusho）では，自分の臭いや視線が相手を傷つけているといった恐怖をもつことがあります。これらは文化に関連する症状

(cultural-concepts of distress) として，DSM-5（コラム 1-1参照）の付録（glossary）に例示されています。このほか，アメリカの教科書（Coon & Mitterer, 2014, p.490）には，ネイティブ・アメリカンの社会で死にとりつかれたようになる幽霊病（ghost sickness）や，日本社会において「親の家から離れるのを拒否する青年たち」としてひきこもり（hikikomori）が紹介されています。

> ●練習課題 1-2 風変わり（eccentric）と普通でない（abnormal）の線引き
> 　アーティストや著名人の名前をあげて，どのような風変わりな点をもっているかを考えてみましょう。それは abnormal なのか，希有の才能なのかを考えてみましょう。

3　傷つきやすさの利点

3-1　神経症傾向の特徴

　世の中には，いわゆるメンタルの強い人とそうでない人がいます。クヨクヨしていると損なことが多い気がしますが，はたして傷つきやすいパーソナリティに利点はないのでしょうか。

　神経症傾向の高い人は実際に，不快な記憶をすばやく思い出したり，脅威刺激（怒った顔や否定的な単語）にすばやく目を向けることがわかっています（Larsen et al., 2013, pp.373-374）。また，**特性不安**（trait anxiety，状況の影響を受けにくいパーソナリティ特性としての不安。一方，状況によって変化する不安は状態不安という）が高いほど，視覚探索（visual search）課題で関係ない刺激（distractor）に目がいきます（Moser et al., 2012）。このような性質は，環境の変化をいち早く察知し，危険を回避するのに役立っていると考えられます（Nettle, 2006）。グレイ（Gray, J. A.）のいう**行動抑制系**（behavioral inhibition system：BIS），クロニンジャー（Cloninger, C. A.）のいう**損害回避**（harm avoidance）も，同様の性質を意味しています。

3-2 不同感受性(感受性差異)仮説

　最近,このような傷つきやすさ(vulnerability)に,さらなる利点があることがわかってきました。すなわち,傷つきやすい人はよくも悪くも環境しだいで,よい環境に恵まれると,ふつうの人よりも適応でき,能力を発揮できるというのです。ベルスキー(Belsky, J.)は,これを**不同感受性**(感受性差異,differential susceptibility)**仮説**と呼んでいます(Belsky & Pluess, 2009)。

　たとえば,生後数か月のときに気難しかった(ぐずりやすい)赤ちゃんが,応答性の高い(声かけの多い)親の元で育つと,(ふつうの赤ちゃんに比べて)4歳半のとき,幼稚園での問題行動がぐんと少ないことがわかりました(Pluess & Belsky, 2009)(図1-1)。つまり,傷つきやすい人は,環境の資源を最大限に吸収できるのです。

　この仮説は第0章でふれた**遺伝-環境相互作用**の研究に,新しい展開を生んでいます(Bakermans-Kranenburg & van IJzendoorn, 2007)。たとえば,**セロトニントランスポーター遺伝子**のショート型(抑うつ的なリスク)をもつ子どもが,25-80か月のときに優しい親(non power-assertive parenting)の元で育つと,10歳のときに(ロング型の子どもに比べて)他者にぐんと優しくなったのです(Kochanska et al., 2015)。傷つきやすい人は自分の性格を変えようなどと思わず,環境(人との出会いも含む)を変えて能力を発揮するほうが得策かもしれません。

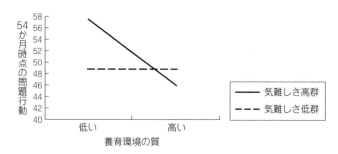

図1-1　不同感受性仮説

(注)　気難しい赤ちゃんは上質な環境で育てられると問題行動がぐんと少なくなる。
(出所)　Pluess & Belsky (2009)をもとに作成

コラム 1-2：高い敏感性をもつ人（highly sensitive person）

環境の影響を受けやすい特性としてもう一つ，アーロン（Aron, E.）のいう**感覚処理感受性**（敏感性感覚処理 sensory-processing sensitivity）が注目されています（Aron et al., 2012）。ある研究では，小学生に抑うつ予防プログラム（SPARK Resilience program）を実施して，その効果を追跡調査しました（Pluess & Boniwell, 2015）。その結果，効果があったのは感覚処理感受性の高い子どもだけでした（表1-4，図1-2）。高い敏感性をもつ人は，繊細すぎて生きづらい反面，よい環境に出会うと，水を得た魚のように個性を発揮するのです。

表 1-4　高敏感性尺度（児童用）(Highly sensitive person scale-Child short form)

1	周りの小さな変化に気づきやすい
2	大きな音がすると嫌な気持ちになる
3	いい匂いが好きだ
4	ちょっとの間にたくさんのことをすると緊張する
5	音楽を聴くとすごく幸せになることがある
6	一度にたくさんのことをさせられるとイライラする
7	暴力場面の多いテレビ番組を見るのは好きでない
8	一度にたくさんのことを進めると嫌な気持ちになる
9	生活でものごとが変化するのは好きでない
10	おいしいものを味わうのが好きだ
11	大きな音が好きでない
12	誰かに見られていると緊張してふつうよりうまくできない

（出所）Pluess & Boniwell (2015) Table 1 をもとに作成

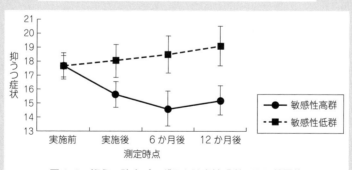

図 1-2　抑うつ防止プログラムは高敏感者のみに効果的

（注）抑うつ症状尺度（CESD）は16点以上で抑うつ傾向があるとされる。エラーバーは標準偏差を示す。
（出所）Pluess & Boniwell (2015) Figure 2をもとに作成

コラム 1-3：神経症傾向のある人は出来事をネガティブに経験しやすい

当然かもしれませんが，神経症傾向のネガティブさはよく調べられています。

［1］ 神経症傾向と感情経験

調査の参加者は，バレンタインデー1か月前の時点（ベースライン）で，今の感情（喜び，満足，誇りなど）の程度を自己評定し，バレンタインデー2日後の自分の感情を予想しました（Hoerger & Quirk, 2010）。そして，実際にバレンタインデー2日後に自分の感情を評定しました。その結果，神経症傾向が高いとデートをしてもネガティブになりやすく，外向性が高いとデートをしなくてもポジティブになりやすいことがわかりました（表1-5）。神経症傾向のある人は，実際にネガティブな感情を経験しやすいのです。

表1-5　ビッグ・ファイブとポジティブ感情の相関係数

	デートなし群 (n =145)			デートあり群 (n =81)		
	ベースライン	予想	実際	ベースライン	予想	実際
神経症傾向	−0.26**	−0.26**	−0.24**	−0.42**	−0.08	−0.34**
外向性	0.19*	0.12	0.22**	0.26*	0.16	0.22**

（注）予想と実際はベースラインの影響を取り除いた数値。＊は5％水準，＊＊は1％水準で有意であることを示す（第14章参照）。
　　　数値が正の値で大きいほど，その特性はポジティブ感情を強くする。
　　　数値が負の値で大きいほど，その特性はポジティブ感情を弱くする。
（出所）Hoerger & Quirk (2010) Table 1 をもとに作成

［2］ 神経症傾向としぐさ

ある実験で，参加者は見知らぬ者同士でペアになり，架空の話題について話し合いました（Kurzius & Borkenau, 2015）。その録画を分析した結果，神経症傾向が高いほど相手のネガティブなしぐさ（唇をすぼめる）を真似していました。また，協調性が高いほどポジティブなしぐさ（笑顔）を真似すること，勤勉性と開放性が高いほど相手の評価的なしぐさ（顔をしかめる）を真似しないこともわかりました。神経症傾向の高い人は，知らず知らずにネガティブなしぐさが多くなるようです。

3-3　特性一致情動理論

　神経症傾向の高い人は，気がかりなこと（worrisome）を思い出すほうが，**創造性課題**（たとえば飛行機の客室の新しいデザインを考える）でよい発想をすることもわかってきました（Leung, 2014）。人は自分のパーソナリティ特性に合った感情を体験するときに，能力を発揮するのです。これを**特性一致情動**（trait-consistent emotions）**理論**といいます。ネガティブ思考の人は，後ろ向きのままでよいのです。

　このようにネガティブな感情やパーソナリティ，傷つきやすさの利点を明らかにする研究が進んでいます（Cain, 2012；Kashdan & Biswas-Diener, 2014；Oettingen, 2014）。臨床心理学は心の不調を治そうと努力しますが，傷つきやすさをそのまま抱えつつ（あるいは活かしながら）生きる道もありそうです。

　この章では，最初にパーソナリティをビッグ・ファイブをもとに理解し，次にビッグ・ファイブと心理的障害の関連について解説しました。さらに，神経症傾向などのネガティブな特性には利点もあることを述べました。このことは，私たちがなぜ傷つきやすさをもち，心理的障害になるのかという，根本的な問題を考える手がかりになるでしょう（NHK 取材班, 2014）。さまざまな心の不調も悪いことばかりではない，という視点で日常生活をふりかえってみてください（McGonigal, 2015）。臨床心理学に対する関心が，いっそう大きくなると思います。

●練習課題の解説
【練習課題 1-1】
　下記のウェブアドレスにアクセスすると，小塩ら（2012）の論文中の Figure 1 で，大学生902名の調査結果を見ることができます。五つの特性について，自分の得点が大学生の得点分布のどこに位置するかを確認してみましょう。ただしこの質問票は，診断やスクリーニングをするためのものではないことに注意してください。
http://doi.org/10.2132/personality.21.40

ビッグ・ファイブはタイプ分け（個人を五つのタイプのいずれか一つに分類する）という考え方ではないことにも注意しましょう。五つの特性はトレード・オフする（どれかが強まれば，他が弱まる）ことなく，独立に共存すると考えられます。イメージとしては，5軸のレーダーチャートを思い浮かべるとよいでしょう。どれか一つや二つの軸（特性）が突出していることもあれば，全体的に膨らむことや，全体的に小さくまとまることもある，という感じです。

あなた自身についてビッグ・ファイブから捉えてみると，どのような特徴があるでしょうか。

【練習課題 1-2】

たとえば，スペインの画家ダリ（Dali, D.）には奇妙な行動が多くみられましたが，彫刻から漫画にいたるまで1500点以上の作品を残しました（Coon & Mitterer, 2014, p.328）。すべてが傑作ではないにせよ，そのあふれ出るアイディアは，希有の才能といえるでしょう。

プロのアーティストや音楽家に，**統合失調症型パーソナリティ**（schizotypal personality）の人が多いという指摘もあります（Carson, 2011）。統合失調症型パーソナリティは，超感覚的知覚やテレパシーを信じるなど奇妙で風変わりな（odd and eccentric）言動や服装を特徴とし，親しい友だちは少ないといわれています。創造性と風変わりさは，どちらも開放性の特徴です。

もっと詳しく知りたい人のための文献紹介

ミシェル，W. 柴田裕之（訳）（2015）．マシュマロ・テスト　早川書房
　　⇨ミシェルは，人の行動は状況によって異なるという状況論（situationism）に立ちます。この本では自制心の有名な長期追跡研究と，その伸ばし方を考えます。原題は *The marshmallow test*。

岡田康伸・藤原勝紀・山下一夫・皆藤　章・竹内健児（2013）．パーソナリティの心理学　有斐閣
　　⇨心理臨床学（クライエントの個別的理解を第一義とする）の立場からパーソナリティを説明しています。とくに Part 2 の心理アセスメント・心理検査，クライエントのパーソナリティ理解が役立つでしょう。

小塩真司（2014）．パーソナリティ心理学　サイエンス社
　　⇨パーソナリティ心理学をもっと学びたくなった人にお勧めの教科書です。ビッグ・ファイブの詳しい解説を中心に，パーソナリティの検査や測定方法，動物のパーソナリティなど充実した内容です。

引用文献

Aron, E. N., Aron, A., & Jagiellowicz, J. (2012). Sensory processing sensitivity: A review in the light of the evolution of biological responsivity. *Personality and Social Psychology Review, 16*, 262-282.

Bakermans-Kranenburg, M. J., & van IJzendoorn, M. H. (2007). Research Review: Genetic vulnerability or differential susceptibility in child development: The case of attachment. *Journal of Child Psychology and Psychiatry, 48*, 1160-1173.

Belsky, J., & Pluess, M. (2009). Beyond diathesis stress: Differential susceptibility to environmental influences. *Psychological Bulletin, 135*, 885-908.

Boyette, L. L., Korver-Nieberg, N., Verweij, K., Meijer, C., Dingemans, P., Cahn, W., & de Haan, L. (2013). Associations between the Five-Factor Model personality traits and psychotic experiences in patients with psychotic disorders, their siblings and controls. *Psychiatry Research, 210*, 491-497.

Cain, S. (2012). *Quiet: The power of introverts in a world that can't stop talking.* New York: Random House.（ケイン，S. 古草秀子（訳）（2013）．内向型人間の時代　講談社）

Carson, S. H. (2011). Creativity and psychopathology: A shared vulnerability model. *Canadian Journal of Psychiatry, 56*, 144-153.

Comer, R. J. (2013). *Abnormal psychology* (8th ed.). New York: Worth.

Coon, D., & Mitterer, J. O. (2014). *Psychology: A Journey, 5th edition.* Belmont, CA: Wadsworth.

Frances, A. (2013). *Saving normal.* New York: HarperCollins.（フランセス，A. 青木　創（訳）（2013）．正常を救え　講談社）

Hoerger, M., & Quirk, S. W. (2010). Affective forecasting and the Big Five. *Personality and Individual Differences, 49*, 972-976.

Kashdan, T. B., & Biswas-Diener, R. (2014). *The upside of your dark side: Why being your whole self — not just your "good" self — drives success and fulfillment.* New York: Penguin.（カシュダン，T. B., & ビスワス＝ディーナー，R. 高橋由紀子（訳）（2015）．ネガティブな感情が成功を呼ぶ　草思社）

Kleinman, A. (1988). *Rethinking psychiatry: From cultural category to personal experience.* New York: Free Press.（クラインマン，A. 江口重幸・下地明友・松澤和正・堀　有伸・五木田紳（訳）（2012）．精神医学を再考する　み

すず書房）

Kochanska, G., Boldt, L. J., Kim, S., Yoon, J. E., & Philibert, R. A. (2015). Developmental interplay between children's biobehavioral risk and the parenting environment from toddler to early school age: Prediction of socialization outcomes in preadolescence. *Development and Psychopathology, 27*, 775-790.

Kotov, R., Gamez, W., Schmidt, F., & Watson, D. (2010). Linking "big" personality traits to anxiety, depressive, and substance use disorders: A meta-analysis. *Psychological Bulletin, 136*, 768-821.

Kring, A. M., & Johnson, S. L. (2016). *Abnormal psychology* (13th ed.). Hoboken, NJ: Wiley.

Kurzius, E., & Borkenau, P. (2015). Antecedents and consequences of mimicry: A naturalistic interaction approach. *European Journal of Personality, 29*, 107-124.

Larsen, R., Buss, D., & Wismeijer, A. (2013). *Personality psychology.* New York: McGraw-Hill.

Leung, A. K., Liou, S., Qiu, L., Kwan, L. Y., Chiu, C. Y., & Yong, J. C. (2014). The role of instrumental emotion regulation in the emotions-creativity link: How worries render individuals with high neuroticism more creative. *Emotion, 14*, 846-856.

Mackin, P., Targum, S. D., Kalali, A., Rom, D., & Young, A. H. (2006). Culture and assessment of manic symptoms. *British Journal of Psychiatry, 189*, 379-380.

McGonigal, K. (2015). *The upside of stress: Why stres is good for you, and how to get good at it.* New York: Avery.（マクゴニガル，K. 神崎朗子（訳）(2015)．スタンフォードのストレスを力に変える教科書　大和書房）

Moser, J. S., Becker, M. W., & Moran, T. P. (2012). Enhanced attentional capture in trait anxiety. *Emotion, 12*, 213-216.

Nettle, D. (2006). The evolution of personality variation in humans and other animals. *American Psychologist, 61*, 622-631.

Nettle, D. (2007). *Personality: What makes you the way you are.* New York: Oxford University Press.（ネトル，D. 竹内和世（訳）(2009)．パーソナリティを科学する　白揚社）

NHK 取材班 (2014). 病の起源 うつ病と心臓病 宝島社
Oettingen, G. (2014). *Rethinking positive thinking: Inside the new science of motivation.* New York: Penguin.（エッティンゲン，G. 大田直子（訳）(2015). 成功するにはポジティブ思考を捨てなさい 講談社）
小塩真司・阿部晋吾・カトローニ，P. (2012). 日本語版 Ten Item Personality Inventory（TIPI-J）作成の試み パーソナリティ研究, *21*, 40-52.
Pluess, M., & Belsky, J. (2009). Differential susceptibility to rearing experience: The case child care. *Journal of Child Psychology and Psychiatry, 50*, 396-404.
Pluess, M., & Boniwell, I. (2015). Sensory-processing sensitivity predicts treatment response to a school-based depression prevention program: Evidence of vantage sensitivity. *Personality and Individual Differences, 82*, 40-45.
Targum, S. D., Nakagawa, A., & Sato, Y. (2013). A cross-cultural comparison study of depression assessments conducted in Japan. *Annals of General Psychiatry, 12*, 9. doi: org/10. 1186/1744-859X-12-9

第2章 うつ病と抑うつ障害
——ストレス社会を生きる

> うつ病は，日本人の15人に一人が生涯のうちに経験するといわれるくらい，たくさんの人に生じる心の不調です。きっかけは生活上の大小さまざまな変化で，多くの場合，治療によって回復しますが，一方で再発や自殺のリスクが高いこともうつ病の特徴でしょう。うつ病は，ストレス反応（ストレスを克服しようとする正常な反応）の延長線上にあると考えられます。うつ病の自覚症状が現れるかなり前から，身体的・心理的には無理が続いているのです。このことから，うつ病の予防も重要な課題となります。この章ではうつ病（DSM-5では抑うつ障害群の一つ）の基本的知識を学びます。

1 症状・アセスメント

1-1 抑うつ障害の定義

　誰でも悲しい気持ちになったり，意気消沈したりすることはあるでしょう。それらの多くは周囲から励まされたり，自分で思い直したりして，時間とともに自然に回復するものです。ところが，そのような状態が2週間持続するなら，うつ病（major depressive disorder）と診断される可能性があります。うつ病は，悲しい気分や空虚感といったネガティブ感情がほぼ一日中続くだけでなく，興味や喜びなどのポジティブ感情が生じないこと，睡眠や食欲などの変化といった身体症状にも現れます。「がんばらないといけないのに，体がついてこない」といった焦りやイライラのほか，ものごとを決断できないほど集中力が低下したり，疲労感や体の痛みなどが前面に出る場合もあります。

第Ⅰ部 心理的障害の理解と支援

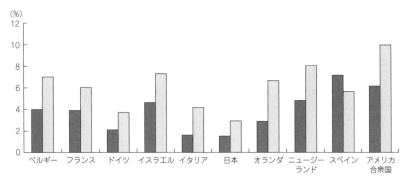

図 2-1 うつ病の有病率
（注） 過去12か月のあいだにうつ病を経験した成人の割合。左側が男性，右側が女性を示す。女性は男性に比べて抑うつ的になりやすい。
（出所） Myers (2013) Figure 15.4をもとに作成

DSM-5（第1章参照）には，抑うつ障害群（depressive disorders）として，うつ病のほかに，それが慢性化した**持続性抑うつ障害**（persistent depressive disorder），**女性の月経前不快気分障害**（premenstrual dysphoric disorder），子どものかんしゃくを主症状とする**重篤気分調節症**（disruptive mood dysregulation disorder）なども記載されています。図2-1に，うつ病の**12か月有病率**を示しました。国による違いはありますが，女性は男性に比べて約2倍，うつ病になりやすいといわれています。

●**練習課題 2-1　うつ病の性差**
　うつ病の有病率になぜ性差があるのか，その要因を考えてみましょう。

第0章の例（1-3）をふりかえってみましょう。「クラスの友人が，ここ2週間ぐらい授業に顔を出さなくなった。電話にも出ない。SNSの更新は一度だけ」とのことなので，気分の落ち込みが持続しているように思います。上記の症状も考慮しつつ，受診を勧めたほうがよいかもしれません。そのさい，体調不良（睡眠や疲労）に焦点を当てて話していくのがよいでしょう。

うつ病は挿話性（反復性，周期性）の障害（episodic disorder）であり，とくに治療を受けなくてもいったんは収まることがあるものの，2分の1 (Comer,

コラム2-1：うつ病の文化差

うつ病の有病率の違いは、さまざまな事情を表しています。図2-1によると、日本の有病率は比較的低いようですが、どうでしょうか。疫学調査では、無作為抽出した地域住民に対して、訓練を受けた調査員が面接し、診断基準に照らして判断するきまりになっています。日本では、自分のネガティブな感情や自殺念慮などについて、他人に表明しにくい文化があります。日本の**自殺率は10万人あたり18.9人**（内閣府自殺対策推進室, 2015）とたいへん高く、自殺の背景として抑うつ症状が多くみられると推定されます。なお、医療機関を受診した患者数については、各国の医療制度や病気の認知度に左右されるので、単純に国際比較できません。

2013）あるいは3分の2（Kring & Johnson, 2016）は再発します。再発をいかに防止するかが、うつ病の重要な課題です（Klein & Allmann, 2014）。

1-2 抑うつ障害のアセスメント

研究用あるいはスクリーニングとして、自己記入式の抑うつ尺度がいくつか開発されています。**BDI-Ⅱベック抑うつ質問票**（Beck Depression Inventory）、SDS自己評価式抑うつ尺度（Self-ating Depression Scale）、CES-D抑うつ尺度（Center for Epidemiologic Studies-Depression scale）、QIDS-J簡易抑うつ症状尺度（Quick Inventory of Depressive Symptomatology）などです。このうち、CES-D抑うつ尺度は、1977年にレノア・ラドロフ（Lenore S. Radloff）が開発したもので、20項目を0-3点で評定し、0-15点までを通常範囲としています。また、ハミルトンうつ病評価尺度（Hamilton Rating Scale for Depression）は、医師や心理士などの専門家が決まった質問を決まった順序で尋ねていく**構造化面接法**によって評定します。

コラム 2-2：双極性障害

躁状態（mania）では，気分の高揚あるいはイライラがほぼ一日中続きます。観念奔逸（flight of ideas）や多弁，睡眠の減少，ときには浪費・危険運転・性的逸脱なども生じます。本人は多幸状態（euphoric）ですが，周囲は迷惑に感じることもあるでしょう。躁状態がある場合は（抑うつエピソードがあっても）**双極性障害**（bipolar disorders）と診断されます。クリングとジョンソン（Kring & Johnson, 2016）によると，双極性障害の有病率は0.6％，遺伝率（症状の重さを遺伝要因によって説明できる割合）は93％で，身体疾患（循環器障害，糖尿病，肥満，甲状腺疾患）との合併も多いようです。治療はリチウムなどの**気分安定薬**を服薬しつつ，**対人関係・社会リズム療法**（就寝・起床などの生活リズムや，人間関係から受ける刺激を一定にする心理療法）などを併用します。

● **練習課題 2-2　双極性障害と創造性**

双極性障害（コラム 2-2参照）は一方で，しばしば創造的な活動につながるようです。双極性障害だったと思われるアーティストや著名人（作曲家，作家，画家，俳優）の名前をあげて，どのような作品があるかを調べてみましょう。

2　病因・メカニズム

2-1　生物学的要因

双生児研究（一卵性双生児と二卵性双生児を比較して，遺伝の影響の割合を計算する）によると，うつ病の**遺伝率**（heritability）は37％で，遺伝の影響は中程度と推測されます（Kring & Johnson, 2016；Myers, 2013）。うつ病には多くの遺伝子が関与すると考えられ，**ゲノムワイド関連解析**（genome wide association study）などの方法で，その感受性遺伝子（発症のリスクを高める遺伝子）の特定が進んでいます（Sullivan et al., 2012）。

うつ病に関連する遺伝子として，**セロトニントランスポーター遺伝子**があります（第0章参照）。両親からショート型を受け継ぐと（s/s型），うつ病のリスクが高いといわれていました。しかし最近の研究では，そうとはかぎらないよ

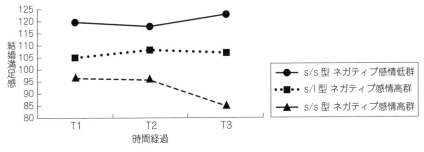

図 2-2 遺伝−環境相互作用

（注） s型遺伝子は感情体験を増幅させる。s/s型は両親からs型遺伝子を，s/l型はs型遺伝子と l型遺伝子を一つずつ受け継いだことを示す。
（出所） Haase et al. (2013) Figure 1をもとに作成

うです（Lau et al., 2014）。うつ病の研究ではありませんが，結婚生活の満足感（marital satisfaction）を10年間追跡調査したところ，s/s型，s/l型，l/l型のうちもっとも満足感が低かったのは s/s型でしたが，もっとも満足感が高かったのも s/s型でした（Haase et al., 2013；図2-2）。その違いは，結婚当初に夫婦喧嘩でネガティブ感情を経験した程度（高低）でした。つまりショート型は，いい相手と結婚すれば誰よりも幸せ，悪い相手と一緒になれば誰よりも不幸せというふうに，人生の振れ幅が大きいと考えられます。ショート型には，感情体験を増幅するような働き（emotion amplifier）があるのです。

うつ病に関連する神経伝達物質は，交感神経系に作用する**ノルアドレナリン**（ノルエピネフリン），脳の報酬系（動機づけや喜びを生み出すしくみでドーパミン系ともいう。第12章参照）に関連する**ドーパミン**，そして**セロトニン**です。うつ病の人はいずれも少ないと考えられています。ただし最近では，神経伝達物質の絶対量（多寡）よりも，シナプスのレセプター感度の個人差が重視されるようになりました。うつ病の人は感度が鈍いといわれ，最近ではこれを改善するタイプの抗うつ薬（noradrenergic and specific serotonergic antidepressants：NaSSA）も開発されています。

うつ病に関連する脳機能として，**扁桃体**・前部帯状回（膝下部）が過剰に活動し（elevated），前頭前皮質背側部・**海馬**・線条体が機能低下している（diminished）ことがわかっています（Kring & Johnson, 2016）。ここではそれぞれの部位の詳細についてはふれませんが，第3章（図3-3）や第12章（図12-2）を参照してください。

　もう一つ重要な神経内分泌系として，**HPA軸**（視床下部 hypothalamus，下垂体 pituitary，副腎皮質 adrenal cortex）による**コルチゾール**（ストレスホルモン）調整がうまく機能しないという問題があります（第12章参照）。デキサメタゾン抑制検査（dexamethasone suppression test）を用いた研究で（デキサメタゾンは抗炎症薬で血中コルチゾール濃度を下げる），コルチゾールの濃度が下がりにくい人は，うつ病を再発しやすいこともわかっています（Aubry et al., 2007；Schüle et al., 2009）。前向き研究（prospective studies：あるコホート集団を追跡調査する）によると，42-67％の人は，うつ病になる1年前に深刻なライフイベントを経験していました（Kring & Johnson, 2016）。これらは，うつ病がストレス反応の延長線上にあることを示唆しています。

　最近では腸脳相関（gut-btain axis）といって，**腸内細菌叢**（gut microbiome，ヒトの腸内に生息する100兆個以上の多種多様な細菌の集まり）が免疫系を通して，気分や行動に影響していることもわかってきました（Dash et al., 2015；Dinan et al., 2015；Luna & Foster, 2015；第6章参照）。今後の研究に注目したいところです。

2-2　ストレスと性格

　上述したように，ストレスはうつ病のきっかけになります。たとえば，ストレスフルな出来事（恋人との別れ，近親者との離別，深刻な病気やけがなど），あるいはこれまでに情緒的虐待を受けた経験（回想による回答）は，大学生の抑うつを高めます（Orth, Robins, & Meire, 2009；Shapero et al., 2014）。また，いじめ（peer victimization）や家族機能（family functioning）の不全が，子どもの**内在化問題**（internalizing problems：不安・抑うつや社会的ひきこもりなど）を引き起こすことも，多くの追跡調査で明らかにされています。

　たとえば，10歳のときにいじめられたことと，18歳のときに内在化問題を示

すこととのオッズ比（18歳で内在化問題を示している人における10歳のときにいじめられた人といじめられていない人の割合と，18歳で内在化問題を示していない人における10歳でいじめられた人といじめられていない人の割合の比の値）は2.4で（1を大きく超えており），いじめは内在化問題に関連することがわかります（Wolke et al., 2014）。また，スペインの中学生を対象にした研究によると，ストレスフルなライフイベント（両親の離婚，教師とうまくいかない，恋人と別れたなど）が生じたとき，情動的なインパクトが大きいほど内在化問題を抱えていました（Lara et al., 2013）。

　一方，うつ病になりやすい性格としては，ビッグ・ファイブでいう**神経症傾向**の高さがあげられます（第1章参照）。そのほか，自尊心の低さ（Orth et al., 2008 ; Orth, Robins, Trzesniewski et al., 2009），孤独感（Løhre et al., 2010），自責傾向（Garnefski et al., 2005）も抑うつにつながります。また毎日運動をしていると，2年後の内在化問題が低いことも報告されています（Bartels et al., 2012）。

2-3　心理学的理論

　うつ病の心理学的説明としては，ベックの認知理論が重要です。アーロン・ベック（Aaron Beck）はうつ病患者を診療する中で，自己・世界・将来に対する悲観的な見方（抑うつ認知の三徴 cognitive triad）が瞬時に心に浮かんでくること（**自動思考** automatic thoughts）を，抑うつ症状の特徴としました。自動思考は，「完ぺきでなければ失敗である」（全か無か思考 all-or-nothing thinking）など，**体系的な推論の誤り**と呼ばれる極端な情報処理をいいます。

　ベックはもともと精神分析医だったので，幼少期の離別体験や親子関係によって形成された信念（スキーマ schema）が，この抑うつ認知の三徴に影響すると考えました。ネガティブなスキーマには，「私は愛されていない」「私は価値がない」「他の人々は敵意をもっている」などがあります（内田ら，2012）。抑うつ気分に特有なスキーマは，非機能的態度尺度（dysfunctional attitudes scale）で測定できます（佐藤・新井，2003）。ジェフリー・ヤング（Jeffrey Young）はスキーマに焦点をあてつつ，パーソナリティ障害を治療する**スキーマ療法**を提唱

しました（ヨンフィ，2013）。

　もう一つ，スーザン・ノーレン＝ホクセマ（Susan Nolen-Hoeksema）の**反すう理論**（response style theory）も重要です。彼女は考え過ぎてしまうこと（over-think）が，抑うつ気分を促すと考えました。たとえば，「何日もの間，嫌なことを考えるのに没頭することがある」（伊藤・上里，2001）ような人は，要注意かもしれません。リン・エイブラムソン（Lyn Abramson）の**無力感理論**（hopelessness theory）によると，内的・安定的・全般的（internal/stable/global）な帰属スタイル（attributional style）の人は，落ち込みやすいことがわかっています（第0章参照）。考えれば考えるほど，抑うつになるのです。また，反すうは，実験的にも検証できます。参加者に少し悲しい気分になってもらい，反すうすると，（気晴らしするよりも）ネガティブな感情が増えます。これは，うつ病患者がもつ，ネガティブなことから注意をそらしにくい（disengagement）性質と関連しています（Koster et al., 2011；第3章「注意バイアス」参照）。最近の**再発脆弱性二要因モデル**（Farb et al., 2015）は，これらを統合したモデルです。ネガティブな出来事に注意が向きやすい人は（第3章参照），それを反すうすることで抑うつスキーマ（「私は失敗者だ」）が形成され，うつ病を再発しやすいと考えられます。

3 治　　療

3-1　うつ病の心理療法

　ベックの創始した認知療法では，**認知再構成法**（cognitive restructuring）を使って，ネガティブな気分を生じさせる自動思考について，「別の考え方ができないか」を検討しながら，自分のもっている認知バイアス（cognitive biases）に気づいていきます。クリストファー・マーテル（Christopher Martell）の**行動活性化療法**（behavioral activation therapy）では，喜びをもたらすような活動を少しずつ増やしていきます。クラーマンとワイスマン（Gerald Klerman & Myrna Weisman）の**対人関係療法**（interpersonal psychotherapy）では，うつ病患者が抱えがちな人間関係の問題について，ロールプレイなどで練習しながら，社会的

コラム2-3：子どものうつ病予防プログラム

子どものうつ病は意外に多く，アメリカでは8％（12-17歳），日本では4.9％（12-14歳）といわれています（Terzian et al., 2011；佐藤ら，2008）。そこで，抑うつ予防を目的とした介入プログラムも開発されています。たとえば，佐藤ら（2009）は，ユニバーサルレベルの（全児童を対象とする）全9回のプログラムを小学校で実践しました。これは，教師が学級で心理教育・社会的スキル訓練・認知再構成法（第9章参照）を実践することができるもので，「きもち探知機」（図2-3）などの探偵推理仕立てのストーリーを用いて，子どもの興味をひくように工夫されています。

図2-3 きもち探知機

（出所） 佐藤（2012）Fig. 1

な効力感（social effectiveness）を育みます。

3-2 うつ病の生物学的治療

薬物療法では，抗うつ薬（シナプス間隙でのセロトニン量を増やす）を使います。1950年代に発見された三環系抗うつ薬（tricyclics），モノアミン酸化酵素阻害薬（monoamine oxidase inhibitors，日本では使われていない）のほか，**選択的セロト**

表 2-1　気分障害の治療

障害	治療	平均期間	改善する割合
うつ病	認知療法/認知行動療法	20セッション	60%
	対人関係療法	20セッション	60%
	抗うつ薬	継続的	60%
	電気けいれん療法	9セッション	60%
	迷走神経刺激	1セッション	60%
	経頭蓋磁気刺激	25セッション	60%
双極性障害	向精神薬，気分安定薬，抗精神病薬，抗うつ薬	継続的	60%

（出所）Comer (2013) Table 9-1をもとに作成

ニン再取り込み阻害薬（selective serotonin reuptake inhibitors：SSRI）あるいはセロトニン・ノルアドレナリン再取り込み阻害薬（serotonin-norepinephrine reuptake inhibitors：SNRI）などがあります。いずれも副作用があるので，自分で服薬を増減しないことが大切です。

　電気けいれん療法（electroconvulsive therapy：ECT）は，重度のうつ病に大きな改善をもたらします。また，薬物療法では奏功しない場合の新しい治療法として，**経頭蓋磁気刺激**（transcranial magnetic stimulation：電磁石を頭皮上から当てて，前頭前皮質背外側部などを刺激する方法）や，深部脳刺激（deep brain stimulation：手術によって脳に電極，胸部に発振器 pulse generator を埋め込み，前部帯状回膝下部を継続的に刺激する方法）も注目されています。

　この章では，うつ病のメカニズムを紹介しました。研究が進む一方で，謎はまだ多いといえるでしょう。うつ病はストレス社会を映し出しています。うつ病について学ぶことを通して，自分のライフスタイルを見直すことも大切です。

●練習課題の解説
【練習課題 2-1】
　生物学的，心理学的，社会学的な要因が考えられます（Comer, 2013；Kring & Johnson, 2016）。女性はホルモンの影響を受けやすく，HPA 軸の反応が敏感だといわれています。また，情緒的な人間関係が多く，容姿が気になりやすく，悩みを反すうしやすいことがわかっています（Larsen et al., 2013）。社会的には，職

業や家事や養育のストレスを受けやすく，貧困の犠牲や性犯罪の被害者になりやすく，伝統的な性役割観において女性的であることは重視されない，などが考えられます．

【練習課題 2-2】
　双極性障害だったと思われる人物として，作曲家（チャイコフスキー，シューマン），作家（ヴァージニア・ウルフ，マーク・トウェイン，ウィリアム・フォークナー，アーネスト・ヘミングウェイ，スコット・フィッツジェラルド），画家（ファン・ゴッホ，ポール・ゴーギャン），俳優（キャサリン・ゼタ＝ジョーンズ，ティム・バートン，スティーブン・フライ，キャリー・フィッシャー，リンダ・ハミルトン，チャーリー・シーン）などがあげられます（Comer, 2013；Kring & Johnson, 2016；Myers, 2013）．宮沢賢治，太宰治，北杜夫，開高健も双極性障害だといわれることがあります．鶴見俊輔にもそのような性質があったようです（村瀬，2016）．創作活動の起伏が激しいことも，双極性障害の特徴でしょう．シューマンは躁状態の1年間で27の作品を書き，うつ状態の翌年には作品ゼロだったようです（Comer, 2013）．宮沢賢治にも，同様のエピソードがあります．

もっと詳しく知りたい人のための文献紹介

石川信一・佐藤正二（編著）（2015）．臨床児童心理学　ミネルヴァ書房
　　⇨うつ病に限らず，子どもの心理的障害や介入について最新の知見を解説しています．とくに第Ⅰ部「臨床児童心理学の基礎」は，大人の理解にも役立ちます．
ウィリアムズ, M., ティーズデール, J., シーガル, Z., カバットジン, J.　越川房子・黒澤麻美（訳）（2013）．うつのためのマインドフルネス実践　星和書店
　　⇨うつ病の予防に効果的なマインドフルネス（第7章・第9章参照）の自習書です．原題は The mindful way through depression（うつを通してマインドフルに生きる）．

引用文献

Aubry, J. M., Gervasoni, N., Osiek, C., Perret, G., Rossier, M. F., Bertschy, G., & Bondolfi, G. (2007). The DEX/CRH neuroendocrine test and the prediction of depressive relapse in remitted depressed outpatients. *Journal of Psychiatric Research, 41,* 290-294.
Bartels, M., de Moor, M. H. M., van der Aa, N., Boomsma, D. I., & de Geus,

E. J. C. (2012). Regular exercise, subjective wellbeing, and internalizing problems in adolescence: Causality or genetic pleiotropy? *Frontiers in Genetics, 3*, 4. doi: org/10.3389/fgene.2012.00004

Comer, R. J. (2013). *Abnormal pychology* (8th ed.). New York: Worth.

Dash, S., Clarke, G., Berk, M., & Jacka, F. N. (2015). The gut microbiome and diet in psychiatry: Focus on depression. *Current Opinion in Psychiatry, 28*, 1-6.

Dinan, T. G., Stilling, R. M., Stanton, C., & Cryan, J. F. (2015). Collective unconscious: How gut microbes shape human behavior. *Journal of Psychiatric Research, 63*, 1-9.

Farb, N. A. S., Irving, J. A., Anderson, A. K., & Segal, Z. V. (2015). A two-factor model of relapse/recurrence vulnerability in unipolar depression. *Journal of Abnormal Psychology, 124*, 38-53.

Garnefski, N., Kraaij, V., & van Etten, M. (2005). Specificity of relations between adolescents' cognitive emotion regulation strategies and Internalizing and Externalizing psychopathology. *Journal of Adolescence, 28*, 619-631.

Haase, C. M., Saslow, L. R., Bloch, L., Saturn, S. R., Casey, J. J., Seider, B. H., ... Levenson, R. W. (2013). The 5-HTTLPR polymorphism in the serotonin transporter gene moderates the association between emotional behavior and changes in marital satisfaction over time. *Emotion, 13*, 1068-1079.

伊藤　拓・上里一郎（2001）．ネガティブな反すう尺度の作成およびうつ状態との関連性の検討　カウンセリング研究, *34*, 31-42.

Klein, D. N., & Allmann, A. E. S. (2014). Course of depression: Persistence and recurrence. In I. H. Gotlib & C. L. Hammen (Eds.), *Handbook of depression* (3rd ed.) (pp. 64-83). New York: Gilford.

Koster, E. H., De Lissnyder, E., Derakshan, N., & De Raedt, R. (2011). Understanding depressive rumination from a cognitive science perspective: The impaired disengagement hypothesis. *Clinical Psychology Review, 31*, 138-145.

Kring, A. M., & Johnson, S. L. (2016). *Abnormal psychology* (13th ed.). Hoboken, NJ: Wiley.

Lara, B. L., Garcia, M. V. H., & Dekovic, M. (2013). Adolescent adjustment in at-risk families: The role of psychosocial stress and parental socialization. *Salud Mental*, *36*, 49-57.

Larsen, R., Buss, D., & Wismeijer, A.（2013）. *Personality psychology*. New York: McGraw-Hill.

Lau, J. Y. F., Lester, K. J., Hodgson, K., & Eley, T. C.（2014）. The genetics of mood disorders. In I. H. Gotlib, & C. L. Hammen（Eds.）, *Handbook of depression*（3rd ed.）（pp. 165-181）. New York: Gilford.

Luna, R. A., & Foster, J. A.（2015）. Gut brain axis: Diet microbiota interactions and implications for modulation of anxiety and depression. *Current Opinion in Biotechnology*, *32*, 35-41.

Løhre, A., Lydersen, S., & Vatten, L. J.（2010）. Factors associated with internalizing or somatic symptoms in a cross-sectional study of school children in grades 1-10. *Child and Adolescent Psychiatry and Mental Health*, *4*, 33.

村瀬　学（2016）. 鶴見俊輔　言視舎

Myers, D. G.（2013）. *Psychology*（10th ed.）. New York: Worth.

内閣府自殺対策推進室（2015）. 平成27年中における自殺の状況　http://www8.cao.go.jp/jisatsutaisaku/toukei/h27.html（2016年8月8日閲覧）

Orth, U., Robins, R. W., & Meier, L. L.（2009）. Disentangling the effects of low self-esteem and stressful events on depression: Findings from three longitudinal studies. *Personality Processes and Individual Differences*, *97*, 307-321.

Orth, U., Robins, R. W., & Roberts, B. W.（2008）. Low self-esteem prospectively predicts depression in adolescence and young adulthood. *Journal of Personality and Social Psychology*, *95*, 695-708.

Orth, U., Robins, R. W., Trzesniewski, K. H., Maes, J., & Schmitt, M.（2009）. Low self-esteem is a risk factor for depressive symptoms from young adulthood to old age. *Journal of Abnormal Psychology*, *118*, 472-478.

佐藤　寛（2012）. 子どものうつに対する心理学的介入　広島大学大学院心理臨床教育研究センター紀要, *11*, 22-25.

佐藤　寛・新井邦二郎（2003）. 児童の非機能的態度と抑うつ症状および不安症状との関連　日本行動療法学会第28回大会発表論文集, 152-153.

佐藤　寛・今城知子・戸ケ崎泰子・石川信一・佐藤容子・佐藤正二（2009）. 子どもの抑うつ症状に対する学級規模の認知行動療法プログラムの有効性　教

育心理学研究, *57*, 111-123.

佐藤　寛・下津咲絵・石川信一 (2008). 一般中学生におけるうつ病の有病率　精神医学, *50*, 57-68.

Schüle, C., Baghai, T. C., Eser, D., Häfner, S., Born, C., Herrmann, S., & Rupprecht, R. (2009). The combined dexamethasone/CRH test (DEX/CRH test) and prediction of acute treatment response in major depression. *PLOS ONE*, *4*, e4324. doi:10.1371/journal.pone.0004324

Shapero, B. G., Black, S. K., Liu, R. T., Klugman, J., Bender, R. E., Abramson, L. Y., & Alloy, L. B. (2014). Stressful life events and depression symptoms: The effect of childhood emotional abuse on stress reactivity. *Journal of Clinical Psychology*, *70*, 209-223.

Sullivan, P. F., Daly, M. J., & O'Donovan, M. (2012). Genetic architectures of psychiatric disorders: The emerging picture and its implications. *Nature Reviews Genetics*, *13*, 537-551.

Terzian, M., Hamilton, K., & Ericson, S. (2011). What works to prevent or reduce internalizing problems or socio-emotional difficulties in adolescents: Lessons from experimental evaluations of social interventions. *Child Trends*, *34*, 1-11.

内田知宏・川村知慧子・三船奈緒子・濱家由美子・松本和紀・安保英勇・上埜高志 (2012). 日本版 Brief Core Schema Scale を用いた自己, 他者スキーマの検討　パーソナリティ研究, *20*, 143-154.

Wolke, D., Lereya, S. T., Fisher, H. L., Lewis, G., & Zammit, S. (2014). Bullying in elementary school and psychotic experiences at 18 years: A longitudinal, population-based cohort study. *Psychological Medicine*, *44*, 2199-2211.

ヨンフィ, C.（崔　永熙）福井　至（監訳）(2013). スキーマ・モード・セラピー　金剛出版

■ トピックス〈臨床心理学の現場〉① ■

心理職という仕事——さまざまな領域での役割

　みなさんは心理職に出会ったことがありますか。もしなければ，心理職はどんな職場でどんな仕事をしていると想像しますか。大災害が起きたときや子どもの自殺など深刻な事件が起きたとき，心のケアのために心理職を派遣するという話を聞いたことがある方は多いでしょう。これらは危機状況に対する心理職の役割です。それ以外にも心理職は大変多くの領域で仕事をしており，その内容もさまざまです。

　心理職の仕事の領域を大きく分けると，医療・保健，産業，教育，福祉，司法・法務・警察となります。では，各領域の仕事内容をご紹介します。

　医療・保健領域では，病院の精神神経科，心療内科，小児科などで，心理検査，心理相談，カウンセリングを行っています。また慢性疾患や終末期の緩和ケアにおいて，患者本人やその家族の心理相談，心理ケアに応じているところもあります。病院では，医師，看護師，薬剤師など多職種で治療にあたる**チーム医療**が広がってきています。精神保健センターでは，精神疾患，ひきこもり，思春期問題，薬物依存などについて，ご本人や家族の相談に応じ，集団指導も行っています。また，保健所や保健センターでは，乳幼児から高齢者までを対象として，発達や障害などさまざまな相談に応じていますが，最近では**自死問題**への対応も課題となっています。

　仕事の悩みやストレスを抱える人が増加しているため，産業領域の心理職は，カウンセリングや**メンタルヘルス対策**を行っています。メンタルヘルス対策では，心の健康を目指した予防的取り組みも重要です。

　教育領域でもっとも多いのは，学校のスクールカウンセラーです。全国のほとんどの中学校に配置され，高校や小学校への配置も多くなっています。不登校や友達関係・集団行動などの困難がある場合，子ども自身や保護者からの心理相談に応じています。また，これまでも教員からの相談に応じていましたが，今後は専門職の適切な役割分担によって一人ひとりの子どもに応じた教育を実現させるために，**チーム学校**としての取り組みが進められようとしています。大学では，学生相談室が置かれているところが多く，学生からの心理相談に応じています。

　福祉領域は子どもから高齢者まで幅が広く，そのため対象となる問題の種類が大変多くあります。子どもでいえば，児童相談所や市町村において，子育て，発

達，障害，養護（特別な保護が必要なケース）などの心理相談に応じています。少子化をはじめとした社会情勢の変化によって子育てに困難を感じる親が増えており，子育て支援は特別な家庭に対することではなくなっています。とくに近年では，**児童虐待**問題への対応が増えていることが注目されます。また，何らかの事情により家庭を離れ施設に入所した子どもたちは，心の傷を負っています。そのため，児童福祉施設に心理職が配置されて子どもの心のケアや職員の心理的サポートを行っています。その他，障害関連，女性関連（DV（配偶者等からの暴力）など）の機関において心理相談を行っています。高齢者関連の機関で働く心理職の数はまだまだ少ないのが現状ですが，認知症やうつへの心理的アプローチや高齢者が自身の人生を肯定していくための回想法の活用が注目されつつあります。

　司法では，家庭裁判所の調査官として少年事件や家事事件にかかわっている心理職がいます。法務では，鑑別所での少年への適切な処遇のための心理判定，少年院や刑務所でのカウンセリングや集団療法を行っています。警察関係では，非行少年の心理相談や科学捜査に臨床心理の専門性を生かしています。犯罪被害者への支援も行っています。

　このように多くの分野で心理職が実際に活躍する中，**公認心理師法**が成立し（2017（平成29）年度施行），心理職が国家資格となりました。公認心理師になるためのカリキュラムや試験の内容が定められ，今後一定の資質が維持された専門職者が広く活用されていくことが期待されます。それとともに，心理職には社会の変化に沿って生じるさまざまな課題に対応できるために，今後さらにその資質の向上を図ることが求められています。

第3章 不安症
——怖れる気持ちとつきあう

> 友達からどう思われているか心配。告白したらふられないか不安。次の会議での発表は大丈夫だろうか。不安は誰もが持つ感情ですが，必要以上に不安を感じそれが持続してしまうと，その人をひどく苦しめてしまいます。この章で不安症のメカニズムや対策法について学び，うまく自分の不安と付き合う術を身につけ，他者の不安も敏感に感じ取れるようになりましょう。

1 症状・アセスメント

1-1 不安症の定義

「不安」と聞いてどのような内容を想像しますか。漠然とした将来への不安，人前で発表する不安。人混みが苦手で避ける人や特定の生き物が怖い人もいるでしょう。これらの不安感情が過剰で，普段の生活に支障をきたす場合，**不安症**と呼ばれます。DSM-5（第1章参照）にもとづけば，不安の内容に応じて不安症が定義されており，さまざまな出来事に対する過剰な不安が特徴である**全般不安症**，人前など社交的な場面を恐れる**社交不安症**，突然のパニック発作（めまい・震えなど）に対する著しい恐怖をともなう**パニック症**，公共交通機関やお店など広い場所にいることに不安を感じる**広場恐怖症**，特定の対象や状況（クモ，高所など）への顕著な不安を示す**限局性恐怖症**などが定義され，これらをひっくるめて不安症と呼びます（American Psychiatric Association, 2013）。表3-1は**12か月有病率**（過去12か月間に診断基準を満たした人の割合）を表していま

表 3-1 成人を対象とした不安症の12か月有病率（％）

疾患名	女性（米国）	男性（米国）	日本
全般不安症	4.1	2.1	1.2
社交不安症	6.5	4.8	0.8
パニック症	4.5	2.2	0.5
広場恐怖症	1.9	1.1	0.3
限局性恐怖症	12.0	5.5	2.7
何らかの不安症	22.7	13.0	4.8

（出所）女性・男性は McLean et al.（2011），日本は Kawakami et al.（2005）をもとにして作成

表 3-2 社交不安症の自己記入式尺度

名称	特色・測定内容
リーボヴィッツ社交不安尺度（LSAS）	一般的な臨床症状評価尺度　特定の状況での不安感や回避傾向
Social Phobia Scale（SPS）	他者から見られる状況の不安感
Social Interaction Anxiety Scale（SIAS）	他者との交流時の不安感
Social Phobia and Anxiety Inventory（SPAI）	包括的な社交不安症状（身体的，認知的，行動的側面）
短縮版否定的評価懸念尺度（BFNE）	他者からの否定的な評価に対する恐れ

（注）どの尺度にも日本語版がある。

す。

　不安症の中でも，社交不安症は青年期に多く発症します。社交不安症の人は，人前での行動（挨拶や発表，食事など）に強い不安感を覚え，他者からの否定的な評価をとても恐れます。中には，手が震え顔が赤くなり，大量の汗が流れる症状も見られ，その場から逃げてしまうこともあります。他者とうまく関係を築けず，学校生活では不登校につながり十分な教育を受けられません（Van Ameringen et al., 2003）。日本では以前から**対人恐怖症**の存在が知られています（コラム 3-1）。最近も，「コミュ障」（コミュニケーション障害の略。ただし，厳密な診断名ではない）と呼ばれるものに社交不安症と似た特徴が見られます。この章では社交不安症を中心に，不安症について見ていきましょう。

コラム 3-1：社交不安症の文化差

　日本には古くは対人恐怖症，現在は「コミュ障」という言葉があるように，社交不安症の人が多くいるように感じられます。実際，社交不安症と関連するひきこもりは社会的な問題となっています。ではなぜ日本人の有病率は低いのでしょうか。

　一つは，社交不安症と対人恐怖症の違いです（音羽・森田，2015）。対人恐怖症は社交不安症と異なり，「相手に不快な思いをさせるのではないか」という他者への加害的な心情が特徴です。目つきや自分の匂いが相手を不快にさせると考えたりします。2013年，DSM-5でこの相違点を埋めるべく，社交不安症の定義に，はじめて「他者の迷惑になるだろう」と恐れるという，加害的な特徴も加わりました。それ以前の調査では対人恐怖症が見落とされ，有病率が低かった可能性が考えられます。

　また，文化特有の考え方による見方もあります。アジアでは精神疾患は家族の恥だという偏見があり，受診率が低下しているともいわれています。ただし最近の調査では，日本では偏見があるというより，たんに「助けは必要ない」「自然とよくなる」という考えが強く，受診しない傾向にあるようです（Kanehara et al., 2015）。

　いずれにせよ文化による違いを考慮し，DSM-5では新たに「不安が社会文化的背景に釣り合わない」ことを定義に加えました。しかし，これは文化によっては，社交不安症を看過する可能性を増やすことにつながるかもしれません。

1-2　不安症のアセスメント

　社交不安症の診断・査定の方法としては，医師や臨床心理士との面接が一般的ですが，社交不安傾向は自己記入式尺度でも測れます。何を測定するかという用途によってさまざまな尺度が用意されています（表3-2）。不安傾向全般を測る尺度としては，スピールバーガーの状態-特性不安検査（State-Trait Anxiety Inventory：STAI）がもっとも一般的です。

2 病因・メカニズム

2-1 ストレスと性格

　友達からいわれもなく無視されたら，傷つき不安になり，友達の前で自然に振る舞えなくなるかもしれません。このような**対人ストレス**は社交不安症に多く見られ，発症の原因となる恐れがあります。

　しかし，同じストレスを受けても誰もが不安症になるわけではありません。不安症になる人には発症する素因があると考えられ，その一つが性格です。ビッグ・ファイブでは，外向性と勤勉性の低さ，神経症傾向の高さが社交不安症と関連しています（第1章，表1-3参照）。また，**行動抑制**も不安症と関係します。行動抑制は幼少期に現れる性格（気質）の一つで，見慣れぬ人や場所に対して恐怖を感じ，警戒し，避けようとしたりします。行動抑制の強い子は環境の変化に敏感です。幼少期の行動抑制は青年期でも継続して見られ，行動抑制が強く見られる子どもの約40％に社交不安症が見られます（Clauss & Blackford, 2012）。小さいころの慎重で注意深い性格が，社交不安症の素因になる可能性があります。

2-2 恐怖条件づけ

　新しい環境は誰にとっても多少不安なものですが，不安症の人は**恐怖条件づけ**により不安が持続してしまうと考えられます。恐怖条件づけとは，不安感情が生じない刺激（**条件刺激**，Conditioned Stimulus：CS）と，強い不安感情を生じさせる刺激（**無条件刺激**，Unconditioned Stimulus：US）を同時に経験することで，CSに対しても不安感情が引き起こされる現象です。たとえば人前で発表すること（CS）に普段不安は感じていませんでしたが，たまたま聴衆から強い批判を受ける（US）と，次に発表するとき（CS）に強い不安感情が生じるようになると考えられます。不安感情を学習する**獲得段階**において，不安症の人はより早く恐怖条件づけが生じます。さらにCSと似ているけれどもUSが生じない刺激にも，不安症の人は強い恐怖・不安感を抱きます（図3-1, Lau et al., 2008）。

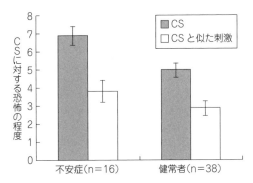

図 3-1　獲得段階後の不安症と健常者の CS，CS と似た刺激に対する恐怖の程度

(注)　CS として中立的な表情の顔写真を，US として恐怖表情の顔写真と叫び声を用いている。
(出所)　Lau et al. (2008) Fig. 2

今まで心配なかった状況（発表場面など）でのネガティブな体験から不安がすぐに学習され，さらには他の状況（会食場面など）でも不安を一般化させてしまう恐れがあります。

　しかし，一度恐怖条件づけが生じるとずっと CS に対して不安感が生じるわけではありません。先ほどの例で，次の発表では批判されず，その次も批判されなかったとします。不安感が生じない経験を繰り返すことで，通常はいつしか発表（CS）に対する不安感情も消えます。この段階を**消去段階**と呼びますが，不安症の人は消去がなかなか学習されません（Duits et al., 2015）。不安が生じない経験をしても，その不安が一向に消えません。再び経験するかもしれない不安を恐れて，つねに準備している状態といえます。ただ，人は先のことが予測できない状態では，試行錯誤しながら打開策を考えます。発表がうまくいかなくても，次の発表では内容を変えたり，目線に気をつけたり，最善策を見つけようとするでしょう。不安症の人は，一度不安な状態に陥ると試行錯誤をせず，いつまでも同じ方法に固執すると考えられます（Browning et al., 2015）。

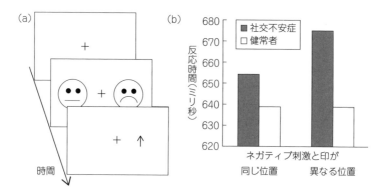

図 3-2 (a) ドット・プローブ課題の例，右の顔がネガティブな刺激，矢印の向きに応じてすばやく反応する，(b) ドット・プローブ課題の反応時間の結果

(出所) Mogg et al. (2004) Table 1をもとに作成

2-3 注意バイアス

人前で発表している際に聴衆に目を向けると，怒っている人と笑顔の人がいたとして，あなたはどちらを気にしますか？ 不安症の人は，ネガティブな方（怒っている人）に注意を向けることが知られており，**注意バイアス**と呼ばれます。実験で使用される**ドット・プローブ課題**では，ネガティブな刺激（怒り表情など）と中立的な刺激がパソコン画面上に現れた後，どちらかの刺激の位置に印が出てくるので，その印にすばやく反応するように求めます（図 3-2a）。注意を向けているほうに印が出るとすばやく反応できるわけですが，不安症の人はネガティブな刺激と同じ位置に印が出るとすばやく反応します（図 3-2b）。つまりネガティブな刺激に注意を向けているといえます。とくに自分が不安を感じる対象，社交不安症では怒り表情など，限局性恐怖症では特定のもの（クモなど）に対して注意バイアスが強く見られます（Pergamin-Hight et al., 2015）。注意バイアスが働くと，発表場面で大勢の人が笑顔でも一人ムスッとしている人に注意が向いてしまい，好意的な状況にもかかわらず学習できず，次も批判されると予測する可能性が考えられます。

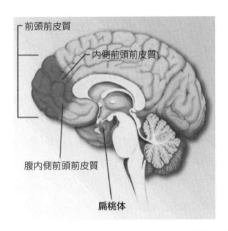

図 3-3　脳の正中矢状断面（地面に垂直に脳を左右対称に 2 分割した断面）のイメージ図
（注）　扁桃体は，実際は側頭葉の内側に位置する。
（出所）　https://en.wikipedia.org/wiki/Posttraumatic_stress_disorder（2016年8月9日閲覧）を一部改変

2-4　不安にかかわる脳機能

　不安症の原因として，脳機能の**扁桃体**と**前頭前皮質**，とくに**腹内側前頭前皮質**（ventromedial prefrontal cortex：vmPFC）の働きが考えられます（図3-3）（第12章参照）。扁桃体は不安などの感情が生じる際に活動が見られます。扁桃体の活動による感情処理を抑えるために必要となってくる脳部位がvmPFCと考えられます。恐怖条件づけにおいて，CSと似ているがけっして不快な出来事が生じない安全な状況に置かれた際，不安感を抑制するためにvmPFCが働きます（Lissek et al., 2014）。このように，不安感情に伴う扁桃体の過剰な活動をvmPFCによって抑制する相互の関連性が，不安を和らげる際に重要になってきます。

　しかし不安症では，さまざまな状況で扁桃体が過剰に活動し，一方でvmPFCの活動が低下します。たとえば社交不安症の人の場合，恐怖条件づけの消去段階でvmPFCがうまく働かず消去がうまく進まないため，CSに対していつまでも不安を感じてしまいます。さらに不安が差し迫ってくると，扁桃体とvmPFCのやりとり（機能的連結）が弱まってしまいます（Bijsterbosch et al.,

2015)。社交不安症の人は，人前で発表することを考えると過剰に扁桃体が活動し，必要以上に強い不安感を抱きます。一方で，不安感を抑える vmPFC の活動が弱まり，さらには vmPFC から扁桃体への機能的連結も弱まることで，不安感がいつまでも抑制できないと考えられます。

3 治　療

3-1　エクスポージャー（曝露療法，exposure）

　病因・メカニズムがわかると，そこに予防・治療法の鍵が見出されます。エクスポージャーは，あえて不安を感じる対象に触れたり場面に赴くことで不安症を改善する療法です（第9章参照）。恐怖条件づけでは，消去段階で条件刺激（CS）に触れ，不安感情を経験しないことで CS に対する不安感が消えます。エクスポージャー法はまさに消去段階を経験させます。不安症の人は消去がうまく進まないわけですが，これまでの恐怖条件づけの研究により，不安症に対して効率的で有効なエクスポージャー法が考えられています（金井，2015）。消去段階では，予測（不安が生じるだろう）と実際の結果（不安が生じない）が乖離しているほど学習が進みます。さらに乖離している事実をしっかりと確認することが大事です。社交不安症の人は，人前で批判されることを十分に予測した上で，実際に人前で批判されないことを経験することが大事なのでしょう。そして，自分の予測とは違うことに気づくことで，新たに学習が行われ，不安が消去されるのかもしれません。

3-2　注意バイアス修正法

　注意バイアスに対しては，**注意バイアス修正法**という治療・予防法が開発されています。注意バイアス修正法ではドット・プローブ課題を用い，ネガティブではない刺激の位置にわざと繰り返し印を提示します。すると不安症の人も，自然とネガティブな刺激から注意を離すことを学習し，注意バイアスが見られなくなります。結果，不安症が改善されるといわれています。これまでにも全

般不安症や社交不安症，子どもの不安症などで症状の改善が報告されています（Hakamata et al., 2010）。さらにはスマートフォンのアプリで注意バイアス修正法を実施し，不安症の改善を目指す動きにまで発展しています。しかし，嫌なことから完全に目を背けることが正しいのでしょうか。注意バイアス修正法を通して，自分の注意をコントロールする能力を高め，必要なときにネガティブな刺激から注意を遠ざけることが重要とも考えられています。

3-3 脳機能から読み解く治療法

不安症には，薬物療法として**選択的セロトニン再取り込み阻害薬**（Selective Serotonin Reuptake Inhibitors : SSRI），心理療法として**認知行動療法**（Cognitive Behavior Therapy : CBT, 第9章参照）の有効性が認められています（金井, 2015；塩入, 2015）。SSRIは，脳内の神経伝達物質であるセロトニンに働きかける薬です。脳内には無数の神経細胞があり，その間にあるわずかな隙間（**シナプス間隙**）に神経伝達物質（セロトニンなど）を放出することで互いに情報をやりとりしています（第12章参照）。シナプス間隙でのセロトニンの不足が不安症と関係しており，SSRIはそこでのセロトニンの量を増やし症状を改善させます。CBTはベックの認知理論（Beck & Weishaar, 2011）に基づく治療法です。認知理論では，ネガティブな出来事が直接不安感情に影響を及ぼすのではなく，その人がもつ物事のとらえ方（認知）が感情に影響を及ぼすと考えられています。CBTではこの認知を変えることで不安症を改善させます。

SSRIとCBTともに脳の扁桃体の活動を抑え，前頭前皮質の活動を活発にする効果が示されています。SSRIの治療後に社交不安症患者にネガティブな表情の顔を見せると，治療前に比べて扁桃体の活動低下とvmPFCの活動増加が示されています（Phan et al., 2013）。またCBTを受けた社交不安症患者も，以前よりも自分へのネガティブな評価は下がり，さらには背内側前頭前皮質などの活動増加が認められました（Goldin et al., 2013）。以前よりうまく扁桃体を抑制し，不安感情を抑えることができるようになったと考えられます。ただし理論的背景から，SSRIは扁桃体に，CBTは前頭前皮質に優先的に影響を与える

第 I 部　心理的障害の理解と支援

と考えられています。

　さらに，脳活動から患者さんに有効な治療法を予測することが可能になるかもしれません。CBT を受ける前に安静時の脳機能を調べたところ，扁桃体と内側前頭前皮質（前部帯状回の膝前部など）の機能的連結が強い社交不安症患者ほど，CBT の効果が見られました（Klumpp et al., 2014）。効果的な治療を受けるためにも，脳機能研究の発展が望まれます。

4　環境と遺伝

4-1　養育環境

　両親が，自分の理想の考えを幼い子どもに押しつけるなど**支配的で温かみのない態度**をとると，子どもの不安症傾向が増します（van der Bruggen et al., 2008）。また成人の社交不安症患者に過去の経験について尋ねると，健康な人に比べ，子どものころに**心理的虐待**（罵り，言葉の暴力など）や**心理的ネグレクト**（愛された感じがしなかった，家族の中に自分を大切に扱ってくれる人がいなかっ

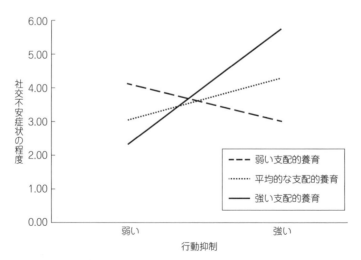

図 3-4　支配的態度と行動抑制が社交不安症状に与える影響
（出所）Lewis-Morrarty et al. (2012) Fig. 1

た）を受けた経験が多く，これらの経験が多いほど社交不安症の症状が重いことが示されています（Kuo et al., 2011）。

しかし，養育だけが不安症の発症原因ではありません。たとえば子ども自身の行動抑制が強いほど，親の支配的態度が子どもの社交不安症の発症を強める一方，子どもの行動抑制が低い場合は親の態度に影響を受けません（図3-4，Lewis-Morrarty et al., 2012）。子どもの行動抑制が強くても，親が温かい態度であれば，社交不安症も和らぐでしょう。また，親と子の愛着関係（アタッチメント）が十分に築けないと，行動抑制の強い子に社交不安症状が見られます。不安症の防止には，養育そのものではなく，子どもの性格に応じた養育が重要だと考えられます。

● 練習課題3-1　養育と不安症に影響を与える他の要因
　養育と不安症の関係に，注意バイアスはどう影響するでしょうか？

4-2　遺伝子

不安症に関係する代表的な遺伝子として，**セロトニントランスポーター遺伝子**があげられます（第0章参照）。遺伝子配列の短いショート型（s型）と配列の長いロング型（l型）がありますが，両親からそれぞれ短い遺伝子を受け継いだs/s型の人は，長い遺伝子を受け継いだl/l型の人よりもセロトニン量が少なく，不安傾向が強く，ネガティブな表情の顔に対して扁桃体が過剰に活動するといわれてきました。しかし，話はそう簡単ではないようです（Munafo et al., 2009）。

まず，環境との相互作用も関係しており，ストレスの程度によって影響が変わるといわれています。過度なストレス（紛争地域など生死に影響を与えるものなど）では，むしろs/s型で注意バイアスが見られる人ほどトラウマの症状が緩和されるとの報告もあります（Wald et al., 2013）。人種の違いによる効果も検討され，アジア人ではむしろl/l型保持者のほうがストレス時に不安症状を示すともいわれています（Ming et al., 2015）。

コラム3-2：不安症がストレスフルな出来事を引き起こす？

ストレスフルな出来事が増えるほど不安症になると考えられますが，その逆もあります。2年間に体験した健康面や仕事面でのストレスを調査したところ，5年前に不安傾向の強かった人ほど多くのストレスを経験し，重く受け取っていました（Phillips et al., 2015）。不安症とストレスの関係は一方向ではなく，相互に影響を与えます。たとえば大学が始まった4月，学生に不安尺度に答えてもらい，6月，9月にも同じ不安尺度とその間に経験したストレスを測定します。このような縦断調査を行い，構造方程式モデリング（多くの変数の影響関係を一度に計算できる統計分析法。複数回の測定によって因果関係をある程度推定することもできる）で結果を分析することで，ストレスが不安を強めるか，不安がストレスの経験を増やすかが明らかになるでしょう。

　なぜこのような違いが見られたのでしょう。可能性として，s/s型保持者は環境の影響をより強く受けることが考えられます（第0章，第2章参照）。たとえば，s/s型の人のほうが注意バイアス修正法など，訓練や環境の変化にすばやく反応することが知られています（Fox et al., 2011）。紛争地域など生死にかかわるストレス状況では，周りの環境に合わせて自分の生命を脅かす刺激に敏感になる方が適応的でしょう。一方で，対人関係のストレスに対して敏感に反応しすぎると，かえって不安を助長するのかもしれません。その人を取り巻く社会的環境によって，周囲への敏感さがよく働くこともあれば悪く働くことも考えられます。

　この章では，不安症のメカニズムや対策法について見てきました。まだ多くの疑問点は研究中で，研究室での発見をそのまま普段の生活に置き換えることはできません。しかし，さまざまな特徴が不安症の発症・維持に影響を与えることがわかります。一歩距離を置いて自分自身を見つめなおしたり，友人の行動に目を向けると，普段は気づかないこれらの特徴にも気づき，対策できるかもしれません。

●練習課題の解説
【練習課題3-1】
　親から身体的な虐待を受けている子どもには怒り表情への注意バイアスが見られ、注意バイアスが見られる子どもほど不安の反応を示します（Briggs-Gowan et al., 2015）。また、拒絶的な態度を示す親の子どもにも注意バイアスが見られ、子どもの社交不安症が高まります（Gulley et al., 2014）。親の冷たい態度は子どもにとって脅威であり、親の反応に敏感に気づくために注意バイアスが働くのかもしれませんが、結果として不安症を高めてしまいます。

もっと詳しく知りたい人のための文献紹介

フォックス，E.　森内　薫（訳）(2014). 脳科学は人格を変えられるか　文藝春秋
　⇨楽観・悲観主義を中心に解説されていますが、著者はもともと不安の研究者であり、不安に関する最新の研究が紹介されています。

アントニー，M. M.　中里京子（訳）(2014). 内気・不安　創元社
　⇨「きっと上手くいく10の解決法シリーズ」の一冊。内気を克服する認知行動療法を10段階に分けて解説しています。同シリーズの「パニック」「心配性」もお勧めします。

引用文献

American Psychiatric Association. (2013). *Diagnostic and Statistical Manual of Mental Disorders.* (5th ed.).　Washington, DC: American Psychiatric Publishing.（日本精神神経学会（監修）高橋三郎・大野　裕（監訳）(2014). DSM-5精神疾患の診断・統計マニュアル　医学書院）

Beck, A. T., & Weishaar, M. E. (2011). Cognitive therapy. In R. J. Corsini & D. Wedding (Eds.), *Current psychotherapies,* (9th ed.) (pp. 276-309). Belmont, CA: Briooks/Cole.

Bijsterbosch, J., Smith, S. M., & Bishop, S. J. (2015). Functional connectivity under anticipation of shock: Correlates of trait anxious affect versus induced anxiety. *Journal of Cognitive Neuroscience, 27,* 1840-1853.

Briggs-Gowan, M. J., Pollak, S. D., Grasso, D., Voss, J., Mian, N. D., Zobel, E., et al. (2015). Attention bias and anxiety in young children exposed to family violence. *Journal of Child Psychology and Psychiatry, 56,* 1194-1201.

Browning, M., Behrens, T. E., Jocham, G., O'Reilly, J. X., & Bishop, S. J. (2015).

Anxious individuals have difficulty learning the causal statistics of aversive environments. *Nature Neuroscience, 18*, 590-596.

Clauss, J. A., & Blackford, J. U. (2012). Behavioral inhibition and risk for developing social anxiety disorder: A meta-analytic study. *Journal of the American Academy of Child & Adolescent Psychiatry, 51*, 1066-1075.

Duits, P., Cath, D. C., Lissek, S., Hox, J. J., Hamm, A. O., Engelhard, I. M., et al. (2015). Updated meta-analysis of classical fear conditioning in the anxiety disorders. *Depression and Anxiety, 32*, 239-253.

Fox, E., Zougkou, K., Ridgewell, A., & Garner, K. (2011). The serotonin transporter gene alters sensitivity to attention bias modification: Evidence for a plasticity gene. *Biological Psychiatry, 70*, 1049-1054.

Goldin, P. R., Ziv, M., Jazaieri, H., Hahn, K., Heimberg, R., Gross, J. J., & Author, C. (2013). Impact of cognitive behavioral therapy for social anxiety disorder on the neural dynamics of cognitive reappraisal of negative self-beliefs: Randomized clinical trial. *JAMA Psychiatry, 70*, 1048-1056.

Gulley, L. D., Oppenheimer, C. W., & Hankin, B. L. (2014). Associations among negative parenting, attention bias to anger, and social anxiety among youth. *Developmental Psychology, 50*, 577-585.

Hakamata, Y., Lissek, S., Bar-Haim, Y., Britton, J. C., Fox, N. A., Leibenluft, E., et al. (2010). Attention bias modification treatment: A meta-analysis toward the establishment of novel treatment for anxiety. *Biological Psychiatry, 68*, 982-990.

金井嘉宏（2015）．社交不安症の認知・行動療法——最近の研究動向からその本質を探る　不安症研究, 7, 40-51.

Kanehara, A., Umeda, M., & Kawakami, N. (2015). Barriers to mental health care in Japan: Results from the World Mental Health Japan Survey. *Psychiatry and Clinical Neurosciences, 69*, 523-533.

Kawakami, N., Takeshima, T., Ono, Y., Uda, H., Hata, Y., Nakane, Y., et al. (2005). Twelve-month prevalence, severity, and treatment of common mental disorders in communities in Japan: Preliminary finding from the World Mental Health Japan Survey 2002-2003. *Psychiatry and Clinical Neurosciences, 59*, 441-452.

Klumpp, H., Keutmann, M. K., Fitzgerald, D. A., Shankman, S. A., & Phan, K. L.

(2014). Resting state amygdala-prefrontal connectivity predicts symptom change after cognitive behavioral therapy in generalized social anxiety disorder. *Biology of Mood & Anxiety Disorders, 4*, 14.

Kuo, J. R., Goldin, P. R., Werner, K., Heimberg, R. G., & Gross, J. J. (2011). Childhood trauma and current psychological functioning in adults with social anxiety disorder. *Journal of Anxiety Disorders, 25*, 467-473.

Lau, J. Y. F., Lissek, S., Nelson, E. E., Lee, Y., Roberson-Nay, R., Poeth, K., et al. (2008). Fear conditioning in adolescents with anxiety disorders: Results from a novel experimental paradigm. *Journal of the American Academy of Child and Adolescent Psychiatry, 47*, 94-102.

Lewis-Morrarty, E., Degnan, K. A., Chronis-Tuscano, A., Rubin, K. H., Cheah, C. S. L., Pine, D. S., et al. (2012). Maternal over-control moderates the association between early childhood behavioral inhibition and adolescent social anxiety symptoms. *Journal of Abnormal Child Psychology, 40*, 1363-1373.

Lissek, S., Bradford, D. E., Alvarez, R. P., Burton, P., Espensen-Sturges, T., Reynolds, R. C., & Grillon, C. (2014). Neural substrates of classically conditioned fear-generalization in humans: A parametric fMRI study. *Social Cognitive and Affective Neuroscience, 9*, 1134-1142.

McLean, C. P., Asnaani, A., Litz, B. T., & Hofmann, S. G. (2011). Gender differences in anxiety disorders: Prevalence, course of illness, comorbidity and burden of illness. *Journal of Psychiatric Research, 45*, 1027-1035.

Ming, Q., Zhang, Y., Yi, J., Wang, X., Zhu, X., & Yao, S. (2015). Serotonin transporter gene polymorphism (5-HTTLPR) L allele interacts with stress to increase anxiety symptoms in Chinese adolescents: A multiwave longitudinal study. *BMC Psychiatry, 15*, 248.

Mogg, K., Philippot, P., & Bradley, B. P. (2004). Selective attention to angry faces in clinical social phobia. *Journal of Abnormal Psychology, 113*, 160-165.

Munafo, M. R., Freimer, N. B., Ng, W., Ophoff, R., Veijola, J., Miettunen, J., et al. (2009). 5-HTTLPR genotype and anxiety-related personality traits: A meta-analysis and new data. *American Journal of Medical Genetics, Part B: Neuropsychiatric Genetics, 150*, 271-281.

音羽健司・森田正哉 (2015). 社交不安症の疫学――その概念の変遷と歴史　不安症研究, *7*, 18-28.

Pergamin-Hight, L., Naim, R., Bakermans-Kranenburg, M. J., van IJzendoorn, M. H., & Bar-Haim, Y. (2015). Content specificity of attention bias to threat in anxiety disorders: A meta-analysis. *Clinical Psychology Review*, *35*, 10-18.

Phan, K. L., Coccaro, E. F., Angstadt, M., Kreger, K. J., Mayberg, H. S., Liberzon, I., & Stein, M. B. (2013). Corticolimbic brain reactivity to social signals of threat before and after sertraline treatment in generalized social phobia. *Biological Psychiatry*, *73*, 329-336.

Phillips, A. C., Carroll, D., & Der, G. (2015). Negative life events and symptoms of depression and anxiety: Stress causation and/or stress generation. *Anxiety, Stress, and Coping*, *28*, 357-371.

塩入俊樹 (2015). 社交不安症の薬物療法　不安症研究, *7*, 29-39.

Van Ameringen, M., Mancini, C., & Farvolden, P. (2003). The impact of anxiety disorders on educational achievement. *Journal of Anxiety Disorders*, *17*, 561-571.

van der Bruggen, C. O., Stams, G. J., & Bögels, S. M. (2008). Research review: The relation between child and parent anxiety and parental control: A meta-analytic review. *Journal of Child Psychology and Psychiatry*, *49*, 1257-1269.

Wald, I., Degnan, K. A., Gorodetsky, E., Charney, D. S., Fox, N. A., Fruchter, E., …Bar-Haim, Y. (2013). Attention to threats and combat-related posttraumatic stress symptoms: Prospective associations and moderation by the serotonin transporter gene. *JAMA Psychiatry*, *70*, 401-408.

第4章 統合失調症
——普遍的な心の病

> 　統合失調症は精神科臨床の主要な対象でありつづけてきました。「目覚めながらにしてみる夢」ともいえる統合失調症の幻覚・妄想は，不安や抑うつに比べ，より病的な状態として，遠い存在に感じられる人もいるかもしれません。しかしながら，およそ100人に1人が青年期に発症する統合失調症は，大学生のみなさんにとっては，じつは身近な精神疾患であり，知識を得ておくことが必要です。
> 　この章では，統合失調症についての心理的理解を試みながら，統合失調症の基本的な症状，経過，病態について学びます。さらに臨床心理学を学ぶ者として，私たちにどのような心理的支援ができるのか，考えてみたいと思います。

1 臨床像

1-1 統合失調症の体験

　臨床心理学を深く学ぶにつれて，常とは異なる心理状態の人たちに会うことも多くなると思います。みなさんはこの絵（図4-1）を見たことがありますか？　これはノルウェーの画家ムンクが描いた『叫び』という絵です。ムンクは夕暮れに二人の友人と歩いていた際に「自然を貫く果てしない叫び」に恐れおののいた体験をこの絵に表現しました。世界や対象との安心した関係が揺らぎ，自身の存在の危機に直面しているような，このような心理状態の人に出会ったとき，私たちには何ができるのでしょうか？
　ムンクが体験していたこのような幻覚・妄想状態を引き起こす代表的な精神

第Ⅰ部　心理的障害の理解と支援

図 4-1　ムンクの『叫び』

疾患として，統合失調症という病気があります。統合失調症はおよそ100人に一人の割合で，男女ほぼ同じ頻度で発症します。これは古今東西，時代や文化を越えて変わりません（この事実が，統合失調症という病気が，心理社会的な要因だけでなく，身体的な要因にもかかわる病気であることを示唆しています）。16-35歳までが発症危険年齢であり，統合失調症は青年期の病といわれています。

　100人に一人というのはかなり頻度の高い病気になるので，みなさんもこれまでに統合失調症の人に会われたことがあるかもしれません。実際，思春期の子どもたちの約10-15％に軽度の幻覚・妄想体験が認められたという報告もあります（西田・岡崎，2008）。そのような幻覚・妄想体験は，後に統合失調症を発症する割合を3.5倍高くするといわれています（Kaymaz et al., 2012）。とくに20代前半の発症が多いので，青年期を生きる大学生のみなさんは気をつけなければなりません。とりわけ，臨床心理学を学ぶみなさんには，この章を通して統合失調症という病気について理解し，偏見をなくし，統合失調症とともに生きていく視点を得ていただければと思います。

1-2　精神症状とその心理的理解

　ムンクが恐れおののいて立ちすくんでいるとき，友人たちは何も聞こえず，何もなかったかのように歩きつづけます。このときムンクは幻覚を体験していたと思われます。幻覚とは「その場にないものを，実際にあるように知覚すること」で，私たちの五感すべてに起こりうる知覚の異常です。すなわち，幻聴，

幻視，幻味，幻嗅，幻触（体感幻覚）がありますが，統合失調症では「周囲の人には聞こえない声が頭の中で聞こえる」**幻聴**が典型的に見られます。その内容は誰かわからない人の声が自分を批判するようなものが多く見られます。そのような声をリアルに体験している人のしんどさはいかばかりか，思いやってみてください。

　ところで，この幻聴には「自分の考えたことが他人の声になって聞こえてくる」という思考化声という現象があるのですが，じつはこの幻聴という現象は，心理的には，「自分の心の声が他人の声になって聞こえてくる」というようにも理解できるのではないかと思います。自分の心の声は内言（inner speech）といいます。自分が心のどこかで無意識に不安に思っていること（「自分は周りの人から気持ち悪いと思われているんじゃないか」）が，他人の声（「キショイ」）となって聞こえてくるのです。自分の内界の投影が，外界から自分に跳ね返ってくるともいえるかもしれません。このような心理的な理解は，幻聴に向き合う方法の一つとして，役立つ可能性があります（原田，2002）。

　統合失調症の患者さんには，**妄想**という症状も見られます。妄想とは「外界の現実・事実についての誤った確信」で，理詰めで説得されても，訂正されないものです。妄想の中でも，統合失調症では「周囲からの悪意を感じる」**被害妄想**が典型的に見られます。患者さんは，本来関係のない周囲の出来事を自分に結びつけ（**関係妄想**），誰かにねらわれている（**迫害妄想**），誰かに監視されている（**注察妄想**）と感じ，そのように思い込んでいます。周囲が事実ではないと否定すれば，怒り出すか，ますます頑なに自分の世界に閉じこもってしまうでしょう。

　このような，統合失調症の幻覚・妄想に通底する精神病理として，内界（心の世界）と外界（現実）の境界が区別できなくなったり，自分と他人の境界が緩弱化してしまう（透過的となり，混乱してしまう）**自我障害**があります。患者さんは，他人の考えが頭の中に入ってくる（**思考吸入**），自分の考えが他人に伝わる（**思考伝播**）という，いわゆるテレパシー現象を体験します。自分の身体が他人の意思で動かされているという**させられ体験**を訴える人もいます。

コラム4-1：統合失調症という病名

　統合失調症は英語ではSchizophrenia（スキゾフレニア）といいます。この病名を1911年に発表したスイスのブロイラー（Bleuler, E.）は，古来精神が宿るとされていた横隔膜（phrenia）が分裂（schizo）するということで，この名前を考案しました。

　日本では精神分裂病と直訳されましたが，歴史的にも偏見をまとった病名となり，2002年に統合失調症に病名が変更されました。思考をはじめ，感情や意欲などの精神機能のまとまり（統合）が調子を失う病気ということで，患者さんやご家族にも説明・告知がしやすくなったことを，この病名変更の過渡期を経験した筆者は実感しました。

　また，思考にまとまりがなくなる**思考障害**という症状も見られます。話題が突然飛躍したり，論理的には無関係の事柄が結びついて話されたりします。話の内容がばらばらで理解できない**滅裂思考**が見られたり，ひどくなると，たんなる言葉の羅列である**言葉のサラダ**になります。自分にしか通用しない独自の言葉をつくる**言語新作**という現象も見られます。

　幻覚・妄想のような，健常な精神機能には見られない過剰な精神現象を，**陽性症状**といいます。陽性症状は，統合失調症の急性期や再発時に見られます。それに対して，統合失調症の回復期や慢性期には，健常な精神機能が損なわれる**陰性症状**が見られます。感情の表出が鈍く感じられる感情鈍麻，意欲減退，言葉の乏しさ，周囲に対する無関心，社会的ひきこもりなどです。陽性症状のほうが華々しく，統合失調症といえば，幻覚・妄想のイメージが強い人もいるかもしれませんが，患者さんは人生の多くを慢性期で過ごし，陰性症状を抱えています。急性期の治療は薬物療法が中心ですが，慢性期には心理社会的な支援がより必要になります。

1-3　発症と経過

　統合失調症の発症前後には一体，何が起こっているのでしょうか？　患者さんの現病歴をお聞きしていると，発症前後には生活においてなんらかのストレ

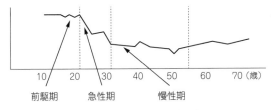

図4-2 統合失調症の発症と経過
（注） 縦軸は人格や社会機能の水準を示す。

スがかかっています。学校や仕事，私生活での悩み，対人ストレスなどです。発症前の前駆期には，不安・焦燥，不眠，感情の起伏，身体症状，神経症症状など，統合失調症に限らず，さまざまな精神疾患に共通して見られる症状が現れます。

　そして，あるときから幻覚や妄想が出現します。この急性期に入ると，先ほど症状の項でも述べたように，心の世界と現実世界の区別がつきにくくなるので，現実生活が難しくなり，また周囲も本人の言動のおかしさに気づき，家族などに保護されて，医療につながることが多いです。このとき，患者さんは，自分と他人の区別がつきにくい状態にあるので，自らの異常な体験が，自らの病的な状態によるものだという自覚がありません。実際に周囲がグルになって，自分を陥れようとしている，と思い込んでいます。これを**病識の欠如**（自分が病気であるという意識の欠如）といいます。患者さんは，自分はおかしくないから治療を受ける必要はない，と訴えることも多いですが，実際には患者さんは心身ともに疲弊し，不安や不眠を抱えており，そのような病感（調子が悪い，元気ではないという病的な感覚）に配慮して，治療関係をつくっていきます。

　急性期，とくに初回エピソード時には入院が必要になることも多く，患者さんが周囲に対する安心感や信頼を取り戻していけるよう，少しずつ治療関係をつくっていきます。この治療関係をベースにして，急性期には薬物療法が力を発揮します。幻覚・妄想が活発な急性期には，脳のレベルではドーパミンなどの神経伝達物質がオーバーヒートした状態にありますが，薬物療法が奏功すれば，脳内環境もバランスを取り戻し，通常1〜2か月で神経も心も回復期に入

っていきます。

　この回復期には，患者さんは，体のだるさや意欲の減退などを経験することが多く，精神病後抑うつ（post psychotic depression）と呼ばれています。急性期に消費したエネルギーを取り戻していく充電期にあたります。急性期の活発な幻覚・妄想などの陽性症状が治ってくると，「あのころの奇妙な体験は自分の精神状態の異常のためであった」という気づき（洞察）が得られることもあります。この心理的な過程を大切にしていくことは，その後の患者さんの病状・治療の安定につながっていきますし，その支援は心理職の大事な仕事になっていくでしょう。

　回復期を経て，慢性期には，症状が消退した寛解状態の人，減弱した陽性症状が持続する人，陰性症状が前景になる人が見られます。統合失調症は再発しやすい病気なので，寛解状態の人も基本的には服薬治療を継続し，不安，不眠，疲労，孤立などのストレスに気をつけます。生涯つきあっていく病気ということになります。患者さんの病状や障害の程度に応じて，社会生活の場を考えていきます。この時期には，後述するような心理社会的な支援が重要になります。

2　病因・メカニズム

2-1　脳・神経伝達物質

　統合失調症の病因や病態メカニズムについては，まだ明らかになってはいませんが，少しずつ研究が進んでいます。先ほど，1-3の項で発症の際になんらかの生活環境ストレスがかかっていることが多いと述べました。しかし，同じストレスがかかっても，ある人はうつ状態になり，ある人は躁状態になります。幻覚・妄想が出現する人たちには，なんらかの素因があると思われます（素因-ストレスモデル，第0章参照）。

　統合失調症には脳のレベルでどのような素因があるのかを調べるため，筆者らはMRI（magnetic resonance imaging，核磁気共鳴画像法：強力な磁場を与えて水素原子の動きを変化させることで，体内の部位を撮影する方法）研究を行いまし

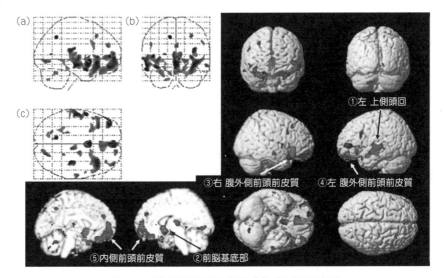

図 4-3 統合失調症の脳で体積減少がみられた部位
(注) (a) は右側からみた断面, (b) は正面からみた断面, (c) は真上からみた断面を示す.
(出所) 平尾ら (2007) をもとに作成

た (Hirao et al., 2008)。従来, 統合失調症の患者さんの MRI は, 健常の方と比べて, とくに異常所見は認められないといわれていました。しかし, 最近の高精度の MRI (1 mm 刻み) を用いて撮像し, 20名の患者さんと20名の健常な人との画像をコンピューターで解析すると, 平均的には図 4-3 のような脳の領域で, 統合失調症の人の脳に体積減少が見られました。たとえば, 左上側頭回は聴覚-言語にかかわる領域であり, 幻聴との関連が示唆されます。また, 前脳基底部や内側前頭前皮質はドーパミン経路であり, 意欲などにかかわる領域です (第12章参照)。このような領域には, 他のグループの研究でも繰り返し同様の異常が確かめられ, 慢性期の統合失調症のみならず, 急性期直後や発症前からなんらかの脆弱性があることが示唆されています。

統合失調症では, とくに神経伝達物質ドーパミンが異常な状態にあることがわかってきています (**ドーパミン仮説**)。これは, ドーパミンを遮断したり, 調整したりする作用をもつ抗精神病薬によって, 幻覚・妄想が軽減されるという治療的経験からも裏づけられています。このようなドーパミンの異常は, 統合

失調症の発症前からすでに見られ，急性期にはさらに顕著になることも報告されています（Howes et al., 2011）。

2-2 認知障害

認知神経科学的な研究からは，統合失調症にみられる認知障害やその神経基盤が明らかにされつつあります。統合失調症には，注意力・集中力の低下，記憶力の減退，作業スピードの遅さなどの認知障害が認められ，就学・就労などに必要な作業能力に支障をきたします。さらに，近年の感情認知や社会認知に関する研究では，相手の内面を察する能力，社会的な場にふさわしい行動をとる能力といった対人コミュニケーションの障害が認められ，患者さんの社会生活を困難なものにしていると考えられています。これらの感情・社会認知障害にかかわる神経基盤もわかってきました（平尾ら，2007；Hirao et al., 2008）。そのため，デイケアなどでのリハビリテーションにおいて，認知機能を改善するようなプログラムや**社会的スキル訓練**（Social Skills Training：SST）などが行われています。

3 治療と支援

1-3の項で述べたように，統合失調症は病期によって症状や状態も異なるので，急性期，回復期，慢性期に応じた治療・支援が必要になります。治療の場は，急性期は入院，回復期は入院～デイケア，慢性期は外来が中心になります。慢性期におけるリハビリテーション・生活支援の場は，デイケア，生活訓練施設，就労継続支援施設，就労移行支援施設，トライアル就労などがあります。

精神科での治療はとりわけ全人的な視野で行う必要があり，一人の人の生き物としてのレベル，心理的なレベル，社会的なレベルで，それぞれ治療が提供されます。これを**生物・心理・社会モデル**といいます。臨床心理学を学ぶみなさんが今後もし支援に携わるときには，全体の中で自分はどのようなところにかかわっていくかをとらえておいてほしいと思います。

生物学的なレベル，すなわち身体的療法としては，薬物療法，電気けいれん療法，心理的なレベルには，心理教育や個人心理療法，集団心理療法，環境・社会療法には，家族心理教育，生活療法，レクリエーション療法，作業療法，社会的スキル訓練があります。急性期には，薬物療法が中心となり，回復期〜慢性期には心理療法，環境・社会療法が中心となります。以下，薬物療法と心理的な支援について説明します。

3-1 薬物療法

心の病にどうして薬が効くのでしょうか？　心理学を学ぶみなさんは疑問に思うかもしれません。歴史的にも，精神科の薬は偶然発見されました。1952年にフランスのドレー（Delay, J.）が麻酔のためにクロルプロマジンという薬を統合失調症の患者さんに飲んでもらったところ，不安・焦燥・興奮が鎮まった（催眠・鎮静作用）だけでなく，幻覚・妄想も軽減された（抗幻覚・妄想作用）のです。この薬の成分を分析してみると，神経伝達物質ドーパミンの作用を遮断することがわかりました。

それまで，幻覚・妄想がひどい患者さんに対しては，前頭葉切断術や前頭葉白質切断術といった，脳にメスを入れる精神外科手術が行われたりしていました（この手術の開発者の一人であるポルトガルの神経科医モニス（Moniz, E.）に1949年にノーベル賞が与えられたほどです）。手術を受けた患者さんは，その後の地域での生活が難しくなりました。そのことを思うと，抗精神病薬の発見・開発によって，それまで精神病院で一生を過ごしていた患者さんたちが地域で生活できるようになった意義は非常に大きいといえます。

ただし，ドーパミンを遮断することによるいくつかの副作用もあります。代表的なものに，運動にかかわるドーパミン経路の遮断によって生じるパーキンソン症候群（パーキンソン病のように表情や体の動きがぎこちなくなること）があります。また，ドーパミンは意欲に関係するので，遮断しすぎると意欲が出にくくなってしまいます。このような副作用を軽減するような薬が開発されてきました。セロトニン・ドーパミン遮断薬（SDA），多受容体作用薬（MARTA），

ドーパミンシステム調整薬（DSS）などです。

　ここで，統合失調症に限らず，精神疾患の治療のために薬物療法を受ける際，あるいは薬物療法を受けている人を支援する際の注意事項を述べます。まず，患者さんやご家族に，治療の必要性や主な薬の副作用について説明することが大切です。統合失調症という病気は，治療しないでおくと，病気が悪化・進行・再発し，生活が障害され，生命の危険もある病気です。それゆえ，とくに治療初期は，軽度の副作用よりも主作用（効果）を重視し，薬物療法を継続する必要があります。もちろん副作用が出た場合には，適切に対応します。精神科の薬物療法は，信頼関係を基盤にしてこそ成り立つものなので，心理教育をはじめ，心理療法的なかかわりが不可欠です。最近の薬物療法の考え方は，医師の処方どおり服薬を遵守する**コンプライアンス**（compliance）という態度から，自分の治療方針を自分で守るという**アドヒアランス**（adherence）という考え方に移行してきています。

3-2　心理的な理解と支援

主観的体験の理解と適切な距離感

　支援の基本は「理解する」ことからだと思います。理解のない支援は「おせっかい」になってしまう可能性があります。「当事者の体験から考える」という視点をもつことを，とくに臨床心理学を学ぶみなさんには大切にしてほしいと思います。それでは，統合失調症の人の主観的体験とはどのようなものなのでしょうか？　精神医学の世界では，統合失調症の人の主観的世界は了解不能だといわれることもあります。しかし，通常の心理としては了解不能であったとしても，臨床心理学を学ぶ私たちは，畏怖を持ちながらも統合失調症の人の主観的体験に近づく努力をする必要があると思います。

　第1節で述べたように，統合失調症の人は，自分と他人の境界が混乱しやすいという**自我障害**が見られます。自分と相手とのやりとりの中で支援しようとする者は，相手の自我の強さ（自他の境界），いわゆる**病態水準**をまず見立てる必要があります。病態水準には，自我が保たれており自分の悩みや葛藤を自分

コラム 4-2：統合失調症のバウムテスト・風景構成法

　心理臨床においてよく用いられる描画法に，**バウムテスト**（Baum test）と**風景構成法**があります。バウムテストはコッホ（Koch, K.）の開発した方法で，1枚の紙に（1本の果物の）木の絵を描くものです。風景構成法は中井久夫によって考案された方法で，10個の要素（川・山・田・道・家・木・人・花・動物・石）を含む風景を描くものです。このように，心理臨床では，言語レベルに加えて，イメージレベルでの見立てがしばしば有用です。

　山中（1976）は，統合失調症の人のバウムテストでは，木の「内空間」が「外空間」に開かれてしまう「メビウスの帯現象」が多くみられることを見出しました。また，中井（1971）は，妄想型の統合失調症の人が，全体として統合されない多空間の風景を描くことを見出しました。

　このような描画表現から，統合失調症の人がどのような心理的空間を体験しているのかがうかがわれ，私たちの心理的支援にもつながっていきます。描画はアセスメントとして役立つと同時に，治療的に使うことも可能です。治療にどう活かすかについては，たとえば岸本（2015）が参考になるでしょう。

自身で抱えることのできる健常〜神経症水準，自我が障害されており内界と外界の区別がしにくい精神病水準，そして，一見すると神経症水準でありながら，ストレス負荷により一過性に精神病水準に移行する境界例水準があります。

　統合失調症は精神病水準になるので，あまり侵襲的な心理的接近を行うと，本人は怖かったり，幻覚や妄想の中に取り込まれたりすることがあります。それゆえ，適切な距離感が必要になります。

●練習課題 4-1
　あなたの友人のA君は，しばらく前から眠れない，と元気がない様子でした。今日，大学で会うと，周囲を警戒するびくびくした様子で，心配して尋ねると，友人のあなたにだけ「頭の中で陰口が聞こえる。誰かにねらわれている気がする」と打ち明けられました。あなたはどのように友人に向き合いますか？

妄想とのかかわり方

　患者さんの妄想を頭から否定すれば，怒り出すか，ますます頑なに自分の世界に閉じこもってしまうでしょう。一方，妄想を首肯することは，妄想を促進

することにもなりかねません。したがって，妄想を持つ人への基本的な接し方としては，「つかず離れず」の中立的態度が基本になります。幻覚や妄想を本人がリアルに体験していることを思いやりつつ，しかし，自分はそのような体験はしていないし，不思議に思える，というくらいの態度です（「私には聞こえないけれど，もしそうだったら不安で眠れないほどだろうね」など）。このように，心理を学んでいる私たちはとくに，片足は心の世界に置きつつ，片足は現実世界に踏ん張って置いておくという態度が大事ではないかと思います。患者さんの主観的な心的世界を思いやりつつ，一方で，現実代表として患者さんの前に立つことが，患者さんが回復期に現実感覚を取り戻すときのよすがになります。

筆者は精神科医になりたてのころに，「患者さんの妄想に（興味本位で）膝を乗り出して聞き入る態度」は慎むようにいわれたものです。しかし，それは患者さんの妄想内容が意味のないものであるというのでは，けっしてありません。妄想内容には，患者さんの無意識的な心の動きが表現されていることが多いと思います。慢性期にある程度の自我の強さを回復してもなお，幻覚や妄想を慢性的に抱いている患者さんとのやりとりでは，カウンセリングで夢を聞くように妄想を聞きつつ，患者さんの心の動きを理解しようとしています。

デイケアと集団心理療法

集団心理療法は，おもにデイケアで行われています。患者さんは，自分の幻覚・妄想となかなか距離がとれないものです。しかし，仲間の幻覚・妄想を客観的に聞くことができると，それが現実離れしていることにも気づき，ひいては自分の幻覚・妄想体験についてもある程度客観化できるようになっていきます。それは再発を予防したり幻覚・妄想を抱えながら生きていくうえで，とても大切な力になるでしょう。北海道浦河町にあるべてるの家では，メンバー（患者さん）の方々がお互いに信頼を得た安全な場で，自らの苦しかった病的体験を語り，表現しながら癒しを得ています。その様子は，ビデオや書籍で公開されているので，ぜひご覧いただきたいと思います。また最近は，急性期にもあまり薬を使わず，患者さん・家族・関係者の対話を通して治療を進めていこうという，**オープンダイアローグ**という試みも注目を浴びています（斎藤，

コラム4-3：病跡学——ゴッホの絵画に表現された精神世界

　実際の統合失調症の人を対象に調査研究を行うことは，学部段階ではむずかしいかもしれませんが（ふだんからデイケアや就労支援施設などでかかわっているならば，不可能ではありません），統合失調症とともに生きた著名人を対象とする事例研究は可能です（**病跡学**という学問分野があります）。統合失調症は，青年期のアイデンティティを確立する際に直面する創造の病でもあります。そこから生み出されるものには，その人の存在にかかわる深い心の動きが表現されています。

　オランダの画家ゴッホが統合失調症であったかどうかについてはさまざまな説がありますが，いずれにせよ，彼の体験していた精神世界とその変容を，そのときどきで表現された作品や残された資料から，彼の人生に沿って分析，考察していくことは，人の心や生き方を探求する臨床心理学に，すぐれた知見を与えてくれるものになるでしょう。行動力のある方は，アムステルダムにあるゴッホ美術館にも足を運んでみてください。

2015）。

●練習課題の解説

【練習課題4-1】

　A君のふだんとは違う様子に，友人として戸惑い，心配になることでしょう。不眠や抑うつに続いて，A君が幻聴や被害妄想を体験しているようであることがわかります。「誰かにねらわれている気がする」との言葉からは，妄想ほどの確信はなく，関係念慮という，より早期の段階のようです。A君には専門的なケアが必要だと思われます。

　いずれにせよ，あなたは友人としての立場から，A君が自分に打ち明けてくれたことを大切にし，A君の体験を思いやりながら，A君の不安を和らげ，大学の保健管理センターや学生相談室まで付き添ったり，担任の先生に相談できるかもしれません。A君の家族とも連絡をとりながら，友人として何ができるか，考えていってください。

もっと詳しく知りたい人のための文献紹介

中井久夫・山口直彦（2004）．看護のための精神医学　医学書院

⇨「看護できない患者はいない」で始まる名著。「病む人」の苦しみと回復の過程を描き，その過程に私たちがいかに寄り添えるかについての知恵が臨床経験から紡ぎ出されています。ケアを志す初学者のための必読書です。

山下　格（2010）．精神医学ハンドブック　日本評論社

⇨専門的かつ平易な「読める教科書」の決定版。統合失調症の病的体験，治療と援助についても，わかりやすく丁寧に説明されています。医療・看護・福祉はもちろん，臨床心理を学ぶ者のための画期的ハンドブックです。

引用文献

原田誠一（2002）．正体不明の声——幻覚妄想体験の治療ガイド　アルタ出版

Hirao, K., Miyata, J., Fujiwara, H., Yamada, M., Namiki, C., Shimizu, M., Sawamoto, N., Fukuyama, H., Hayashi, T., & Murai, T. (2008). Theory of mind and frontal lobe pathology in schizophrenia: A voxel-based morphometry study. *Schizophrenia Ressearch, 105*, 165-174.

平尾和之・並木千尋・山田真希子・宮田　淳・村井俊哉（2007）．統合失調症における社会認知障害と脳構造／機能異常　神経心理学, *23*, 268-278.

Howes, O. D., Bose, S. K., Turkheimer, F., Valli, I., Egerton, A., Valmaggia, L. R., Murray, R. M., & McGuire, P. (2011). Dopamine synthesis capacity before onset of psychosis: A prospective [18F]-DOPA PET imaging study. *American Journal of Psychiatry, 168*, 1311-1317.

Kaymaz, N., Drukker, M., Lieb, R., Wittchen, H. U., Werbeloff, N., Weiser, M., Lataster, T., & van Os, J. (2012). Do subthreshold psychotic experiences predict clinical outcomes in unselected non-help-seeking population-based samples? A systematic review and meta-analysis, enriched with new results. *Psychological Medicine, 42*, 2239-2253.

岸本寛史（2015）．バウムテスト入門　誠信書房

中井久夫（1971）．描画を通してみた精神障害者——とくに精神分裂病者における心理的空間の構造　芸術療法, *3*, 37-51.

西田淳志・岡崎祐士（2008）．思春期早期の精神病様症状体験に関する疫学研究　脳と精神の医学, *19*, 189-193.

斎藤　環（2015）．オープンダイアローグとは何か　医学書院

山中康裕（1976）．精神分裂病（統合失調症）のバウム　心理テストジャーナル, *12*, 18-23.

─── ■ トピックス〈臨床心理学の現場〉② ■ ───

保育・子育て支援

子どもという存在

　ベビーカーに乗った赤ちゃんを見かけると，ついつい微笑んでしまいませんか？　じつは子どもは，生まれながらに大人が「かわいい」と思うような身体的特徴（大きな目，広いおでこ，柔らかそうな皮膚…）をもっています。そして，じっと見つめる視線にさまざまな発声，時折見せる笑顔（生理的微笑；神経の痙攣）は，とくに意識していなくても，思わずお世話をしたくなるような気持ちに駆り立てられます。このように，子どもの様子からその気持ちを思わずくみとって行動してしまう傾向を "mind-mindedness" といい，子どもの発達に促進的に働く子どもとの相互作用が自然に行われ，子どもの社会情緒的な能力を育むと同時に，養育者の子育てへの動機づけを高めるとされています。

子育ては楽しい？

　しかし，子育てはいつも楽しいばかりではありません。「5分でもいいから一人の時間があると最高に嬉しい」「おばあちゃんに預けると文句をいわれる」小さな子どもを抱えたお母さんのこのようなつぶやきは，「子どもは絶対にかわいくて，子育ては楽しいものだと思っていた」「自分の孫だったら，喜んで面倒みると思っていた」というように，保育者を目指す学生の心に衝撃を与えました。子どもはかわいい。そのことは間違いないのですが，一方で，生活リズムは子ども中心になり，自分のやりたいことは後回しになる，睡眠不足が続く，子どもに関する悩みが増えるなど，さまざまな制限や負担，不安が生じます。このような子育てに関するストレスや負担感，不安感のことを総称して，**育児ストレス**といいます。育児ストレスの背景には，親自身の問題，子どもの側の問題，子育て環境の問題があります。親の経験不足や情報不足，精神疾患（十分な治療を受けていない），トラウマ体験（適切な養育を受けていない）などがあるとき，子どもへのかかわり方に自信をもてず，子育ての困難さが深刻化することがあります。出産直後は誰しも抑うつ状態（マタニティブルー）を経験しますが，1か月以上継続すると，産後うつ病と診断されることもあり，妊娠中から支援のネットワークを広げておくことが大切だと考えられます。また，出生時のトラブル（低体重出生児や仮死出産など）で母子分離が続いているときや，発達の遅れや発達障害などがあると，扱いにくさを感じ，子育てに困難さを抱えることがあります。さらに，

経済的不安定さや多様な家族形態（離婚や再婚，国籍など），住環境といった子育て環境にも，育児ストレスを高めるリスクがあるとされています。

子育てを支えるもの

　育児ストレスが高くなりすぎると，虐待や不適切なかかわりなどが増える可能性が高くなるため，育児ストレスを軽減させる要因などが検討されています。子どもをかわいいと思えないときがあったり，子育てを負担に感じたりすることは誰にでもありますが，その育児に関するストレスとどのように折り合いをつけていくかが大切です。それに役立つとされるのがソーシャル・サポートで，道具的サポート（物質的サポート，手伝い），情緒的サポート（共感，なぐさめ），情報的サポート（情報や助言），評価的サポート（肯定的な評価）などがあります。こうしたサポートを多く受けていることが，直接的に育児ストレスを軽減させるということもわかってきています。

子育て支援とは

　親になることは，柔軟さや視野の広がりといった人格的な成長をもたらすともいわれます。さまざまな迷いや葛藤を経験しながら子育てをしている養育者の支援を考える際には，親自身の問題や子どもの発達，環境などを統合的にとらえる視点をもつこと，子どもの成長発達をともに喜び，大変さを共有しあえる存在が必要だといえます。現在，わが国では「子ども・子育て支援新制度」の施行など，すべての家庭がより安心して子育てができるよう，個々のニーズに応じたサポート体制をつくる取り組みが進められています。今後，児童相談所や家庭児童相談室の心理職，保健センターなどの保健師，保育者など，親子にかかわるさまざまな立場から，臨床心理学的な知見をもった支援が求められているといえるでしょう。地域での子育て支援活動には，ペアレントトレーニングなど専門家が行うものに加え，学生によるものもあります。次の子育て世代を担う立場である学生にとって，活動後に笑顔で帰っていく親子の姿は，地域の一員として子育て家庭を支えることの意味を考える機会になると同時に，年齢に合わせた保育を考え，実践し，次につなげるといった，学生自身の学びにもなるようです。子育て支援とは，一方的に与えるものではなく，親も子どもも，周囲の人も，ともに育ち合える関係であることが大切なのかもしれません。

第5章 心的外傷後ストレス障害（PTSD）
——癒しがたい心の傷

> 日常会話でもよくトラウマ（心の傷）という言葉を使います。「人前で失敗した恥ずかしい思い出が今でもトラウマだ」といったりしますが，これはもののたとえであり，臨床心理学でいうトラウマは，もう少し複雑な概念です。PTSDという言葉は，1995年の阪神・淡路大震災や地下鉄サリン事件以降，広く認知されるようになってきました。この章では，トラウマやPTSDという概念が臨床心理学においてどのようなものであるかについて簡単に紹介し，その後，トラウマ反応の大きさや形態が，個人差や遭遇した出来事の種類，遭遇した時期（大人か子どもか）などによって異なることなどについて解説します。

1 症状・アセスメント

1-1 PTSDとは

　PTSDは，**心的外傷後ストレス障害**（Posttraumatic stress disorder）の略で，命の安全が脅かされるような強い衝撃的出来事を経験することによって，強い苦痛を感じ，生活機能に障害をきたす精神障害の一種です。衝撃的な出来事とは，戦争や災害，事故，犯罪，虐待やいじめなどであり，その出来事による**トラウマ**（心的外傷＝心の傷）が原因で障害が生じます。したがって，他の精神障害にはない特徴として，原因となる出来事が比較的明らかである点があげられます。PTSDの概念は，海外ではアメリカのベトナム戦争からの帰還兵の多くが，戦争時の凄惨な体験によりPTSD症状を多く訴えたことから注目されはじめました。日本では，阪神・淡路大震災に端を発し，地下鉄サリン事件におい

ても注目されました。衝撃的出来事の経験には，本人の直接的体験だけでなく，他人に起こった出来事を直に目撃することも含まれます。私たちが日常生活でしばしば感じる不安や恐怖は時間の経過とともに薄れていくものですが，トラウマは何か月経ってもその出来事が忘れられずに何度も思い出してしまうため，苦しみつづけ，そのことにより日常生活における機能低下をもたらします。その状態がPTSDです。

> ●練習課題5-1
> 　近年では，災害現場や学校などの教育現場での犯罪や事件において，心のケアの問題が取り扱われるようになりました。あなたは，臨床心理学を学び，ボランティアとして出来事（災害や事件）が生じた直後の現場に向かったとしましょう。現場では，ある被災者（被害者）が自らの置かれた状況に混乱し，強い苦痛を感じている様子です。はたしてこの場合，彼（彼女）はPTSDといえるでしょうか？

1-2　トラウマ反応の個人差とPTSD

　災害や事件など，人びとが同じ**衝撃的出来事**に遭遇したとしても，それに対する**トラウマ反応**はさまざまです。つまり，トラウマ反応には個人差があります。近年のオランダのデータでは，ある個人が一生の中で「何らかのトラウマ」を抱えるリスクは約80％と推定されているのに対し，PTSDへと至る確率は約7％弱と推定されています（de Vries & Olff, 2009）。これは，人は一生の中で何らかのトラウマ経験をすることが結構多いけれども，そのトラウマが原因でPTSDを発症するのは10人中一人だけだということを示しています。この個人差の原因として，遺伝的・生物学的要因から，性格や生活環境の違い，それらの相互作用などの要因が考えられています。たとえば遺伝子は，塩基配列そのものが変異しなくても，ストレスや食習慣などの影響によって，さまざまな「印」がつけられると（修飾），発現しないというしくみがあります。このような遺伝子の発現調節を**エピジェネティクス**（epigenetics）といいます（Spector, 2012）。双生児を対象とした行動遺伝学的な検討（一卵性双生児の遺伝的背景がま

コラム 5-1：PTSD のなりやすさの遺伝的素因

　人はストレス刺激にさらされると，副腎皮質からコルチゾールを分泌し，それに対処するための反応（血圧や血糖レベルを高めるなど）を生じさせます。コルチゾールはストレスホルモンとも呼ばれ，その分泌量はストレスの有無によって変動するので，ストレス状態の指標の一つとして用いられます。身体中に存在する **FKBP5**（FK506 binding protein 5）という物質は，**HPA 軸**（第2章・第12章参照）に作用し，コルチゾールの活性水準を調整することが知られています。FKBP5 には，遺伝的な個人差（**遺伝子多型**）が存在し，FKBP5 の働き方の程度に違いがあることが知られています（Binder et al., 2004）（図5-1）。

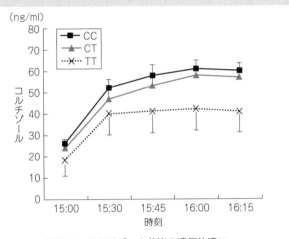

図 5-1　コルチゾール分泌の遺伝的違い

（注）　デキサメタゾン負荷試験を行った結果。前夜にデキサメタゾン（第2章参照）を投与してコルチゾール濃度を低下させ，翌日の午後にコルチコトロピン放出ホルモンを注射して，採血しながらコルチゾール濃度を測定した。この結果，TT 遺伝子型保持者は，C 遺伝子型保持者に比べて，コルチゾール分泌量が少なく，HPA 軸がうまく機能しにくいことを示す。

（出所）　Binder et al. (2004) Figure 5b をもとに作成

ったく同一であることに基づいた検証法，第0章・第2章参照）からは，PTSD に対する遺伝的影響は約30％程度と推定されています（True et al., 1993）。

　このように同じ衝撃的出来事に遭遇した集団においても，トラウマ反応をほ

第Ⅰ部　心理的障害の理解と支援

コラム 5-2：レジリエンスと外傷後成長

　コラム 5-1では，PTSD のなりやすさについての遺伝的素因について述べましたが，ここでは心理学的概念について検討してみましょう。心理学の分野では，ストレスや逆境に直面したときにうまく適応する能力のことを**レジリエンス**といいます（Bonanno, 2004）。レジリエンスは，日本語では「回復力」，「弾力性」，「抵抗力」などと呼ばれ，その名が示しているように，ストレス刺激という外界からの攪乱に対して，元の状態へと回復しようとする力の総体のことです。

　これには個人差があります。レジリエンスが高い人は，ストレスに対して抵抗性があり，回復も早い一方で，低い人はストレスの影響を受けやすく，また回復するまでの時間も長いということです。レジリエンスに個人差をもたらす要因は，パーソナリティなどの「個人的要因」と，ソーシャルサポートやモデリングの存在，情報へのアクセスなどの「環境的要因」の二つに大別することができます。

　さらに近年の研究では，**心的外傷後成長**（Posttraumatic Growth：PTG）という概念にも注目が集まっています（Tedeschi & Calhoun, 1995）。PTSD が衝撃的出来事からネガティブな影響を受ける状態であるのに対し，PTG とは，ポジティブな価値観や気持ちの変化がもたらされた状態，つまり「心理的な成長」のことを指しており，元の状態へと回復する能力である「レジリエンス」とは異なります。PTG によってもたらされる心理的成長として，①他人との関係性，②自分の新たな可能性，③強さの再認識，④精神的な変容と気づき，⑤人生への感謝，などがあげられます。近年では，PTG をもたらす脳内メカニズムに関する研究も進められており，**実行機能**（第12章参照）や社会行動にかかわる脳領域に関連することが明らかにされています（Fujisawa et al., 2015）。

とんど示さない人，強く示す人といった**個人差**があります。これは，普段からしっかりしているとか，頼りになる人であるとかいうこととはあまり関係がありません。また，前回の出来事の際にはトラウマ反応をほとんど示さなかったのに，今回は反応を示すというケースもあります。したがって，PTSD に対応する場合は，日常生活での経験や先入観にとらわれず，画一的な対応とならないように心掛けることが大切です。

1-3 出来事のタイプとトラウマ反応

1-2では，同じような状況におけるトラウマ反応の違い（個人差）について述べました。それでは異なる状況，つまり衝撃的出来事の種類が異なる場合はどうでしょうか。PTSDを引き起こす出来事として，戦争やテロ，災害，事故，犯罪，虐待やいじめなどをあげました。これらは，総じて似たようなトラウマ反応を引き起こすのでしょうか。

残念ながら，まだ明確なことはわかっていませんが，少なくともこれらの出来事は大きく分けて，**単回性**のものと，**複雑性**のものの二つに分類して理解することが大切です。単回性とは，比較的，短期間のうちに一度だけ起こる出来事のことで，災害や事故，犯罪，病気や死別などが含まれます。複雑性とは，戦争や虐待，いじめなど長期間にわたって繰り返される状況のことを指します。次項で詳しく述べますが，単回性の出来事によって引き起こされるPTSDの場合，主要な症状としては，「再体験」「回避」「過覚醒」があげられますが，複雑性PTSDの場合では，それらに加えて，安心感の喪失，人に対する不信感の増加，自尊心の低下，多動性・衝動性の亢進，対人交流の低下（もしくは過剰）などが生じます。このような症状は，発達障害の症状と非常によく似ているので（第6章参照），鑑別が難しい側面もありますが，発達障害だと思ってPTSDの問題に対処しないでいると，症状が深刻化することもあり（**二次障害**），注意が必要です。

1-4 PTSDの症状

治療においては原因そのものよりも，まずは症状に注目することが重要です。主要な症状としては，「再体験」「回避」「過覚醒」があります。これらの症状がどのようなものかを理解するために，次の練習課題の例を通して，彼（彼女）のPTSD症状を把握してみましょう。

> ●練習課題5-2
> Aさんは自転車での通学途中に交通事故に遭い，全治1か月の重症を負いました。表5-1の6項目についてどの程度悩んでいるか，1点（まったくない）から

6点(非常にある)のあいだで点数化したところ，項目1と3が2点，項目4と5が3点，項目2と6が3点の合計16点になりました。出来事インパクト尺度は，当該出来事に対するPTSDの重症度を評価する(スクリーニングあるいは研究用)ために開発されたもので，項目1と3が「再体験」，項目4と5が「回避」，項目2と6が「過覚醒」の症状の強さを示しています。このことから，彼(彼女)はどのような心の状態だと考えられるでしょうか。

表5-1　6項目版出来事インパクト尺度(IES-6)

1　考えたくない時でも，ついそのことを考えてしまう。
2　いつもより注意深く，警戒しているように感じる。
3　他のことをしていても，そのことを考えてしまう。
4　そのことについてはまだたくさんの感情があるが，触れないようにしている。
5　そのことについて考えないようにしている。
6　集中力がない。

(出所)　Thoresen et al. (2015) Table 1 をもとに作成

再体験とは，体験した衝撃的出来事を突然に，意図せずに思い出し，繰り返して苦痛を感じることです。その出来事を夢で見てうなされたり，ふとした拍子にそのときの記憶が蘇り，感情があふれ出します。また，当時の状況が頭の中で再現され，当時に引き戻されたような感覚を経験する場合もあります(フラッシュバック)。さらには，動悸や発汗，震えなどの身体症状が伴うこともあります。当時の状況を連想させるような出来事(たとえば，現場やマスコミ映像)に触れると，「再体験」により苦痛を感じてしまいます。

回避とは，再体験とは反対に，体験した衝撃的出来事を思い出したくないために，関連する物事を身体的・精神的に避けてしまうことです。身体的な場合では，交通事故だと事故現場に行けなくなったり，運転できなくなったり，いじめだと不登校になるなど，場所や他者との交流を避けるために行動範囲が狭まります。精神的な場合では，感情がまひしたような感覚に陥り，何事にも興味をもてなくなったり，自身に起こったことが自分のこととは思えない他人事のような感覚をもったりします。感情がまひしているので，ポジティブな気持ちがなくなりますが，ネガティブな気持ちを表に出すこともなくなるため，他人からは「強い人」であると誤解される場合もあります。

過覚醒は，気持ちが落ち着かず，いつも興奮し，ずっと緊張しているような状態です。具体的には，寝つきが悪くなったり不眠が続き，また，些細なことにイライラして怒りっぽくなります。また危険に対する警戒心が過剰になるために，些細な物音や人の動きに対して過敏に反応してしまうようです。

以上の三つの症状をPTSDの中核症状と呼びます。PTSDの症状はこれだけではありません。突然の衝撃的な出来事は，これまでに被災者（被害者）が培ってきた経験や世界観を突き崩してしまうため，どのような状況も危険に感じてしまい，自分にとって安全な場所がないように感じられ，人に対しても**人間不信**に陥る場合もあります。自己によるコントロール感が喪失するために，将来に希望をもてず，この世を生きている価値がないという**認知の歪み**が生じやすくなります。また親しい人を失った場合には，救うことができなかった**無力感**や**罪悪感**を感じる場合もあります。

1-5 子どものPTSD症状

子どもの場合，大人ほど感情のコントロールや抑制が利かないこともあり，再体験の症状として，突然に興奮したり，過度の不安や緊張を示したり，パニックやけいれんを起こすことがあります。また，人形やおもちゃ（たとえば，車など）を用いて出来事の**場面を再現**したり，話を繰り返すことがあります。これらの行動も，再体験の兆候として注意する必要があるでしょう。子どもの回避症状では，活動性が普段より低下する点に特徴があるようです。表情や会話が乏しい，ぼーっとしている，普段なら好きなものに興味を示さないなどがあげられます。また，集中力や記憶力の減退などから，日常生活や学校生活に支障が出ます。子どもの過覚醒は大人と類似した症状ですが，つねに怯えたり，少しの刺激に対してもパニックを起こして泣き叫ぶなどの反応も見られます。

大人と同様に，中核症状以外にもいくつかの症状が見られます。小さな子どもの場合では，**退行反応**が見られます。退行反応とは，一般的な言葉で表現すれば「赤ちゃん返り」のことで，聞き分けが悪くなり，親につきまとって離れない，暗がりに怯えたり，一人で眠れなくなる，指しゃぶりや夜尿がでるなど

です。また小学校高学年以上の場合では，持病（アレルギー反応など）が悪化するなどの**健康問題**や，周囲の人を威嚇したり，攻撃したりするなどの**問題行動**が現れます。また集中力や自己肯定感が低下するなど，学業への影響も見られます。いずれの場合にも，原因はトラウマ経験による可能性が高いので，周囲の勝手な判断で無理に矯正しようとせず，専門機関の助言にもとづいて，長い目できちんと対応することが必要です。

　自分の置かれた状況や状態を言語化することが困難な**幼児**の場合，PTSDを診断することは可能なのでしょうか？　DSM-5（第1章参照）においては，6歳以下の診断基準が追記されました。言語による報告の乏しい幼児においても，行動指標（たとえば，遊びによる出来事の再現など）に基づいて，発達段階に合わせて診断することが可能になりました。青木（2015）は，DSM-5に基づいて乳幼児期のPTSDと診断したケースについて触れ，その評価の根拠について解説しています。

2 神経生理メカニズム

2-1 トラウマ反応の生理的基盤

　トラウマは**ストレス反応**の異常なレベルの活性化を慢性的にもたらし，生体に有害な影響を与える可能性が指摘されています。PTSDに罹患した成人の内分泌学的研究では，大半の場合，ストレスホルモンの一種であるコルチゾールの分泌に関連するシステムの機能異常が指摘されてきました。コルチゾール分泌のようなストレス反応は，私たちがストレスから身を守る反応として必要なしくみですが，その活性化が長期化すると，逆に生体を傷つけるような機能異常が生じるのです（第12章参照）。

　動物研究では，ストレスホルモン濃度の慢性的な上昇が，前頭葉の機能低下や扁桃体の過活動，海馬のダメージ，その結果として学習や集中の困難を引き起こす可能性が指摘されてきました（Edwards et al., 1990）。同様に，ヒトにおいても，コルチゾールの受容体が数多く発現している**海馬**で，PTSDとの関連

性が指摘されてきました (Bremner et al., 1994)。また,恐怖の感情にかかわる**扁桃体**,その抑制とコントロールに関与する**前部帯状回**がPTSDと関連するといわれてきました(第12章参照)。ただし,MRI(核磁気共鳴画像法,第4章参照)研究をメタ解析(複数の研究の結果を統合して,効果量を統計的に計算する方法)した結果によれば,海馬と前部帯状回の体積が低下しているほどPTSD症状が見られた一方,扁桃体の体積減少には関連しなかったようです(O'Doherty et al., 2015)。

2-2 児童虐待の脳・内分泌への影響

　児童虐待によるPTSDの発症では,虐待のタイプによって発症率が異なることが知られています。**身体的虐待**を受けた子どもでは11-50%の割合で発症するのに対し,**性的虐待**では40-90%の割合で発症することが報告されています。しかし,児童虐待によるトラウマ経験が脳や内分泌系にどのような影響を及ぼすのかについては,さまざまな見解があります。その理由は,児童虐待はPTSDだけでなく,うつ病,不安症,物質依存(アルコールや薬物)など他の精神疾患を併発することが多いために,虐待を受けたことによる純粋な影響を分離できないためです。

　友田ら(2015)は,そのような影響を除外するために,登録している何千人もの参加者の中からスクリーニングしたうえで,虐待によるトラウマ経験が脳に及ぼす影響について検討しました。その結果,虐待のタイプによって影響す

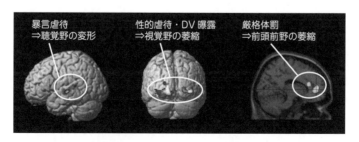

図5-2　児童虐待によるトラウマ経験が脳に及ぼす影響
(出所)　友田(2015)をもとに作成

コラム5-3：PTSDにおける遺伝-環境相互作用

　トラウマ反応に個人差があることを紹介し，その遺伝的基盤の一例としてFKBP5の遺伝子多型について述べました（コラム5-1）。最新の研究では，このFKBP5の機能水準は，個人の経験に左右されていることが明らかになりました。つまりPTSDのなりやすさは，遺伝子と環境の相互作用で規定されているのです。アメリカの過酷な生活環境にいる低所得者層の人々を対象とした大規模な研究によると，FKBP5の遺伝子多型でAGあるいはAA遺伝子型をもつ人は，GG遺伝子型の保持者に比べて，虐待を受けた経験があるとPTSDを発症する可能性が高くなることがわかりました（Binder et al., 2008；Klengel et al., 2013）。この結果は，幼児期におけるトラウマ経験がFKBP5遺伝子の発現に影響するという，**エピジェネティクス**（第6章参照）を示唆しています。

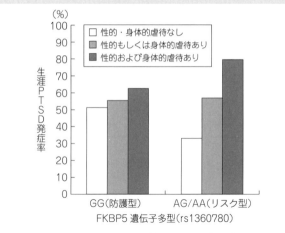

図5-3　PTSD発症における遺伝子と被虐待経験の相互作用

（注）GG型では被虐待経験による違いはみられなかったが，AG/AA型で被虐待経験があるとPTSDの発症率が上がる。（なお，貧困地域の調査で虐待以外のトラウマもあるので，全体的に生涯PTSD発症率が高い。）

（出所）Klengel et al. (2013) Figure 1をもとに作成

る脳領域が異なることが明らかになりました（図5-2）。その影響は，先にあげた辺縁系（扁桃体，海馬，帯状回）や前頭前野だけでなく，**感覚野**（視覚や聴覚を司る部位）にも及んでいる点で衝撃的です。

3 ケアと支援

3-1 基本的なケア

　PTSD のケアにまず必要なのは，患者さんの安全を確保し，安心して治療を受けることができる環境を整えることです。トラウマ反応を引き起こすような環境から遠ざけ，これ以上の被害を拡大させることを避けなければなりません。食事や睡眠など日常生活の**生理的欲求**は満たされているか，**安全・安心**は確保されているかに注意を払い，確保されていない場合は，まずそれらを確保することに努めます。そのうえで PTSD のケアを始めます。

　診療では，まず医療従事者（医師やカウンセラー）による**心理教育**からスタートします。通常の場合，患者は自分が PTSD であるという認識がありません。そのために治療への抵抗を示すケースもあります。医療従事者に求められるのは**傾聴**の姿勢です。患者さんがその体験をどのように感じているかについて傾聴し，共感を示すことで**信頼関係**を築くことが大切です。そのうえで，PTSD に対する理解を深めるように患者さんを促します。PTSD は非日常的な衝撃的出来事によって生じますが，患者さんは自身の心理状態が異常であるために PTSD が生じているととらえがちです。それゆえ，PTSD は人間に備わった性質，異常な状況に対する正常な反応であることを伝える必要があります。

　また，PTSD に見られる中核症状（再体験，回避，過覚醒）や思考パターン（罪悪感，人間不信など）について理解を促すことで，変化に対して対応するための基盤を準備します。そして，ケアを受けることで回復が可能であるという目標を共有し，回復に対する見通しを立てることで，ケアに対して前向きに取り組む姿勢を促すことが大切です。

　以上のケアは，周囲の人（家族など）の理解があってはじめて成り立つものです。ソーシャルサポート（他者からの心理的な温かい援助）が PTSD の回復を促進するという研究もあります（Dai et al., 2016）。PTSD のケアには患者本人だけでなく，家族や近親者，職場や学校の協力と連携が重要であることはいうまでもありません。

3-2 中長期的なケア

PTSDの治療は心理的なものが基本ですが、時間が経過してもなかなか効果が現れない場合があります。そのような場合には、認知行動療法や薬物療法、EMDRなどの治療方法を選択する必要があります。

認知行動療法には、いくつかの方法がありますが、**エクスポージャー**（曝露療法、第3章参照）ではトラウマとなっている体験を思い出したり、回避している場所や人物に実際に向き合うことで、トラウマ反応の元となっている恐怖や不安、考え方、行動パターンが体験前の状態となるように、徐々に修正し、克服するというものです。

薬物療法は、時間が経過しても三つの中核症状が和らがない場合に、補助的に用います。薬物の中で第一選択とされているものは、**選択的セロトニン再取り込み阻害薬**（SSRI、第2章・第3章参照）という抗うつ薬です。これはその名が示しているように、うつ病のための薬物ですが、中核症状を和らげる効果があるとされています。SSRIの効果が見られない場合は、他の薬剤の使用について検討します。

EMDRは、眼球運動による脱感作と再処理法（Eye Movement Desensitization and Reprocessing）の略で、患者がトラウマ記憶を思い出しながら、治療者が左右に動かす指を見て眼球を動かすと、トラウマ体験に対する認知や感情の歪みが解消されるという特殊な治療法です。眼球運動がもたらす治療効果のメカニズムについては明らかにされていませんが、治療効果があることについては検証されています。日本ではEMDRによる治療を受けられる専門機関が少ないですが、今後、徐々に増えていくことが予想されます。

●練習課題の解説

【練習課題5-1】

衝撃的な出来事に遭遇した人々に対して、早急に対応することは大切ですが、直後にPTSDと決めつけることは間違いです。そもそもPTSDは、DSMの診断基準に従えば、中核症状（再体験・回避・過覚醒、1-4参照）が1か月以上持続した場合に診断が可能となるものです。1か月未満の場合は、中核症状に**解離症状**

を加えた**急性ストレス障害**（ASD：Acute Stress Disorder）という別の診断名となります。ASD の場合においても，診断基準では 3 日以上の症状の持続を満たす必要があります。

　診断基準を満たすかどうかにかかわらず，災害直後における心理的支援については，**サイコロジカル・ファーストエイド**（PFA：Psychological First Aid）がたいへん参考になります。

　　サイコロジカル・ファーストエイド実施の手引き（兵庫県こころのケアセンター）http://www.j-hits.org/psychological/index.html

【練習課題 5-2】
　再体験的な思考は少ないものの，回避や過覚醒が見受けられるので，心の緊張状態は続いていると思われます。下記の飛鳥井（2007）などを参考に，PTSD の理解と対処をもう一度おさらいしておきましょう。数値の合計は 7 - 8 点以上になると PTSD 症状の可能性があります。ただし，この 6 項目版出来事インパクト尺度は，ソレセンら（Thoresen et al., 2015）をもとに筆者が翻訳して作成したもので，日本語版として標準化されていません。実際の数値は不正確であることに注意してください。きちんと標準化された出来事インパクト尺度としては，22 項目からなる日本語版 IES-R（Asukai et al., 2002）があるので，以下のウェブページを参照してください。

　　http://www.igakuken.or.jp/mental-health/IES-R.pdf

もっと詳しく知りたい人のための文献紹介

飛鳥井望（監修）(2007)．PTSD とトラウマのすべてがわかる本　講談社
　⇨著名な PTSD とトラウマ研究者の監修による，一般読者にもわかりやすく丁寧にまとめられた著書。
友田明美・杉山登志郎・谷池雅子（編著）(2014)．子どもの PTSD——診断と治療　診断と治療社
　⇨近年，さらに問題となっている子どもの PTSD に関するはじめての専門書。最新の知見をわかりやすく解説しています。

引用文献

青木　豊（編著）(2015)．乳幼児虐待のアセスメントと支援　岩崎学術出版社
Asukai, N., Kato, H., Kawamura, N., Kim, Y., Yamamoto, K., Kishimoto, J., Miyake, Y., & Nishizono-Maher, A. (2002). Reliability and validity of the

Japanese-language version of the Impact of Event Scale-Revised (IES-R-J): Four studies on different traumatic events. *Journal of Nervous and Mental Disease, 190*, 175-182.

Binder, E. B., Bradley, R. G., Liu, W., Epstein, M. P., Deveau, T. C., Mercer, K. B., ...Ressler, K. J. (2008). Association of FKBP5 polymorphisms and childhood abuse with risk of posttraumatic stress disorder symptoms in adults. *JAMA: The Journal of the American Medical Association, 299*, 1291-1305.

Binder, E. B., Salyakina, D., Lichtner, P., Wochnik, G. M., Ising, M., Pütz, B., ...Muller-Myhsok, B. (2004). Polymorphisms in FKBP5 are associated with increased recurrence of depressive episodes and rapid response to antidepressant treatment. *Nature Genetics, 36*, 1319-1325.

Bonanno, G. A. (2004). Loss, trauma, and human resilience: Have we underestimated the human capacity to thrive after extremely aversive events? *American Psychologist, 59*, 20-28.

Bremner, J. D., Randall, P., Scott, T. M., Bronen, R. A., Seibyl, J. P., Southwick, S., ...Innis, R. B. (1994). MRI-based measurement of hippocampal volume in patients with combat-related posttraumatic stress disorder. *American Journal of Psychiatry, 152*, 973-981.

Dai, W., Chen, L., Tan, H., Wang, J., Lai, Z., Kaminga, A. C., Li, Y., & Liu, A. (2016). Association between social support and recovery from post-traumatic stress disorder after flood: A 13-14 year follow-up study in Hunan, China. *BMC Public Health, 16*, 194. doi: 10. 1186/s12889-016-2871-x.

de Vries, G. J., & Olff, M. (2009). The lifetime prevalence of traumatic events and posttraumatic stress disorder in the Netherlands. *Journal of Traumatic Stress, 22*, 259-267. doi: 10.1002/jts.20429.

Edwards, E., Harkins, K., Wright, G., & Henn, F. (1990). Effects of bilateral adrenalectomy on the induction of learned helplessness behavior. *Neuropsychopharmacology, 3*, 109-114.

Fujisawa, T. X., Jung, M., Kojima, M., Saito, D. N., Kosaka, H., & Tomoda, A. (2015). Neural basis of psychological growth following adverse experiences: A resting-state functional MRI study. *PLOS ONE, 10*, e0136427. doi: 10.1371/journal.pone.0136427.

Klengel, T., Mehta, D., Anacker, C., Rex-Haffner, M., Pruessner, J. C., Pariante,

C., ...Binder, E. B. (2013). Allele-specific FKBP5 DNA demethylation mediates gene-childhood trauma interactions. *Nature Neuroscience, 16*, 33-41.
National Child Traumatic Stress Network and National Center for PTSD (2006). *Psychological first aid: Field operations guide* (2nd ed.).
O'Doherty, D. C., Chitty, K. M., Saddiqui, S., Bennett, M. R., & Lagopoulos, J. (2015). A systematic review and meta-analysis of magnetic resonance imaging measurement of structural volumes in posttraumatic stress disorder. *Psychiatry Research, 232*, 1-33. doi: 10.1016/j.pscychresns.2015.01.002.
Spector, T. (2012). *Identically different: Why you can change your genes.* London: Weidenfeld & Nicolson.（スペクター，T. 野中香方子（訳）(2014)．双子の遺伝子 ダイヤモンド社）
Tedeschi, R. G., & Calhoun, L. G. (1995). *Trauma and transformation: Growth in the aftermath of suffering.* Thousand Oaks, CA: Sage.
Thoresen, S., Tambs, K., Hussain, A., Heir, T., Johansen, V. A., & Bisson, J. I. (2015). Brief measure of posttraumatic stress reactions: Impact of Event Scale-6. *Social Psychiatry and Psychiatric Epidemiology, 45*, 405-412. doi: 10.1007/s00127-009-0073-x.
友田明美（2015）．脳科学からみた児童虐待 トラウマティック・ストレス，*13*, 23-31.
True, W. R., Rice, J., Eisen, S. A., Heath, A. C., Goldberg, J., Lyons, M. J., & Nowak, J. (1993). A twin study of genetic and environmental contributions to liability for posttraumatic stress symptoms. *Archives of General Psychiatry, 50*, 257-264. doi:10.1001/archpsyc.1993.01820160019002

第6章 発達障害
——自閉症の理解と支援

> 臨床心理学あるいは実際の臨床現場において、発達障害は大きな領域となっています。発達障害の原因をめぐる研究は、**自閉症スペクトラム**（Autistic Spectrum Disorder：ASD）を中心に漸進しているものの、統一した見解は依然として明らかにされておらず、多くの研究者の関心の対象となりつづけています。ASDは、DSM-5では自閉スペクトラム症あるいは自閉症スペクトラム障害といいます。この章では、心理学を学ぶ若い人たちが、とくにASDに関してさまざまな視点をもてるように、幅広い研究を紹介していきます。

1 特徴・アセスメント

アメリカ精神医学会の**精神疾患の診断・統計マニュアル**（Diagnostic and Statistical Manual of Mental Disorders）第5版（DSM-5、第1章参照）では、**神経発達障害**（neurodevelopmental disorders）という大項目が設定されました。その中に、知的能力障害、コミュニケーション症、**自閉スペクトラム症**（ASD）、**注意欠如・多動症**（ADHD）、**限局性学習症**（SLD）、運動症（発達性協調運動症、常同運動症、チック症）が置かれています。

1-1 文部科学省の定義

文部科学省（2003）の定義を見てみましょう。ASDは3歳くらいまでに現れ、①他人との社会的関係の形成の困難さ（例：相手の反応を予想してのやりとりを続けるのが難しい）、②言葉の発達の遅れ、③興味や関心が狭く特定のものにこ

だわること(例:決まった場所やルートで,決まった日課や手順で行動することを強く求める)を特徴とする行動の障害,とされています。

ADHDは,年齢あるいは発達に不釣り合いな注意力(例:所持品の紛失や,うっかりミスなどでの忘れ物が目立つ),および/または**衝動性**(例:気になることがあると,周囲を意識せずに動いてしまう),**多動性**(例:じっと座っているのが難しい。クラスで離席が目立つこともある)を特徴とする行動の障害で,社会的な活動や学業の機能に支障をきたし,7歳以前に現れる,とされています。

SLDは,基本的には全般的な知的発達に遅れはないが,聞く,話す,読む(例:文字をスムーズに読むのが難しく,つまってしまったり,改行すると読み間違えたりする),書く,計算するまたは推論する能力のうち特定のものの習得と使用に著しい困難を示すさまざまな状態,とされています。

いずれも,**中枢神経系**の何らかの要因による機能不全が推定されます。また,それぞれの発達障害は,実際には特徴が重なり合い,幼少期には鑑別しにくいことも多いと思われます。すべての発達障害に共通する大きな問題として,障害の一次的特徴によって生活環境との軋轢を生む結果,精神面での不調へとつながり,**二次障害**を合併することがよく見られます。たとえば,障害に対する周囲の理解がなく,いじめなど被害体験を繰り返すような環境は,二次的な問

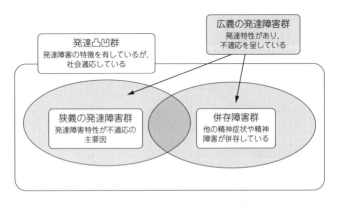

図6-1 発達障害と二次障害の関係
(出所) 本田(2013)を改変

題（併存障害）を引き起こす可能性が高くなります（図6-1）。

1-2 アセスメントツール

ASDをスクリーニングする検査としては，**AQ**（Autism-Spectrum Quotient），M-CHAT（Modified Checklist for Autism in Toddlers），PARS（Pervasive Developmental Disorders Autism Society Japan Rating Scale）などがあります。DSMに準拠した構成であるADI-R（Autism Diagnostic Interview-Revised）やADOS（Autism Diagnostic Observation Schedule）も知られています。いずれも，専門家による実施が必要です。研究目的では，バロン＝コーエン（Baron-Cohen, 2009）による共感指数（empathy quotient）とシステム化指数（systemizing quotient）の尺度もしばしば使われます。共感は他者の情動に反応したいと思うこと，システム化は物事の体系を分析したり構築したいと思うことを指します。ASDは共感が低く，システム化が高いと考えられます。

2 自閉症スペクトラムの原因

2-1 遺伝要因と環境要因

ASDの双生児研究では，一卵性双生児の診断の一致率が二卵性双生児より高いことから，遺伝的要因が強く示唆されています（Folstein & Rutter, 1977；Bailey et al., 1995；Folstein & Rosen-Sheidley, 2001）。また，分子遺伝学的研究においても，ASDに特異的な遺伝子があることが報告されています（Abrahams & Geschwind, 2008）。たとえば，**ヤコブセン症候群**（Jacobsen syndrome：第11染色体の異常によって生じる稀な知的障害で，自閉症様の特徴を示す）の患者に発症するASDについては，原因である遺伝子が特定されました（Nakamura et al., 2016）。

しかし，現在のところ単一責任遺伝子の特定はできておらず（土屋，2014；Happé & Frith, 2006），その試みは限界に達しています（松崎，2014）。そういった中で，**多因子遺伝モデル**（ASDに関連する遺伝子は複数存在する）が定説とな

コラム 6-1：腸内フローラと自閉症スペクトラム

腸内フローラ（腸内細菌叢，第 2 章参照）と ASD の関連を示す研究があります。シャオら（Hsiao et al., 2013）は，ASD の特徴を示す母体マウスを用いた実験から，腸内細菌叢の異常を指摘し，その子孫も ASD 症状を示すことを指摘しています。また，腸内環境を改善することが免疫系の活性化を正常化させ，ASD 症状を軽減する可能性を示唆しています。腸内環境の調整はヨーグルトなど乳製品の摂取で可能といわれます。もちろん，現段階ではマウスレベルの報告であり，ヨーグルトを食べたからといって，ヒトの ASD 症状が治るといえるわけではありません。今後の研究に注目したいところです。

ってきました（Geschwind, 2008；松崎, 2014；杉山, 2014）。また，**エピジェネティクス**（環境によって遺伝子の発現が異なること，第 5 章参照）の研究が増えるにつれて，環境要因も注目されるようになりました（米田・野村, 2014）。とくに胎児期（妊娠期）に焦点があてられ，母体の喫煙，有機リン酸系農薬への曝露，春生まれ，早産，母体の体重増加量などが報告されています（土屋, 2014）。いくつかの大規模縦断研究からは，出生児の両親の年齢（とくに父親の年齢）が高いことが，ASD の子どものリスク因子となることも示唆されています（Lauritsen et al., 2005；Croen et al., 2007；Tsuchiya et al., 2008；Hultman et al., 2011）。近年では，遺伝要因より共有環境（母胎内環境や出生後早期の環境）の影響が大きいとする報告も見られます（Hallmayer et al., 2011）。

2-2 自閉症スペクトラムと社会脳

上述したように，ASD の特徴は，社会的関係の形成の困難さにあります。相手の顔を認識する（紡錘状回），相手の動きや視線・意図を把握する（上側頭溝），相手の心の状態を推し量る（側頭葉頭頂接合部（TPJ），**前頭葉内側部**）など，社会的行動に関連する脳部位を「**社会脳**」と呼びます。これらの社会脳の活動パターンが，ASD と定型発達者では異なっているという報告があります（Frith & Frith, 2010）。とくに，社会的な刺激に自発的に注意を向け，自発的に処理を行う傾向が弱いという指摘があります（千住, 2014）。

コラム 6-2：自閉症スペクトラムの有病率

一定の人口の中で，ある病気に罹患している人の割合を「有病率」といいます。ASDの有病率は，1960年-1970年代で0.04-0.05%でした。わが国での調査では，豊田市で1.8%（Kawamura et al., 2008），名古屋市の調査で2.1%となっています（鷲見ら，2006）。韓国では2.6%と推定されているようです（Kim et al., 2011）。数値だけ見ると，この40-50年の間で，50倍ほどになっています。しかし，実数が増えているかどうかについては意見の食い違いがあります（土屋，2014）。その理由として，診断基準・診断習慣の変化，乳幼児健診でのスクリーニング体制の整備，ASDの社会的認知の拡がりなどがあげられるでしょう。つまり診断の概念が拡大して，以前なら診断されなかった人がASDと診断されるようになったと考えられます。

また社会性に関連して，**オキシトシン**（出産や授乳にかかわるホルモン。社会的な絆の形成にも関与する）も注目されています。オキシトシンを経鼻注入したASD者が，相手の目を見る傾向が強くなったり，相手との関係に敏感になったりすることが報告されています（Andari et al., 2010）。

3 自閉症スペクトラムの認知的特性

3-1 心の理論

ASDの心理学的説明として，**心の理論**（theory of mind）障害仮説（Baron-Cohen et al., 1985）があります。心の理論は，自己および他者の目的・意図・信念・思考などを理解する能力（Premack & Woodruff, 1978）で，**誤信念課題**（「サリーとアン」課題と呼ばれる寸劇）によって確かめることができます。ASD児・者はこれに欠損があるため，自分の心と他者の心が異なっていることを理解できず，自分が見たままの現実を，登場人物（サリー）の視点として回答してしまうという仮説です。もちろん，ASDのあらゆる問題を心の理論の障害で説明することは困難ですが（十一，2004），社会性の障害に対する理解や支援を検討するために，ぜひ知っておく必要があります。

3-2 注意の部分処理

　もう一つ，**全体的統合の弱さ**（week central coherence：Happé & Frith, 2006）仮説があります。全体的統合の弱さは，全体的なつながりやまとまりよりも，細部の特徴を優先して情報処理するという認知的特性です。たとえば，ASD児は注意の制御が難しいため，スリット視（隙間から覗いて見ること）で全体の図形を判断することが困難です（Nakano et al., 2010）。視覚処理，**実行機能**（注意や視点を切り替える機能，第12章参照），および知覚体制化（物事の部分から全体を判断すること）の特異性も指摘されています（片桐，2014）。一方，このような認知的特性を，文章校正など細部の誤りを見つける仕事（Happé & Frith, 2006）や，図書館での蔵書整理などに生かそうという考え方もあります。

●練習課題6-1　**感覚処理障害**

　自閉症を最初に発見した**カナー**（Kanner, 1943）は，ASDの感覚の敏感さを記述していました。これは**感覚処理障害**といわれています。たとえば，聴覚に過敏さをもつ学生は，授業中にどのような体験をするでしょうか。想像してみましょう。

---

4 支　　援

4-1 応用行動分析

　応用行動分析（Applied Behavior Analysis：ABA）にもとづく支援は，発達障害児の早期発達支援のもっとも効果的な方法です（山本・澁谷，2009）。子どもと環境との相互作用を，（環境側の）**先行事象**（Antecedent）→（子どもの）行動（Behavior）→（環境側の）結果事象（Consequence）という枠組みでとらえます（**ABC分析**，第9章参照）。幼稚園の一場面で，先生が片づけるように指示しても，片づけられない子どもがいるとしましょう（図6-2）。改善策として，たとえば，先生が個別に具体的に指示することで（先行事象の最適化），子どもの適切な行動を引き出し（行動の最適化），それによって子どもがポジティブなフィードバックを得られること（結果事象の最適化）を目指します。

先行事象（A）	行動（B）	結果事象（C）
先生：「お片づけしましょう」と全体に向けて指示。 ↓ 先生：片づける箱を指さし「Aちゃん，積み木を青色の箱に片づけて」と指示。	子ども：積み木で遊んだままでいる。 ↓ 子ども：積み木を箱に片づける。	先生：「どうしてお片づけしないの」と叱る。 ↓ 先生：「よし！ちゃんと片づけられたね」とAちゃんの頭をなでる。

図 6-2　ABC 分析に基づく支援

4-2　発達障害の支援で知っておきたいこと

発達障害の支援では，さまざまな工夫が可能です。①視覚情報を用いる（例：口頭だけでなく，メモをしながら話をする），②肯定的な声掛け（例「〜できると…できるので，よいと思うよ」），③感覚敏感性への対応（例：刺激の少ない落ち着いた環境を用意する），④相手を尊重する姿勢，⑤一人ではなくチームで支援する，などがあげられるでしょう。

発達障害は，その特性を有しているからといって，日常生活が必ず困難になるとは限りません。生物学・医学的には非定型（定型と異なる発達）であっても，適応的な生活を送る人も多く見られるのです。このように発達障害は，人の多様性としての側面をもっています。「障害を理由とする差別の解消の推進に関する法律」（障害者差別解消法）が，2016年4月に施行されました。私たちは発達障害から，共生社会に必要な示唆を学ぶことができるでしょう。

●練習課題の解説
【練習課題 6-1】

感覚処理障害とは，何らかの中枢神経系の機能異常によって，触覚，前庭覚，固有受容覚，視覚，聴覚，嗅覚，味覚といった感覚システムから入る感覚情報をうまく扱えず，情動・行動・運動などに問題が起こっている状態です（Delaney, 2008）。ゴメスら（Gomes et al., 2008）は ASD 者の90％に，マーコら（Marco et al., 2011）は ASD 児の96％に，何らかの感覚処理の問題があると報告しています。

たとえば聴覚過敏があると，授業中に他の学生が小言で話していることも，教員の声と同じくらいの音量として入ってきて，授業に集中できなくてイライラし

て大きな声を上げてしまったり，授業に出られなくなったりします。本人自身が，このような感覚処理障害に気づいていないこともあります。

そのメカニズムもわかってきました。脳の血流を測定する**光トポグラフィー**（NIRS）や fMRI を用いた研究によって，注意や情動などを司る高次中枢からの**トップダウン処理**過程における問題が示唆されています（Funabiki et al., 2012；Gomot & Wicker, 2012；岩永，2014）。つまり，音という感覚情報の入力時（早期段階）より，何を聞くかという意図が働いたときの処理（後期処理過程）に問題があるというのです。認知心理学において注意の研究が進んでおり（河原・横澤，2015），ASD の感覚処理障害についてもさらに明らかになることが期待されます。

もっと詳しく知りたい人のための文献紹介

杉山登志郎（2011）．発達障害のいま　講談社現代新書
　⇨発達障害の臨床現場のまさに今が感じられます。発達障害から発達凸凹という概念の拡がりを，身近な問題としてとらえられると思います。

本田秀夫（2013）．自閉症スペクトラム　ソフトバンク新書
　⇨近年，注目されている大人の発達障害についてふれられています。ライフステージという視点からも発達障害を理解できると思います。

千住　淳（2014）．自閉症スペクトラムとは何か　ちくま新書
　⇨ASD とは何かという問いに対して，最先端の研究をもとに平易に説明されています。ASD の脳機能や生物学的特徴を学びたい初学者にオススメです。

引用文献

Abrahams, B. S., & Geschwind, D. H. (2008). Advances in autism genetics: On the threshold of a new neurobiology. *Nature Reviews Genetics, 9*, 341-355.

Andari, E., Duhamel, J-R., Zalla, T., Herbrecht, E., Leboyer, M., & Sirigu, A. (2010). Promoting social behavior with oxytocin in high-functioning autism spectrum disorders. *Proceedings of the National Academy of Sciences, 107*, 4389-4394.

Bailey, A., Le Couteur, A., Gottesman, I., Bolton, P., & Simonoff, E. (1995). Autism as a strongly genetic disorder: Evidence from a British twin study. *Psychological medicine, 25*, 66-73.

Baron-Cohen, S. (2009). Autism: The empathizing-systemizing (E-S) theory.

Annals of the New York Academy of Sciences, 1156, 68-80.
Baron-Cohen, S., Leslie, A. M., & Frith, U. (1985). Does the autistic child have a "theory of mind"? *Cognition, 21*, 37-46.
Croen, L. A., Najjar, D. V., Fireman, B., & Grether, J. K. (2007). Maternal and paternal age and risk of autism spectrum disorders. *Archives of Pediatrics and Adolescent Medicine, 161*, 334-340.
Delaney, T. (2008). *The sensory processing disorder answer book: Practical answers to the top 250 questions parents ask.* Naporville, IL: Sourcebooks.
Folstein, S., & Rosen-Sheidley, B. (2001). Genetics of austim: Complex aetiology for a heterogeneous disorder. *Nature Reviews Genetics, 2*, 943-955.
Folstein, S., & Rutter, M. (1977). Infantile autism: A genetic study of 21 twins pairs. *Journal of Child Psychology and Psychiatry, 18*, 297-321.
Frith, U., & Frith, C. (2010). The social brain: Allowing humans to boldly go where no other species has been. *Philosophical Transactions of the Royal Society B: Biological Sciences, 365*, 165-176.
Funabiki, Y., Murai, T., & Toichi, M. (2012). Cortical activation during attention to sound in autism spectrum disorders. *Research in Developmental Disabilities, 33*, 518-524.
Geschwind, D. H. (2008). Autism: Many genes, common pathways? *Cell, 135*, 391-395.
Gomes, E., Pedroso, F. S., & Wagner, M. B. (2008). Auditory hypersensitivity in the autistic spectrum disorder. *Pró-Fono Revista de Atualização Científica, 20*, 279-284.
Gomot, M., & Wicker, B. (2012). A challenging, unpredictable world for people with autism spectrum disorder. *International Journal of Psychophysiology, 83*, 240-247.
Hallmayer, J., Cleveland, S., Torres, A., Phillips, J., Cohen, B., Torigoe, T., ...Risch, N. (2011). Genetic heritability and shared environmental factors among twin pairs with autism. *Archives of General Psychiatry, 68*, 1095-1102.
Happé, F., & Frith, U. (2006). The weak coherence account: Detail-focused cognitive style in autism spectrum disorders. *Journal of Autism and Developmental Disorders, 36*, 5-25.
本田秀夫（2013）．子どもから大人への発達精神医学——自閉症スペクトラム・

ADHD・知的障害の基礎と実践　金剛出版

Hsiao, E. Y., McBride, S. W., Hsien, S., Sharon, G., Hyde, E. R., McCue, T., ...Mazmanian, S. K. (2013). Microbiota modulate behavioral and physiological abnormalities associated with neurodevelopmental disorders. *Cell, 155*, 1451-1463.

Hultman, C. M., Sandin, S., Levine, S. Z., Lichtenstein, P., & Reichenberg, A. (2011). Advancing paternal age and risk of autism: New evidence from a population-based study and a meta-analysis of epidemiological studies. *Molecular Psychiatry, 16*, 1203-1212.

岩永竜一郎（2014）．自閉症スペクトラムの感覚・運動の問題への対処法　東京書籍

Kanner, L. (1943). Autistic disturbances of affective contact. *Nervous Child, 2*, 217-250.

片桐正敏（2014）．自閉症スペクトラム障害の知覚・認知特性と代償能力　特殊教育学研究, *52*, 97-105.

河原純一郎・横澤一彦（2015）．注意──選択と統合　勁草書房

Kawamura, Y., Takahashi, O., & Ishii, T. (2008). Reevaluating the incidence of pervasive developmental disorders: Impact of elevated rates of detection through implementation of an integrated system of screening in Toyota, Japan. *Psychiatry and Clinical Neurosciences, 62*, 152-159.

Kim, Y. S., Leventhal, B. L., Koh, Y. J., Fombonne, E., Laska, E., Lim, E. C., ...Grinker, R. R. (2011). Prevalence of autism spectrum disorders in a total population sample. *American Journal of psychiatry, 168*, 904-912.

Lauritsen, M. B., Pedersen, C. B., & Mortensen, P. B. (2005). Effects of familial risk factors and place of birth on the risk of autism: A nationwide register-based study. *Journal of Child Psychology and Psychiatry, 46*, 963-971.

Marco, E. J., Hinkley, L. B., Hill, S. S., & Nagarajan, S. S. (2011). Sensory processing in autism: A review of neurophysiologic findings. *Pediatric Research, 69*, 48-54.

松崎秀夫（2014）．ASD 研究の進歩　連合大学院小児発達学研究科・森　則夫・杉山登志郎（編）DSM-5対応神経発達障害のすべて（pp. 56-60）日本評論社

文部科学省（2003）．主な発達障害の定義について　http://www.mext.go.jp/a_

menu/shotou/tokubetu/004/008/001.htm（2016年8月8日閲覧）

Nakamura, T., Arima-Yoshida, F., Sakaue, F., Nasu-Nishimura, Y., Takeda, Y., Matsuura, K., ...Akiyama, T. (2016). PX-RICS-deficient mice mimic autism spectrum disorder in Jacobsen syndrome through impaired GABAA receptor trafficking. *Nature Communications*, *7*, 10861.

Nakano, T., Ota, H., Kato, N., & Kitazawa, S. (2010). Deficit in visual temporal integration in autism spectrum disorders. *Proceedings of the Royal Society of London: Biological Sciences*, *277*, 1027-1030.

Premack, D., & Woodruff, G. (1978). Does the chimpanzee have a theory of mind? *Behavioral and Brain Sciences*, *1*, 515-526.

千住　淳（2014）．社会脳研究からみた自閉症スペクトラム障害　臨床心理学，*14*，345-350．

杉山登志郎（2014）．発達障害から発達凸凹へ　小児耳鼻咽喉科，*35*，179-184．

十一元三（2004）．自閉症論の変遷――この60年を振り返って　こころの臨床á・la・carte，*23*，261-265．

Tsuchiya, K. J., Matsumoto, K., Miyachi, T., Tsujii, M., Nakamura, K., Takagai, S., ...Takei, N. (2008). Paternal age at birth and high-functioning autistic-spectrum disorder in offspring. *British Journal of Psychiatry*, *193*, 316-321.

土屋賢治（2014）．自閉症スペクトラムの研究はどこまで進んだか　こころの科学，*174*，36-43．

鷲見　聡・宮地泰士・谷合弘子・石川道子（2006）．名古屋市西部における広汎性発達障害の有病率――療育センター受診児数からの推定値　小児の精神と神経，*46*，57-60．

山本淳一・澁谷尚樹（2009）．エビデンスにもとづいた発達障害支援――応用行動分析学の貢献　行動分析学研究，*23*，46-70．

米田英嗣・野村理朗（2014）．発達障害研究の展望と意義①生物的側面を中心に　臨床心理学，*81*，322-325．

■ トピックス〈臨床心理学の現場〉③ ■

教　育

　私たちは多くの時間を「学校」で過ごします。本書を手に取った皆さんの中にも，学校教育での体験がきっかけとなって，臨床心理学に興味を抱いた人がいるかもしれません。ここでは，「教育」「心理」「臨床」をつなぐものとして，「予防教育」と「スピリチュアリティ」という二つのトピックを紹介します。

予防教育

　メンタルヘルス，虐待，薬物，性，いじめ，IT（情報技術）……子どもを取り巻く問題は複雑化し，教育者にも，これに対応できる専門性や関係機関との連携が求められています。しかし，問題が表面化した後に解決を図ること（対症療法）には，人的・物的・精神的資源を多く必要とするという課題があります。

　そこで注目されるのが，児童・生徒の問題の深刻化を未然に防ごうとする「**予防教育**」です。予防教育とは，「問題が生じ得る状況に，全ての人が遭遇する可能性があること」を前提に，「そうした危機的状況を乗り越え，心身の適応的状態を維持・増進するための素地を，発達の早期から涵養（かんよう）すること」を目的としたアプローチのことを指します。

　予防教育は，主に**心理教育**（心理学の理論やスキルに基づき，自己や他者とのよりよい関係のもち方を学ぶ）を用いて行われ，国内外で多くのプログラムが開発されています。たとえば，鳴門教育大学予防教育科学センターでは，これまでの科学的研究の知見に基づき，「自己信頼心（自信）」，「感情の理解と対処」，「向社会性（他者を思いやる行いやきもち，考え）」，「ソーシャル・スキル（人付き合いの技術）」という四つの柱を教育目標に設定しています。そして，子どもたちが，こうした心身の健康の維持・増進に寄与する心的特性を楽しみながら身につけられるよう，工夫を凝らした授業開発が進められています。

スピリチュアリティ教育

　ところで，学校や教育の目的とはいったい何なのでしょうか？　筆者は，「**生き方を問う**」ことをその一つにあげたいと思います。すなわち，生きるうえで大切にしたい価値や，人生の意味や目的（物語）を探究する営みです。

　近年，こうした事柄は「**スピリチュアリティ教育**」の文脈で議論され，学術的な研究や実践が多く行われています。その内容は多岐にわたりますが，主たる側面と具体的なアプローチとして，以下のようなものがあげられます。

①生きる意味や目的をはじめとする「**大きな問い（Big Question）**」
　「多様な年齢層の人と幸福について語る」，「ボランティア活動から理想の世の中を考える」，「人生の意味を象徴する『モノ』（写真等）を探す」
②生きとし生けるものを慈しむ「**コンパッション（Compassion）**」
　「慈悲の瞑想を実践する」
③個人を超える体験や認識に関する「**超越性（Transcendence）**」
　「身心技法（ヨガ，気功等）を学ぶ」，「自然体験や芸術鑑賞を楽しむ」
　スピリチュアリティ教育とは，一人ひとりが自分なりの聖なるものと関係し，生命のつながりを感じながら，人生という神秘の答えを探究する，そうしたプロセスを大切にする教育といえるでしょう。

　以上，「予防教育」と「スピリチュアリティ教育」という二つのアプローチを紹介しました。いずれも，身体，感情，認知といった人間の多様な次元を尊重する「ホリスティック（全体的・全人的）」な教育です。一方，前者は，社会生活という現実適応を主たる目的に，後者は，地球や宇宙，神仏といった存在との関係性までを射程に入れ，適応すべき世界そのものをとらえ直すことにも重きが置かれます。いずれも重要な側面であるため，両者を相補的に機能させていくことで，より豊かな教育が展開されるでしょう。

もっと詳しく知りたい人のための文献紹介
村上祐介（2016）．スピリチュアリティ教育への科学的アプローチ――大きな問い・コンパッション・超越性　ratik

中川吉晴（2005）．ホリスティック臨床教育学――教育・心理療法・スピリチュアリティ　せせらぎ出版

山崎勝之・戸田有一・渡辺弥生（編著）（2013）．世界の学校予防教育――心身の健康と適応を守る各国の取り組み　金子書房

第Ⅱ部
臨床心理学の理論と方法

第7章 臨床心理学の理論と方法の歴史
——心に対するさまざまな考え方

> みなさんは，何かに思い悩んで自分では解決できなくなったときに，誰か相談する当てはありますか？ 相談するとしたら，相手には何を期待しますか？ ただ話を聞いてもらいたいだけという人もいれば，どうすればよいか具体的なアドバイスをほしいという人もいるでしょう。臨床心理学とは，こうした人々を何とか理解し，そして援助につなげようとする理論，方法，実践に関する学問だといえます。悩んでいるときに相手に何をしてほしいのかが人によって違うように，臨床心理学の中でも大きく異なる考え方や方法があるのです。

1 臨床心理学の誕生

1-1 「科学」の誕生

いきなりですが，早速，問題を解いてみましょう。まだ何も解説していないじゃないかと思われるかもしれませんが，まずは中学レベルの歴史問題です。

> ●練習課題 7-1
> 次のうち正しいものはどれでしょう？
> (a) コペルニクスは地動説を主張したために教会から褒められた。
> (b) コペルニクスは地動説を主張したために教会から厳重注意を受けた。
> (c) コペルニクスは地動説を主張したために教会から投獄された。
> (d) コペルニクスは地動説を主張したために教会から死刑にされた。
> ※答えは章末にあります。

世界史の授業などで「科学革命」（Scientific Revolution）という言葉を習った

ことがあるでしょう。科学の大規模な変革が17世紀に生じたという説です。コペルニクス，ニュートン，ガリレイらが中心となり，天動説から地動説へと移り変わっていくという説明です。

ところが，村上（1994）によると，科学の成立は19世紀末から20世紀初頭だと考えるほうが理に適うといいます。ニュートンは聖書研究者で，万有引力が働くのは空間が「神」の身体だからだと考えました。コペルニクスはカトリックの司祭であり，ローマ教皇は彼の研究成果を早く出版するように促しました。ガリレオが裁判にかけられたのは教会との契約を破ったのが原因で，地動説が問題の本質ではなく，彼もまた神学者として神の世界を説明するために研究を進めていたそうです。

ここでは，科学の定義については深入りしませんが，宗教と切り離されているということが一つの要件になることは容易に理解できるでしょう。そのため，「神」の概念を使って現象を説明しようとしていた彼らは科学者とは呼びがたいというわけです。もう一つは社会的制度と不可分であるという点で，大学などの教育機関で学習の機会が提供されていること，公的な研究助成金が交付されていること，専門家による審査のある学術雑誌が刊行されていることなどがあげられます（村上，1997）。

1-2 科学としての心理学と臨床心理学の誕生

近代の心理学がどのように生じたかについては諸説がありますが，一般的には，1879年にドイツのライプツィヒ大学で，心理学の演習の授業がカリキュラムに加わり，ヴント（Wilhelm Wundt）の研究室が世界初の「心理学実験室」となったと説明されることが多いです。1881年には，学術誌『哲学研究』（後に『心理学研究』に改称）を発刊し，心理学の教育と研究が本格的に始まりました。そのため，ヴントが「近代心理学の祖」と呼ばれるわけです。

心理学史の中で，ヴントが高く評価されている理由の一つに，彼のもとで後の著名な心理学者たちが多く学んだことがあげられます。その一人がライトナー・ウィットマー（Lightner Witmer, 1867-1956）です。彼は，1896年にペンシ

ルバニア大学に心理クリニックを開設し，英語のつづりがうまく書けない子ども（学習障害）の検査と治療に携わりました。1907年には『心理クリニック』（*Psychological Clinic*）という学術雑誌を刊行し，臨床心理学（clinical psychology）

コラム7-1：ヴントとウィットマー——ちょっとフザけた話

じつは「絶対役立つ臨床心理学」なんてあるわけないと思いながら，この章の執筆を引き受けました。他章はいざ知らず，本章の「臨床心理学の理論と方法の歴史」など，一般の人の役に立つはずがありません。しかし，もしみなさんが心理学や臨床心理学などの授業を取っていて，その成績評価の方法が試験で，なおかつ重要な年号が問題に出されるとしたら，「絶対に役立つ」覚え方を考えました。

	近代心理学の誕生	臨床心理学の誕生
覚え方	ブンと殴ると，一発で泣く。	ウィットだね。まあ！一夜でクリニック。
人と年号	Wundt　　　１８　７９	Wit　　　mer　１８　９６

臨床心理学のほうは，六を「りく」の「リ」と読ませる点が少し苦し紛れですが，「ニック」から1829年と間違わないように気をつけてください。そのためには，ヴントの年号とセットで覚えて，心理学の誕生の後に臨床心理学という流れで理解しておけばよいです。科学の誕生も19世紀末ですから，そう覚えておけばまず間違いません。

コラム7-2：ヴントとウィットマー——ちょっとマジメな話

じつは以前，ドイツで国際心理学会議が開催されたとき，ライプツィヒ大学に行ってきました。ヴントの実験室があった建物はもうないのですが，再現された部屋があり，そこには，知覚などを調べるためのさまざまな実験器具が置いてありました（図7-1）。

また，ヴントが行っていた「哲学」講義の名簿も置いてありました。あれこれ探してみると，1891〜1892年にかけての冬学期の受講者名簿に，ウィットマーの自筆の名前を見つけることができました。出生地はフィラデルフィアで，アパートがどこそこと書いてありました（図7-2）。

その部屋を管理している人は，ヴントについての研究をしているドイツ人の心理学者でした。彼によると，ヴントは実際よりも過大評価されていて，科学的な実験などほとんどやっていないと話していたのが印象的でした。

第Ⅱ部　臨床心理学の理論と方法

図7-1　ヴントの実験室にあった実験器具の例

図7-2　ライプツィヒ大学の「哲学」講義の名簿（3番）

を「変化を促すという目的をもった，観察もしくは実験による個々人の研究」と定義しました。こうして，ウィットマーは「近代の臨床心理学の父」と呼ばれるようになりました (Hergenhahn, 2001)。

1-3 「心の問題」とそれへのアプローチ

　臨床心理学でいう「心の問題」とは何のことでしょうか。二つに分けて考えてみましょう。まず「心」ですが，これは心理学では伝統的に**認知**（考え方），**行動**（振る舞い），**感情**（感じ方）というトライアングル・モデルで理解されてきました。「心の問題」とは，具体的にいえば「認知，行動，感情上の問題」を指します。

　つぎに「問題」のほうですが，こちらが大問題で，第1章でも書かれているように，正常と異常の区別は曖昧です。たとえば，概念的に定義しようとすると，正常とは「他と違ったところがなく普通」，異常とは「通常と違っていること」とされます（広辞苑第6版）。これだと，正常とは異常でないこと，異常とは正常でないこと，と説明しているに等しく，循環論になってしまっています。かといって，統計的基準を使って，ある集団の平均値や分布などを基準に，そこからの逸脱の度合いによって異常を定めると，高い知能が異常になり，近視も正常になってしまいます (山口, 2001)。そこで，社会的基準を踏まえて，社会的望ましさ（ある集団の価値観）にもとづき正常・異常を判断するとしても，ある文化や時代で正常なことが，他の文化や時代で異常とされる場合も少なくありません。

　そもそも，これは正常-異常という連続体を仮定したうえで，第三者的な視点からその線引きをしようとするから生じている問題であって，筆者はもっと明解に定義できると考えています。問題とは「変化要請事態」だと定義すればよいのです。たとえば，うつという感情の問題を抱えている人は，うつが少しでも軽くなるという気分の変化を求めています。反社会的な行動を繰り返すという問題がある人は，自分では変わりたいと思っていなくても，周囲の人や社会がその人に変わることを要請します。自尊心も高く他者からも評価されてい

る人が、たんに自己成長したいと思っている場合も、何らかの変化を求めている事態だといえます。

こう考えると、「心の問題」とは、「認知・行動・感情に関する変化要請事態」と定義できます。本章では、そのような問題をもった人に携わる実践的なアプローチを「心理療法」と呼び、それを提供する側をセラピスト、提供される側をクライアント（精神医学の場合は患者）と呼ぶことにします。

2　精神分析

今日でこそ、心理療法の種類は400を超えるといわれています（Corsini & Wedding, 2008）。しかし、1950年代以前はずいぶん少なく、そのほとんどがジークムント・フロイト（Sigmund Freud, 1856-1939）の精神分析から枝分かれしたものでした。彼は非常に波瀾万丈な人生を送りましたが（Baker, 1952）、その一部を簡単に紹介します。

フロイトはオーストリアに生まれ、ウィーン大学で化学、物理学、医学を学びました。とくに、下等動物の神経構造を熱心に研究していましたが、ユダヤ人であるため大学の職に就けず、しかたなく医者になることにしました。インターン時代、研究で鍛えられた正確な観察眼で、壊血病性脳出血や急性多発性神経炎の症状を世界ではじめて見出し、活躍していましたが、身体的原因が見られない精神的な病気に行き当たり、挫折します。たとえば、四肢の麻痺やけいれん、失声、嘔吐、健忘など症状はさまざまであるものの、身体的原因が認められないときは「ヒステリー」と呼ばれ、当時は詐病と考える医者も多くいました。フロイトは、結局、このような患者をどう治療すればよいかわからないまま開業しました。

●練習課題 7-2
　次のうちフロイトが試した治療法はどれでしょうか？
(a)　患者を馬に乗らせる。
(b)　患部に電気による火花を当てる。

(c)　患者を湿ったシーツで包み，氷水をふきつけ，歩かせる。
　(d)　うす暗い部屋でミルクとプリンを与える。
※答えは章末にあります。

　その後，ある本に書かれていた**催眠療法**に強く関心をもちました。実際に患者を催眠状態に誘導し，「醒めたときには，すっかりよくなっていますよ」という暗示（**後催眠暗示**）をかけると，患者が暗示どおりに治ることもありましたが，中には催眠状態に導けない患者もいました。そのときに思い出したのが，友人で医師のブロイアー（Josef Breuer, 1842-1925）が話してくれた「**アンナの症例**」でした。アンナは催眠状態になると，普段は忘れている記憶を思い出し，そのことを話すと，その記憶とリンクした症状が一つずつなくなっていきました。アンナはこれを "talking cure"（話すだけの治療）と表現しました。

　フロイトは，ブロイアーがやったように，催眠を用いて患者が忘れている記憶を思い出させる方法で治療を始め，症例を集めました。そして，ヒステリーの原因は，自分が認めたくないがために無視しようとする気持ちにあると考え，そのような気持ちを意識の外に追い出す働きを**抑圧**と呼びました。ヒステリーは抑圧された記憶から生じ，それは**性的欲求**と関係が深いとする説を1890年代に提唱しました。

　ただ，フロイト自身は催眠が得意ではなかったらしく，その後は，催眠を治療に用いる代わりに**自由連想法**（ソファーで横になってもらい，心に浮かんだことはどのようなことでも話してもらう）を用い，またことさら「性」を重視するようになっていきました。患者の夢を1000例ほど集め，夢には願望を満たすという隠れた意味があり，その願望は**無意識**の中に抑圧された性的欲求からきているとする『**夢判断**』（フロイト，1969）を1900年に出版しています。

　このような汎性論（すべてを性で解釈する立場）については多くの批判もありましたが，無意識の働きを重視する精神力動の基本的な考え方は，その後，形を変えながらも，多くの継承者によって発展していきました（第8章参照）。

3 行動療法から認知行動療法へ

1900年前後の心理学は,どのくらい科学的だったのでしょうか。たしかに,フロイトは生理学と医学を専門としていましたが,彼がつくった精神分析の体系は,科学的な検証が困難な概念によって精神の構造や機能を説明するものでした。科学的な心理学の祖といわれるヴントでさえ,実験参加者の主観的報告に基づいて研究をしていました。はたしてこれでよいのかという動きが20世紀初頭から生じてきます。

3-1 行動主義

1913年,ワトソン(John B. Watson, 1878-1958)という心理学者が,**行動主義**(behaviorism)という考え方を提唱しました(Watson, 1913)。一言でいえば,心理学とは意識の科学ではなく,行動の科学であるというものです。客観的でない心的な概念を排除し,主観的報告に頼ることをやめて,**観察可能**な行動のみを対象とすべきだという主張です。心は行動のたんなる随伴現象であって,心理学は,刺激(stimulus)や反応(response)といった行動的概念を用いなければならないと考えました。外界の刺激から生体の反応を予測できるような「行動の法則」を確立し,行動を予測し,制御することが,行動主義心理学の目的となります(佐藤,1976)。これは,刺激-反応図式の心理学(S-R心理学)とも呼ばれ,古典的条件づけとオペラント条件づけという二つの学習理論がその原理となっています。それを治療に応用したのが行動療法です。

3-2 古典的条件づけを用いた行動療法

古典的条件づけとは,パブロフ(Ivan Pavlov, 1849-1936)が発見した条件づけです。あの「パブロフの犬」の話です。ふつう,ベルなどを鳴らしたら,犬はそちらのほうを見ます。これは「おや何だ反射」(What-is-it reflex),または「定位反射」(orienting reflex)と呼ばれます。一方,犬にエサを見せると,唾液が分泌されます。この場合,エサが**無条件刺激**で,唾液分泌を**無条件反応**とい

います。ベルを鳴らしたあとにエサを与えるということを繰り返すと（**対提示**），ベルを鳴らしただけで唾液が出るようになります。これが古典的条件づけで，この場合のベルの音が**条件刺激**（条件づけるための刺激）で，唾液分泌が**条件反応**（条件づけられた反応）と呼ばれます。

　この考え方は治療に応用できます。たとえば，閉所恐怖症は，閉所が条件刺激となり，それがドキドキするという無条件刺激と対提示されて，恐怖という条件反応を引き起こしていると考えられます（内生的条件づけ interoceptive conditioning）。そこで，閉所とリラックスする反応（不安拮抗反応）の対提示を繰り返すことで，閉所に行っても恐怖が生じにくくなっていきます。不安拮抗反応の学習には，筋肉に力を入れたあとに緩めるという**漸進的筋弛緩法**や，暗示によってリラックスする**自律訓練法**などが活用されます。また，閉所は本来，安全であり，ドキドキさせる場所ではないため，閉所のみを繰り返し提示する（対提示がない状況にする）だけで恐怖は消失していくといわれています。これは**エクスポージャー**（exposure）と呼ばれる技法です（第3章，第9章参照）。

3-3　オペラント条件づけを用いた行動療法

　20世紀のもっとも影響力のある心理学者として第1位に選ばれたのが，スキナー（B. F. Skinner, 1904-1990）です（Haggbloom et al., 2002）。彼の立場は，徹底的行動主義です。古典的条件づけでは，反射や感情の条件づけがメインでしたが，スキナーは，自発的な行動もすべて条件づけされていると考えました。卑近な例でいえば，手伝いをしたら小遣いをもらえて，よく手伝うようになったとします。この場合，手伝いができる状況が**弁別刺激**，手伝うという自発的行動が**オペラント反応**，小遣いが**強化子**と呼ばれ，**オペラント条件づけ**はこの**三項随伴性**で説明されます（第9章参照）。

　これを応用した技法に**トークン・エコノミー法**があります。たとえば，授業中にじっとしていられない子どもに対して，5分間じっとしていたらトークン（おもちゃのお金など）を1枚あげるようにします。5枚集めれば動物シールなどと交換できるようにすれば，しだいに机にじっとしている時間が長くなって

いきます。注意欠如・多動症，統合失調症スペクトラム障害（DSM-5における統合失調症の名称），摂食障害などの治療にも使われます。

3-4 認知主義と認知行動療法

1950年代半ばごろに，科学界で「認知革命」が起こります。その背景には，コンピュータの発達にともなう情報処理論の発展がありました。つまり，機械が計算（思考）をするということは，思考が科学の対象になりうることを暗に意味します。しだいに心理学でも，これまで無視されてきた認知の役割が重視されるようになっていきます。1970年代に入ってからは，それまでの「心＝行動」という図式が一変し，認知という直接的には観察できない人間の「内面」がふたたび心理学の本格的な研究対象になりはじめます。

その詳細は第9章に譲りますが，広い意味での認知行動療法が普及するにあたっては，社会的学習理論（Bandura, 1977）を含む広義の行動療法の発展以外にも，いくつかの貢献がありました。その一つは，19世紀末から20世紀半ばまでに生じた「"ポジティブ思考"運動」です（Mahoney, 1995）。また，**エリス**（Albert Ellis, 1962）の**論理療法**（後の合理情動行動療法，Ellis, 1994）や**ベック**（Aaron Beck, 1963）の**認知療法**もありました。もともと，エリスは精神分析を行っていた心理学者で，ベックも精神分析医でしたが，クライアントの考え方に病気の原因を見出して，思考の修正を中心に据えたアプローチをつくりあげました。

ところが，当時の心理学界の状況といえば，行動主義の全盛期で，認知は科学的な研究対象にはならないという考え方が主流でした。これに対して真っ向から挑戦したのが**マホーニー**（Michael J. Mahoney）であり，スキナーや彼の弟子と誌面で論争を繰り広げました。そのころに出版された『認知と行動変容』（Mahoney, 1974）は，いかに認知が行動療法と結びつけられるかということを科学的に論証したもので，後に最多被引用賞を取りました。また彼が1977年に『認知の心理療法と研究』（*Cognitive Therapy and Research*）という学術雑誌を創刊したことで，広い意味での認知行動療法の本格的な研究が受け入れられる

ようになっていきました。

　ちなみに、彼らよりずっと早く認知の役割に気づき、治療法を体系化していたのは、パーソナリティ心理学でも知られる**ジョージ・ケリー**（George A. Kelly, 1905-1967）です。彼独自の**パーソナル・コンストラクト心理学**（Kelly, 1955）は、認知・行動・感情を分けない全体的なアプローチですが、時代を相当に先取りしたもので、「認知臨床心理学の父」といわれています（Fransella, 1995）。

4　人間性心理学

　マズロー（Abraham Maslow, 1908-1970）が中心になり、精神分析や行動主義に対する「第三勢力の心理学」として旗揚げし、1960年代から70年代にかけて非常に盛んになったのが**人間性心理学**（humanistic psychology）です。要するに、これまでの心理学には「人間らしさ」が欠けていたのではないかという問題提起です。人間を人間たらしめる性質、すなわち自由意思をもつ人間の独自性や潜在可能性を追究する心理学が求められたのです。

4-1　クライエント中心療法

　1940年に、**ロジャーズ**（Carl R. Rogers, 1902-1987）によって、人間性心理学の心理療法の代表といえる**クライエント中心療法**（client-centered therapy）の基本がまとめられました（第10章参照）。当初は、セラピスト主導の指示的な心理療法に対し、助言や解釈、また勇気づけも行わない非指示的な心理療法として発展してきました（Raskin et al., 2007）。しかし、非指示とは、たんにセラピストが指示を与えないという意味に解されやすいため、ロジャーズは後に、クライエント自身が方向を指し示すという意味で、クライエント中心という用語に代えました（岡村, 2007）。

　クライエントを心理療法の中心に置くというのは、一見、当たり前のようですが、この背景には、セラピストがクライエントを治療するのではなく、クライエントが自らの力で最善の状態になりうるという**実現化**（actualization）の考

え方があります。個々人がみずからの最大の可能性に向けて実現する傾向を信頼することこそ,人間性心理学の根本的なテーマです(菅村,2007)。

4-2 ゲシュタルト療法

ドイツ生まれの精神科医である**パールズ**(Friedrich S. Perls, 1893-1970)は,精神分析から出発しましたが,**全体主義**(holism),ゲシュタルト心理学,禅などの影響を受けて,精神分析とはまったく異なるアプローチをつくり上げました(Perls et al., 1951)。

ゲシュタルト(gestalt)とは「形態」という意味で,ゲシュタルト心理学は「全体は部分の総和以上である」と考えます。ゲシュタルト心理学者は,ゲシュタルト療法における「ゲシュタルト」の概念は拡大解釈だとして疑問視していますので,これ以上解説はしません。また,全体主義とは,心と体が分けられず,人間を環境から切り離しては理解できない,全体存在になるときに治癒は生じるといった考え方です。

よく知られているのは,誰も座っていないイス(**エンプティ・チェア** empty chair)を使用し,そこにイメージ上の自己や他者を座らせ,対話させる技法です。これによって,分割している自己に気づいたり,気づいていない欲求や感情に気づいたりすることもあります。すでに他界した相手との**未完結の経験**(unfinished business)を完結させるために使われることもあります。いずれの場合も,不完全な体験を完全なものにすることで全体存在になり,治癒が起きると考えられています。ちなみに,この技法の名前は,エンプティ・チェアではなく,**ホットシート**(hot seat)といいます。

5 家族療法

2007年に「あなたの臨床実践で,過去25年でもっとも影響力のある人物は誰か」という調査が,セラピストを対象に行われました(Simon, 2007)。その第1位はロジャーズ,2位がベックで,3位がミニューチン(Salvador Minuchin)

でした。対象者にソーシャルワーカーが35％ほどいたことも関係しているでしょうが，ミニューチンを含め10位内にランクインした複数名が，家族療法家でした。

　家族療法とは，1950年代の半ばに同時多発的に生まれてきた，家族をターゲットとする心理療法です。そのため，複数の創始者と学派が混在していますが，家族を一つの「システム」と見なして，個人ではなく家族が抱える問題を介入の対象とするのが大きな特徴です。このようなアプローチが生まれた背景の一つには，クライエントを治療する際に，進展のスピードが遅いことへの不満や，クライエントの変化がその家族によって台無しにされるという臨床実践上の問題がありました。もう一つは，1940年代に**システム論**が発達し，それまでの還元主義的な科学とは異なり，円環的な因果観や外部からの制御ではなく，自律的な制御（**自己組織化**）が注目されるという学問的な背景もありました。

　たとえば，システム論的家族療法では，家族の中で問題があると思われている者は，「患者」（patient）ではなく，「患者とされている人」（identified patient：IP）と呼ばれ，その人に病理があるのではなく，たんにその人が家族の不均衡や非機能性を表現しているだけだとみなされます。つまり，問題は個人内にあるのではなく，家族内の相互作用のパターンにあることになります。

　弟に対する兄の暴力が2年間続いた実際のケース（児玉，1991）では，図7-3のようなコミュニケーション・パターンが明らかになりました。父親が次男に対して頭ごなしに謝るようにいっても，それが原因となって次男の反抗心を煽ってしまいます。今度はその反抗が原因となって，長男を激高させます。この症例では，父親が次男に謝らせてその場を収めようとすることによって，家族の「病理」が維持していると考えられます。そこで，セラピストは，次男に対して，「今度からしぶしぶ謝ったり，泣いたりせずに，皿やコップを床に投げつけて暴れてみる」よう指示しました。結果は良好で，数セッション重ねたころから，弟が暴れると兄があわてて止めに入るという場面が見られ，次第に兄弟で仲良く遊ぶことも増え，7回目のセッションでは，長男の暴力は完全になくなりました。

第Ⅱ部　臨床心理学の理論と方法

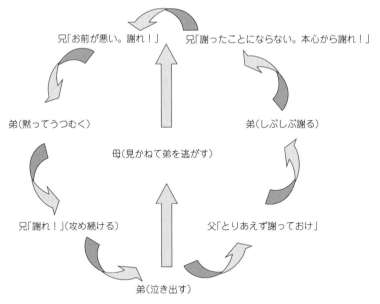

図 7-3　悪循環する家族内のコミュニケーション・パターン
（出所）　児玉（1991）を改変した菅村（2007）より転載

　これは，家族システムが古いフィードバック・ループに従わないように，あえて非平衡状態に移行させるための試みです。システム論では，新しい秩序は平衡から遠い状態から自律的に生じるとされます。セラピストは，一見，家族を機械的に制御しているように見えますが，秩序をつくりだしているのはセラピストではなく，家族が秩序を自己形成（自己組織化）しています。家族療法家ができるのは，家族を変化させることではなく，家族を変化させうるものを変化させることなのです（菅村，2007）。

6　その後の心理療法の展開

　本書で取り上げられる，その他の心理療法として，ナラティヴ・アプローチやマインドフルネスがあります。

6-1 ナラティヴ・アプローチ

1990年代ごろから，従来のシステム論的な家族療法に対して，家族療法家自身の中から批判が生じてきました。具体的には，個人の経験を扱いうる余地がほとんどないことや（Anderson & Goolishian, 1992），家族を外側から操作するといったセラピスト上位の構造への反省（Cecchin, 1992）などがありました。

時を同じくして，**社会的構築主義**（social constructionism: Burr, 1995 ; Gergen, 1994）が影響力をもちはじめてきました。この立場では，言葉の意味は，同意し，交渉し，肯定する人々の関係から生まれると考えられます。言葉によって無数の記述と説明が可能であるため，異なる語り方によって新しい意味をもった世界を作り上げることができるという主張です（菅村，2012）。

そうした理論的背景から，クライエントとセラピストの協力関係が重視され，対話によって生み出される**ナラティヴ**（narrative），つまり「**物語**」や「**語り**」の意味を重視するアプローチが登場してきます。これが，家族療法における「ナラティヴ・ターン」（物語論的転回）です（菅村，2007）。ナラティヴには，新しく人生の出来事を関連づけなおす力があり，人間は対話を通して発達するナラティヴ・アイデンティティ（物語的自己）の中で，またそれを通して生きているということです（菅村，2008）。そのため，セラピストの役割は対話の促進をすることだということになります。語りの生成，精緻化，改訂をとおして，問題を解消していきます（Sugamura & Warren, 2006）。ナラティヴの詳細は，第11章を参照してください。

6-2 マインドフルネス

先に紹介した2007年のセラピストへの調査ですが，「臨床実践で使うモデル」についても複数回答可で尋ねていました。その結果，認知行動療法が7割，家族療法が5割に次いで，マインドフルネスが4割で3番目に多く使われているモデルとして選ばれていました。第9章では，認知行動療法の中でマインドフルネスが紹介されていますが，マインドフルネスは紀元前から実践されてきた仏教瞑想に由来し，認知行動療法に限らず，他の心理療法や心身医学，統合医

療などでも使われています。

　マインドフルネスとは，簡単にいえば，「注意は向けるが評価はしない」という意識状態です（菅村，2016）。漢語では「念」や「憶念」と訳されます。マインドフルネスの経典といわれる『念処経（*Satipatthāna Sutta*；サティパッターナ・スッタ）』（Nyanasatta, 1960）に「四念処」があり，マインドフルネスの四つの観察対象として，身体感覚，感情，欲求，真理（法）があげられています。たとえば，気が滅入っていたら，そのような気持ちに気づきを向けますが，だからといって，そういう気分はよくないとか，だめだとか判断しないということです。私たちは，見るもの，聞くもの，感じるもののすべてを，自分の関心をもとに評価したり，判断したりするという習慣をもっています（Nyanaponika, 1954/1962）。私たちの中で生じている気持ちや感覚に気づき，それに振り回されることなく，飾りのない事実に注意を払うのがマインドフルネスというわけです（Nyanaponika, 1968）。

　今日，マインドフルネスがここまで世界的に普及したのは，二人の人物の貢献によるといわれています。一人は，ティク・ナット・ハン（Thich Nhat Hanh, 1926-）です。ベトナム生まれの禅僧で，マインドフルネスを世界中に知らしめました。仏教思想やマインドフルネスを解説した一般向けの多くの著作が邦訳されています。平和運動でも知られ，ノーベル平和賞の候補になったこともあり，社会参画仏教の提唱者でもあります。

　もう一人がカバットジン（Jon Kabat-Zinn, 1944-）です。マサチューセッツ大学医学部名誉教授で，分子生物学の博士ですが，彼はヒッピー世代で，若いころから禅瞑想やヨーガを実践していました。1979年に，後にマインドフルネスストレス低減法（mindfulness-based stress reduction：MBSR）と呼ばれる集中プログラムを体系化しました。これまでは治療が難しかった慢性疼痛の治療効果が認められ，ほかにもストレスが悪影響する乾癬や高血圧の治療にも効果をあげました。今日では，不安，うつ，ストレスに関しては，薬物療法と同等の効果があることが判明しています（Khoury et al., 2013）。

本章で紹介した以外にも多くの心理療法の流派があります。流派によって理論や方法が大きく異なりますが、臨床現場ではセラピストの4割以上が複数の心理療法を折衷して実践しているといわれています。その一方で、異なる心理療法の共通項を見つけようとしたり、あるいは矛盾点を統合しようとしたり、新しい理論や技法をつくっていこうとする人たちもいます。これは心理療法の**折衷・統合**といわれるトピックで（Arkowitz, 1997）、近年ますます注目されるようになってきています。

●練習課題の解説
【練習課題7-1】
　答えは（a）です。ガリレオ・ガリレイの事件と勘違いした人も多いのではないでしょうか。ガリレオはなぜか通常ファーストネームで呼ばれます。なお、これは、村上（1997）が受講者に問いかける問題として使ったものです。

【練習課題7-2】
　答えは（a）から（d）のすべてです。どれも当時行われていた治療法だそうです。この問題は、ベイカー（Baker, 1952/1975）にもとづいて作成しました。

もっと詳しく知りたい人のための文献紹介
Baker, R.（1952）. *Sigmund Freud, for everybody.* New York: Popular Library.（ベイカー, R. 宮城音弥（訳）（1975）. フロイト——その思想と生涯　講談社）
　　⇨フロイトの伝記です。おもしろい裏話もたくさん載っています。

越川房子（編）（2007）. ココロが軽くなるエクササイズ　東京書籍
　　⇨認知行動療法などで使われる技法が、読者が自分一人でもやれるように非常にわかりやすく解説されています。ナラティヴやボディワーク、マインドフルネスなどのやり方もイラスト付きで説明されています。

村瀬孝雄・村瀬嘉代子（編）（2015）. ［全訂］ロジャーズ——クライアント中心療法の現在　日本評論社
　　⇨人間性心理学の中核となるこのアプローチについて、基礎から最新の動向までカバーされています。関連する心理療法との比較などもおもしろいです。

引用文献

Anderson, H., & Goolishian, H. (1992). The client is the expert: A not knowing approach to therapy. In S. McNamee, & K. J. Gergen (Eds.), *Therapy as social construction* (pp. 25-39). London: Sage.

Arkowitz, H. (1997). Integrative theories of therapy. In P. Wachtel & S. B. Messer (Eds.), *Theories of psychotherapy: Origins and evolution* (pp. 227-288). Washington, DC: American Psychological Association.

Baker, R. (1952). *Sigmund Freud, for everybody.* New York: Popular Library. (宮城音弥(訳)(1975). フロイト――思想と生涯 講談社)

Bandura, A. (1977). *Social learning theory.* Englewood Cliffs, NJ: Prentice-Hall.

Beck, A. T. (1963). Thinking and depression: I. Idiosyncratic content and cognitive distortion. *Archives of General Psychiatry, 9,* 324-333.

Burr, V. (1995). *An introduction to social constructionism.* New York: Routledge. (田中一彦(訳)(1997). 社会的構築主義への招待――言説分析とは何か 川島書店)

Cecchin, G. (1992). Constructing therapeutic possibilities. In S. McNamee & K. J. Gergen (Eds.), *Therapy as social construction* (pp. 86-95). London: Sage.

Corsini, R. J., & Wedding, D. (Eds). (2008). *Current psychotherapies* (8th ed.). Belmont, CA: Thomson.

Ellis, A. (1962). *Reason and emotion in psychotherapy.* New York: Lyle Stuart.

Ellis, A. (1994). *Reason and emotion in psychotherapy: A comprehensive method of treatment human disturbance* (Revised and updated). New York: Carol Publishing Group. (野口京子(訳)(1999). 理性感情行動療法 金子書房)

Fransella, F. (1995). *George Kelly.* London: Sage. (菅村玄二(監訳)(2017). 認知臨床心理学の父 ジョージ・ケリーを読む――パーソナル・コンストラクト理論への招待 北大路書房)

フロイト, S. 高橋義孝(訳)(1969). 夢判断(上・下) 新潮社

Gergen, K. J. (1994). *Realities and relationships: Soundings in social construction.* Boston: Harvard University Press.

Haggbloom, S. J., Warnick, R., Warnick, J. E., Jones, V. K., Yarbrough, G. L., Russell, T. M., ... & Monte, E. (2002). The 100 most eminent psychologists of the 20th century. *Review of General Psychology, 6*, 139-152.

Hergenhahn, B. R. (2001). *An introduction to the history of psychology* (4th ed.). Belmont, CA: Wadsworth.

Kelly, G. A. (1955). *The psychology of personal constructs: A theory of personality.* New York: Norton. (辻平治郎 (訳) (2016). パーソナル・コンストラクトの心理学——理論とパーソナリティ　北大路書房)

Khoury, B., Lecomte, T., Fortin, G., Masse, M., Therien, P., Bouchard, V., ... & Hofmann, S. G. (2013). Mindfulness-based therapy: A comprehensive meta-analysis. *Clinical Psychology Review, 33*, 763-771.

児玉真澄 (1991). ブリュッセル学派のシステム家族療法——M・エルカイムのバイファケーションモデル　現代のエスプリ, *287*, 76-86.

Mahoney, M. J. (1974). *Cognition and behavior modification.* Oxford, England: Ballinger.

Mahoney, M. J. (Ed.). (1995). *Cognitive and constructive psychotherapies: Theory, research, and practice.* New York: Springer. (根建金男・菅村玄二・勝倉りえこ (監訳) (2008). 認知行動療法と構成主義心理療法——理論, 研究そして実践　金剛出版)

村上陽一郎 (1994). 文明のなかの科学　青土社

村上陽一郎 (1997). 新しい科学史の見方 (NHK 人間大学)　日本放送出版協会

Nyanaponika, T. (1954/1962). *The heart of Buddhist meditation: A handbook of mental training based on Buddha's way of mindfulness.* London: Ryder & Company.

Nyanaponika, T. (1968). *The power of mindfulness.* Kandy, Sri Lanka: Buddhist Publication Society.

Nyanasatta, T. (1960). *The foundations of mindfulness: Satipatthana Sutta.* Kandy, Sri Lanka: Buddhist Publication Society.

岡村達也 (2007). カウンセリングの条件——クライアント中心療法の立場から　日本評論社

Perls, F. S., Hefferline, R. F., & Goodman, P. (1951). *Gestalt therapy.* New York: Julian.

Raskin, N. J., Rogers, C. R., Witty, M. C. (2007). Person-centered therapy. In

R. J. Corsini & D. Wedding (Eds.), *Current psychotherapies* (8th ed.) (pp. 141-186). Belmont, CA: F. E. Peacock.

佐藤方哉(1976).行動理論への招待　大修館書店

Simon, R. (2007). The top 10: The most influential therapists of the past quarter-century. *Psychotherapy Networker, 31*(2), 24-37.

菅村玄二(2007).単純系から複雑系の心理療法へ——精神分析,認知行動療法,クライエント中心療法,そして構成主義心理療法　三輪敬之・鈴木　平(編)身体性・コミュニケーション・こころ(pp.1-75)　共立出版

菅村玄二(2008).認知の修正から意味の転換,そして語りの複雑性へ——プラグマティズムの思想を交えて　森岡正芳(編)　ナラティヴと心理療法(pp.109-135)　金剛出版

菅村玄二(2012).社会構築主義　日本人間性心理学会(編)　人間性心理学ハンドブック(p.331)　創元社

菅村玄二(2016).マインドフルネスの意味を超えて——言葉,概念,そして体験　貝谷久宣・熊野宏昭・越川房子(編)　マインドフルネスの基礎と実践(pp.129-149)　日本評論社

Sugamura, G., & Warren, E. S. (2006). Conjoining paradigms: A dissolution-oriented approach to psychotherapy. In M. G. T. Kwee, K. J. Gergen & F. Koshikawa (Eds.), *Horizons in Buddhist psychology: Practice, research & theory* (pp. 379-397). Chagrin Falls, OH: Taos Institute.

Watson, J. B. (1913). Psychology as the behaviorist views it. *Psychological Review, 20*, 158-177.

山口　創(2001).よくわかる臨床心理学——わたし‐あなた‐人間理解　川島書店

第8章 精神分析
——自分を深く見つめる

　本章では，19世紀の半ばから激動の20世紀前半を生きた，神経科学者であり精神科医でもあったフロイトが提唱した，「精神分析（学）」という心についての見方をとりあげます。そして，その見方が後世の精神科医や心理療法家によってどのように議論され，展開していったのかを見ていきたいと思います。

　心というのは，とらえどころのないもののように思われますが，見方のモデルがあると，その働き方について理解しやすいところが見えてきます。たとえるなら，（幾何学などの問題を解くときの）補助線を引く行為に似ているという人もいます。自分や他人の心と向き合い，やり取りをするときにも，いくつかの理論モデルがあれば実際に試行錯誤するための仮説をもつことができるでしょう。精神分析は，心についてのもっとも一貫した，知的に満足のいく見方の一つだと思います。

1　自我心理学

　精神分析を創始したフロイト（Sigmund Freud）以降，問題意識や理論を適用する対象に合わせて重要視したり強調したりする点が広がっていった結果，現在の精神分析にはいくつか異なる見方があります（これを**学派** school と呼んだりもします）。ここでは，そのうちの二つの見方についてとりあげます。一つは，**自我心理学**と呼ばれる見方で，意識できる部分が比較的多い「自我」がどのように心を安定させられるのかということに関心をもっています。もう一つは，**対象関係論**と呼ばれる見方で，生後約１年までの母子関係をとくに重視して，それがその後の発達や他者とのかかわり方にどのように影響しているかという

関心から，心の理解を深めようとする見方です。では，まずフロイトが提唱した心の見方のうち，基本的なものを見ていきましょう。

1-1 心的装置

もともと神経科学者であったフロイトは，心について科学的に考えるうえで，機能や構造についてのモデルが必要だと考えました。そこから生まれてきたのが，心はイド (id)，自我 (ego)，超自我 (superego) の三つの領域からなるという見方です。これを構造論と呼びます。

イド（ドイツ語ではエス es）は，心のエネルギー（リビドー libido：ここではリビドーは性的な性質を帯びていて，幼少期からその欲求は存在するとされます）の源泉，もしくは貯蔵庫とされます。とくにこの領域は，不快を避けて，快を得ることを目的とする**快感原則**に支配されているため，ここにあるエネルギーが衝動的・非論理的・非現実的な行動に結びつくこともあります。

自我は，認知や判断にかかわる知的機能をもっていて，イドと超自我，さらに現実世界（外界）からの要求に対して，現実的な適応のために調整する役割を果たします。超自我は，快感原則に従うイドの**欲動** (drive) に対するチェック機能をもっていて，両親のしつけや振る舞いから取り込まれた良心にもとづき，道徳的な役割を果たします。

このそれぞれ異なる機能を担っている三つの領域が，どのようなバランスで今の問題にかかわっているのかを分析することで，問題を解決するための方向性を探ることが，精神分析療法の一つの軸になるわけです。

1-2 発達論

フロイトは，神経症の患者を診ていく中で，心的装置の見方に加えて，幼児期の欲求不満や葛藤が解消されないままでいること（これを**固着**と呼びます）が，大人になってからの神経症に関連しているという考えに至りました。そして幼少期の性的欲求は，向けられる対象が発達段階によって移り変わるものであるという考えを整理して，リビドーの発達段階理論が形づくられました。簡単に

これらの概要を追ってみます。

口唇期：おしゃぶりをはじめとした，口や唇の刺激が性的快感に結びついていて，「食べる」という行為によって母親との愛情関係が示される時期。生後からおよそ1歳半までの時期を指します。アイデンティティ理論を提唱したエリク・エリクソン（Erik H. Erikson）によると，この時期には，安定した愛着関係（attachment）の中で信頼感（trust）をもつことが発達課題となります。なお，後述する対象関係論は，フロイトの口唇期を発展させた理論といえます。

肛門期：排泄と貯留という二つの機能が性的快感に結びついていて，「能動-受動」という対極的な態度が形成されはじめる時期。およそ3歳半までの時期を指します。几帳面になったり，わがままになったり，葛藤したりしながら，自律（autonomy）や自制（self control）の感覚を身につけることが発達課題になります。

男根期：性器への関心とそこに伴う快感が高まる時期（思春期以降の異性に対する関心とは異なります）。男児・女児ともに，「男根を所有する者─去勢された者」という図式で物事を認識します。およそ6歳までの時期を指します。親と敵対するわけでも，親に服従するわけでもなく，適切な親子関係の中で自分の主体性（initiative）をもつことが課題です。

潜伏期：複雑な感情や，多彩な関心によって，以前までの性的関心が低下する時期。フロイトはこれを**エディプス・コンプレックス**の衰退と結びつけて重視しています。およそ12歳までの時期を指します。エディプス・コンプレックスは男根期の葛藤を表す概念で，知らないあいだに母親に恋し，父親を殺してしまったというギリシア悲劇「オイディプス王」の話に由来しています。潜伏期は，このような親子の葛藤を乗り越え，家庭以外の場面で積極的に学び，物事を達成する勤勉性（industry）を身につけることが課題です。

性器期：性器領域における快感・官能と，相手へのやさしさが伴った「愛における完全に正常な態度」が実現する可能性がある時期。およそ12歳以降の時期を指します。

精神分析的な発達論の考え方に沿って話を聴いていくとすると，たとえば，

大人になってタバコやキスなどに強い執着をもっている場合は、口唇期の欲求不満の補償的行為としての意味があるかもしれません。貯金やコレクターズアイテムの収集に強い執着がある場合は、肛門期のいくつかの出来事と関連があるかもしれないのです。このように仮説を立てながら、過去の出来事についての語りに耳を傾けていきます。

1-3 治療構造論

では、こういった理論モデルを学んで話を聴いたり、相槌を打っていれば、それは精神分析療法になるのでしょうか？ この点について、フロイトはチェスを引き合いに出しながら「治療者と患者の間には…（中略）…治療の展開を規定するさまざまな条件とルールがある」と述べ、その弟子たちもたくさんの議論を展開しました。こういった条件とルールのことを、専門家は**治療構造**と呼んでいます。ここではそれらのうち、基本的でとくに重要な点を取り上げることにします。

一つには、時間と空間があげられます。1回に何分間の面接をするのか、それは1週間に何回の頻度で行われるのか、面接期間についての期限の有無（たとえば教育機関なら在籍時のみ利用可能など）、面接が行われる場所は病院（外来／入院）なのか学校なのか、個室なのかオープンスペースなのか、といった点です。

また、治療者と料金も重要な構造にあげられます。治療者は男性か女性か、患者（医療機関以外では**クライエント**と呼びます）よりも年齢は上か下か、治療チームとして他にかかわる職種の有無、面接内容について情報共有する相手（学校や職場の関係者）の有無、料金は有料か無料か（医療機関では保険診療か自費診療か）、といった点です。他には、患者の家族やパートナーなどが相談に関与するかどうか、どのような目標を設定するかなど、さまざまなことが治療構造の要因として面接の過程に影響を与えます。

治療者は、現実的な制約を考慮しながら、どのような構造が治療的に機能するかを判断して、場合によっては患者（クライエント）とともに面接構造を決

めていきます。この取り決められた構造が，安心して自分の内面を語ったり，意識化したりすることを可能にし，また問題の性質を明らかにし，よりよい治療関係が育まれることを下支えするのです。

1-4 自由連想と洞察

フロイトは，催眠の研究の後に，無意識を意識化する方法として**自由連想法**を考え出しました。自由連想法を患者側の体験から考えてみると，以下のような感じになります。

リラックスした状態で寝椅子に横たわって，一時的にある部分の「我を捨てる」かのように無意識に身を任せると，これまで注意を向けてこなかった記憶や感情が自分の中にあることに気がつきます。そうして頭に浮かんだすべてのことを話していきます。でも，あるところで思い出したくないといった**抵抗**感が出てきて，言動に表れます。この連想と言動を分析するために，寝椅子の後ろ側にいる治療者から**解釈**が伝えられます。するとそこに新たな葛藤が生まれてくることになり，この葛藤を患者が意識化することができれば，自我が健全に機能する方略や適応的な態度を見出すことに繋がるわけです。

精神分析では，この抵抗（場合によっては**抑圧**ともいわれます）と葛藤の意識化のプロセスを**洞察**と呼んで，治療的に生じる体験として重要視しています。

1-5 転移・逆転移

また，フロイトは神経症の治療過程において，過去の人間関係やそこに伴う感情が，治療者との関係の中に持ち込まれるという現象にも注意を向けるようになり，これを**転移**と呼びました。また同じ人間である治療者側にも同様のことが生じ，患者に対する感情や態度に影響することも理解されるようになり，これを**逆転移**と呼びました。これまで見てきたように，幼少期などの発達段階において生じた欲求不満と抑圧は，現在の治療関係の中に転移することで，解釈や洞察の対象となり，その抵抗が取り除かれ，結果的に神経症が改善することになります。

第Ⅱ部　臨床心理学の理論と方法

> **コラム 8-1：アドラー心理学**
>
> 　この本を読んでいるみなさんは，アドラーという人，もしくはその人の提唱した理論について耳にしたことがあるでしょうか？　数年前にアドラーの人間観について解説した書籍がベストセラーになったので，手に取った方もいるかもしれません。
> 　アルフレート・アドラー（Alfred Adler）は，精神医学・心理学だけでなく，教育やソーシャルワークなどの領域でも活躍した人物でした。ウィーンでの**児童相談所**の設立などは，社会的業績として高く評価されています。フロイトとは20世紀初頭に10年弱ほど共同研究者として交流しましたが，後に決別して**個人心理学**を創始しました。フロイトの無意識と意識のような二項対立図式を否定して，人間の全体性や目的性を重視する立場を取りました。初期には劣等感（とくに身体的なもの），やがて**共同体感覚**など，社会的なつながりの中での人間に関心があったようです。

2　対象関係論

2-1　クライン派

　転移と逆転移の話が出てきましたが，ここから少し話の流れが変わってきたことに読者のみなさんは気が付くかもしれません。当初は一個人の心の構造や葛藤が話題になっていたのに対して，患者と治療者のそれぞれの過去の体験が現在の問題に影響するという相互作用が話に出てきました。この点をさらに展開したのが，メラニー・クライン（Melanie Klein）とその後の人々による**対象関係論**です。

　クラインは精神分析の観点を，小児・児童を対象とした分析の実践から見直し，とくに幼児期の母親との心理的関係（これを対象関係と呼びます）を重視して，心の中の対象（主に母親のイメージ）と自我の関係の状態が，現在の問題とどのように関連しているのかを分析の中心としました。

2-2　英国独立学派

　ドナルド・ウィニコット（Donald Woods Winnicott）は，イギリスのロンドン

で長く小児科医・精神科医としても活動した分析家です。当初クラインからの指導を受けましたが，アンナ・フロイト（Anna Freud）との激しい議論においてはどちらの立場からも距離を置いて，独立学派と呼ばれるグループに属しました。彼は「**真の自己と偽りの自己**」，「**ほどよい母親**」（乳幼児に安心感と自律感を与えるような親のかかわり。抱っこ環境 holding environment ともいう），「**移行対象**」（ほどよい母親を内面化するために一時的に必要とする中間的な対象。たとえば乳幼児が持ち歩く毛布）などの臨床的に重要な概念を提唱して，とくに幼少期における遊びの重要性を主張しました。

2-3 乳児観察

ダニエル・スターン（Daniel Stern）は，スイスで活躍したアメリカ出身の乳幼児の精神分析家です。理論的・実践的に精神分析の世界で語られてきた「臨床乳児」の発達理論と，発達心理学における通常の乳幼児を観察して得られる「被観察乳児」の発達理論とを統合するという仕事を成し遂げました。そこで注目したのが，出生直後からおよそ2歳あたりまでにおける**自己感**の機能と発達プロセスです。とくに能動的な能力が乳児にもあることを「四つの自己感」と呼ばれる理論に反映させたことで，古典的精神分析理論が見直される契機になりました。自我心理学のマーガレット・マーラー（Margaret Mahler）からの理論的な修正点は，乳児の共感性や「心の理論」（第6章参照）の萌芽が生後6か月ごろに備わっていると見る点でした。

2-4 自己心理学

ハインツ・コフート（Heinz Kohut）も精神分析の方法論や理論的背景について大きな転換点を生み出した人物の一人でした。彼は，フロイトが本能的欲動を科学として強調しすぎたことを批判して，より主観的・内省的体験に近い理論を構築しようとして**自己心理学**と呼ばれるアプローチを体系化しました。

その後もこのアプローチは大きく展開し，ロバート・ストロロウ（Robert Stolorow）らによる**間主観性理論**（theory of intersubjectivity）が確立しました。

コラム 8-2：ラカン派精神分析

「ラカンは小難しい」という評価をよく耳にします。ジャック・ラカン（Jacques Lacan）が引用されるのは，哲学や思想系の論壇が多いこともあって，そのようなイメージがあるのも仕方ないのかもしれません。しかし近年，ラカンの著作や世界観を解説するものの中に，とてもわかりやすいものが続々と出てくるようになりました。ぜひ，機会があったときに章末の文献リストの松本（2015）を手に取ってみてください。人の心をこんなふうにとらえることができるのかと，ちょっと違った見方ができるかもしれません。

さて，ラカンは，精神分析の世界で何をした人なのでしょう？　これを一言で説明するのはとても難しいのですが，フロイトの理論の思想的背景を言語論的，**記号論**的にとらえなおしてさらに深めた人だといえるかもしれません。たとえば，わたし（x）から見た他者（y）は，わたしと他者が共有する視点（x + y）から見たわたし（x）の関係に相当するとすれば，$y/x = x/(x + y)$ という数式的表現で表すことができる，といったようにです。

ラカンは，**言葉**が精神分析の場面でどのように機能しているのか，治療者と患者の過去の体験を重ね合わせて巻き込みながら，どのように自己イメージや時間体験，さらには治療的関係を生み出すのかを丁寧に考察しました。とくに，鏡に映る自己像をめぐって展開させた自己認知の発達論（**鏡像段階論**）は，精神病の治療論につながるものとして，近年再び見直される機会が増えてきました。

著作を残したり，弟子を取ることにあまり興味をもたなかったラカンの仕事は，他の精神分析家に比べると理解の手掛かりが少ないですが，独特の価値をもっているので，一度ふれてみることをお勧めしたいと思います。

これは，治療者が「科学的真実を知っている者である」という立場を放棄して，臨床的な場で生じることはすべて患者の主観と治療者の主観が影響を与え合って生まれたものだと考える立場を意味します。つまり，それを解釈するためには，両者の間で共有されている「間主観的な」コンテクスト（文脈，プロセス）が必要となると考えるわけです。

2-5　関係精神分析

ハリー・スタック・サリバン（Harry Stack Sullivan）は，欲動に関連した無

意識的な葛藤よりも,重要な他者との関係で実際に経験したことを重視していました。そして,逆転移についても,患者が示す人間関係のパターンを理解するための手掛かりの一つとして,治療者の態度や言動を分析することを推奨しました。このような立場は**関係精神分析**(relational psychoanalysis)と呼ばれます。

また,この系譜を継ぐスティーブン・ミッチェル(Stephen A. Mitchell)は,人間を「関係性の基盤によって形づくられる存在」とみなしました。彼らが展開させた対人関係論(対象関係ではなく,現実的な「対人」であることがポイントです)では,心は基本的に二者関係における相互作用によって生まれるものだという立場を取ります。

3 神経精神分析

ここでは,2000年に第1回国際大会が開かれた**神経精神分析**(Neuropsychoanalysis)という新たな融合領域を簡単に紹介したいと思います。この学術領域は,心理学的アプローチと神経科学的アプローチの双方を持ち寄ることで,精神分析と神経科学の橋渡しを試みる学際的ムーブメントです。

3-1 夢の神経科学

このムーブメントの中心的人物の一人であるマーク・ソームズ(Mark Solms)は,神経心理学の学位取得後にイギリスで精神分析のトレーニングを受けた人物で,夢を見ることに関する新たな神経科学的知見をもたらし,それまでの学説を大きく変えたという経歴をもっています。

一時期,夢は脳のランダムな生理的活動によってもたらされるもので,個人にとって意味をもつものではないという学説が有力視されていました。ところが,ソームズは,夢を見るときに,脳の中で感情をつかさどる辺縁系,とくにドーパミン神経系が働いている可能性が高いことを見出し,フロイトの夢理論を踏まえたより精緻な統合的議論を展開させるきっかけをつくりだしました。

3-2　リージョン・スタディ

　またソームズは，彼の妻カレン・カプラン（Karen Kaplan）との共作『神経精神分析の臨床研究』（*Clinical Studies in Neuro-Psychoanalysis*）で，脳血管障害や脳挫傷などの障害部位ごとに事例研究を整理して，精神分析の過程を比較する**リージョン・スタディ**（lesion study）という新たな研究デザインを生み出し，臨床と研究を結びつける方法論を確立しました。それまで，精神分析や心理療法の対象とされていなかった脳を損傷した患者たちに，精神分析療法によるアプローチを行い，脳の損傷が精神分析の理論のどの点に関連するのかを推定していくことで，精神分析と脳科学の統合的理解に先鞭をつけたのです。

3-3　感情神経科学

　もう一つ，神経精神分析の理論的支柱となっている**感情神経科学**を紹介します。動物を対象とした数えきれないほどの神経生理学的研究を行ってきたヤーク・パンクセップ（Jaak Panksepp）は，自身の研究を感情神経科学という体系にまとめました。とくに彼は，哺乳類には感情を体験するためのおよそ共通した神経基盤があることを実証し，7種類の**基本感情**（SEEKING, FEAR, RAGE, PANIC/GRIEF, LUST, CARE, PLAY）を同定しました。臨床心理学では，これまで自尊心や劣等感など比較的高次な認知が働いている感情が取り上げられることが多かったのですが，パンクセップの理論が日本に持ち込まれることで，より生理的・身体的な基盤をもった感情についての研究が行われるようになり，医学・生物学的アプローチと組み合わせた新しい研究が展開するようになってきています。

4　分析心理学

4-1　タイプ論

　みなさんは，人柄や行動パターンを表す表現として「外向・内向」という言葉を耳にしたことがあるでしょうか？　じつはこれは立派な心理学用語です。

第8章　精神分析

● 練習課題 8-1

みなさんは自分がどんなタイプだと思われるでしょうか？　以下の項目に回答してみて，心理尺度上ではどのような結果になるか，事前の自分の予想とどのように合致したり，ズレたりしたかを味わってみましょう。

図 8-1 の左右の文章を読み比べて，ふだんの自分に当てはまる数字に○印をつけてください。

図 8-1　タイプ測定尺度（簡易版）

（出所）　佐藤（2005）をもとに作成

【タイプの理解】①と④は「外向-内向」，②と⑤は「思考-感情」，③と⑥は「感覚-直観」の項目例になります。①と④は左側（数字が小さいほど）が内向タイプ，右側（数字が大きいほど）が外向タイプを示し，②と⑤は左側が感情タイプ，右側が思考タイプを示し，③と⑥は左側が直観，右側が感覚タイプを示します。より精確な理解に関心のある方は，佐藤（2005）を参照してください。

フロイトの弟子であり，ライバルであったとも言えるカール・ユング（Carl Jung）が提唱した「心の機能」のうちの一つともいえます。

「心の機能」に関するユングの理論の中には，一般的な態度やエネルギーの方向性としての**外向-内向**，物事を評価したり判断したりする**思考-感情**，物事の認知の仕方である**感覚-直観**という三つの軸が含まれます。私たち一人ひとりは，世界の体験の仕方に，どちらかというと生得的と考えられるタイプがあり，そのタイプはこれら三つの軸のバランスの強弱によって表現できるという考え方です。

4-2　夢とイメージ，そして個性化

ユングは，夢は統合失調症の患者の語りと同等に扱うことができるものであり，あらゆることが関連しあって生み出されたものであると考えていました。また夢以外にも，日中にふと浮かんでくるイメージや，絵をぼんやりと眺めていると動き出すイメージも，無意識と出会う方法として利用できることを**アクティヴ・イマジネーション**という技法を確立する中で示しました。

そして夢やイメージに現れる複雑なものを解釈するにあたっては，錬金術や神話，宗教的伝承などを引用しながら，時代や場所に拠らない**普遍的無意識**（集合的無意識）から生まれるイメージの理解を手掛かりにしながら，解釈をしていくことが必要であると考えていました。

また，無意識は意識の偏った態度を補償するように働きかけてくるもので，夢は無意識から自我へのメッセージたりうるととらえていました。ユングは意識だけに偏った一面的な生き方ではなく，無意識を含めたあらゆる可能性と創造性を含めた全体性を生きることが人生の目標であると考え，それを**個性化**の過程と呼び，心理療法の目標としました。

この章で見たように，精神分析は多様な発展を遂げています。私たちは精神分析を学ぶことで，「私の心は何を感じているのか？」といった根本的な問題を，より具体的に考えるための手掛かりを得られることになるでしょう。自己分析

コラム 8-3：メンタライゼーションとエビデンス研究

　イギリスのピーター・フォナギー（Peter Fonagy）はメンタライゼーション（メンタライジング）というキーワードで，さまざまな領域で通用する包括的概念を提示した精神分析家です。このメンタライゼーションは mental（心）＋zation（化）という言葉の組み合わせからなる造語で，心で心のことを考えること，もしくは自分や他人のことを心が機能している存在として理解すること，といった意味をもっています。とても当たり前のことだと思う人もいるかもしれませんが，これがうまくいかないと，コミュニケーションに問題が生じたり，自分のイメージや他人のイメージをもつことが難しくなり，現実的な適応の問題につながることも考えられます。この概念は当初はボーダーラインと呼ばれる精神病理（borderline personality disorder：BPD，境界例）に対する治療論としてフォナギーが提唱したものでしたが，発達の問題やその他の精神疾患などにも適用できる観点として理解されるようになりました。

　また，フォナギーは精神分析的な治療の効果について，医学・生物学の世界でもっとも科学的信頼性の高いといわれる**無作為化比較試験**（randomized controlled trial：RCT）による研究を実施して，**メンタライゼーションに基づく治療**（mentalization-based treatment：MBT）や長期的な精神分析の効果などについて実証的なデータを得ることに成功し，この分野の科学的エビデンスを構築することに多大な貢献を果たしています。

（小さな仮説検証）を繰り返すことで，その理論（仮説）の確からしさを自分で実感することもできるはずです。

　最近の神経科学や認知科学の研究が示すように，人の心は意識に上る内容だけでなく，意識に上らないところで多くの役割を果たしていることが明らかになってきました（第0章参照）。神経精神分析の動向は，そういった最近の研究成果と，精神分析の心の見方の関連について考える新しい領域として注目されています。2010年代後半を生きるみなさんの人間観や世界観のヒントになれば，これ以上嬉しいことはありません。

もっと詳しく知りたい人のための文献紹介

山中康裕（編著）（2010）．心理学対決！　フロイト vs ユング　ナツメ社
　　⇨フロイトとユングの生い立ちや理論，その後の展開について，豊富な図で解説しています。
岸本寛史（編著）（2015）．ニューロサイコアナリシスへの招待　誠信書房
　　⇨夢についての論争や感情神経科学の展開など，神経精神分析についてわかりやすく紹介しています。
上地雄一郎（2015）．メンタライジング・アプローチ入門　北大路書房
　　⇨本章でとりあげることができなかったジョン・ボウルビィ（John Bowlby）の愛着理論（attachment theory）についても，詳しく解説しています。

引用・参考文献

ブロンバーグ，P. M.　吾妻　壮・岸本寛史・山　愛美（訳）（2014）．関係するこころ　誠信書房

フィンク，B.　中西之信・椿田貴史・舟木徹男・信友建志（訳）（2008）．ラカン派精神分析入門　誠信書房

フォナギー，P. & タルジェ，M.　馬場禮子・青木紀久代（監訳）（2013）．発達精神病理学からみた精神分析理論　岩崎学術出版社

松本卓也（2015）．人はみな妄想する――ジャック・ラカンと鑑別診断の思想　青土社

ミッチェル，S. A.　横井公一・辻河昌登（監訳）（2008）．関係精神分析の視座　ミネルヴァ書房

成田慶一（2016）．自己愛のトランスレーショナル・リサーチ　創元社

佐藤　淳（2005）．Jung の心理学的タイプ測定尺度（JPTS）の作成　心理学研究，76, 203-210.

スターン，D. N.　小此木啓吾・丸田俊彦（監訳）（1989）．乳児の対人世界／理論編　岩崎学術出版社

スターン，D. B.　一丸藤太郎（監訳）（2014）．精神分析における解離とエナクトメント　創元社

サリヴァン，H. S.　中井久夫ほか（訳）（1990）．精神医学は対人関係論である　みすず書房

■ トピックス〈臨床心理学の現場〉④ ■

スクールカウンセリング──未来の社会を支える援助

　スクールカウンセリングという言葉を耳にしたとき，スクールカウンセラーの役割を思い浮かべた読者も多いと思います。学校において臨床心理学の知見をいかす職業は，実際にはスクールカウンセラーだけでなく，教師も臨床心理学を応用しながら**子どもや保護者を援助**しています。このように，臨床心理学は，広く学校現場に役立つ基礎領域の一つであるといえます。ここでは，広い意味でのスクールカウンセリングの視点から解説します。

　表 t4-1 は，**スクールカウンセラー**，**教諭**，**養護教諭**の役割と，臨床心理学が役立つ視点をまとめました。教諭は，すべての学校教育活動を通して子どもの心身の発達を促進させています。また養護教諭は，心身相関の観点から子どもを総合的にとらえ，心身の健康状態を回復・維持・増進させるように援助します。いずれの立場においても，子どもが援助を必要としていることに気づき，子どもがもつ真の**援助ニーズ**を見極め，子どもの困り感に応じて適切にかかわり，関係する教師と専門家がチームを組み援助をしています（**チーム学校**）。そのためには，まず子ども一人ひとりを理解することが大切です。たとえば，子どもの発達段階や発達の偏りの理解，子どもの困り感をうまく言語化し表現させる方法，多くの子どもが心理的負担を身体症状として訴える病態の理解，子どもの語りに対する応答の仕方，子どもが自らを振り返り課題解決していけるようなかかわり方，最適な**学級集団**をつくる方法，子どもがつまずきやすい特徴に応じた学習指導の方法，など。臨床心理学は教師の教育実践に一定の示唆を与えてくれます。

　学校の教育課題は，子ども個人から集団にある問題まで幅広く，個別性があり，深刻なケースも少なくありません。いじめや**不登校**，**児童虐待**などの兆候を早期に発見し，解決を目指す手立てをとることは，学校が果たすべき使命でもあります。いじめ被害者だけでなく加害者への援助，さらに，子どもの保護者への援助も必要です。こうした社会問題ともいえる教育課題の解決は，持続可能な社会の実現を意味します。そこで，さまざまな状態に時間を惜しまず対処している教師は，**教員養成**の段階から現職研修に至るまで，臨床心理学的な視点や考え方を継続的に学び，その問題解決能力を向上させることが望まれています。スクールカウンセリングとして子どもや保護者を援助し，子どもを健やかに守り育てていくことは，未来への社会貢献といえるでしょう。

表 t4-1　スクールカウンセラー，教諭，養護教諭の役割と臨床心理学の視点

名称	役割の概要	具体的な役割	臨床心理学が役立つ視点（例）
スクールカウンセラー	子どもや保護者のカウンセリングを行い，教諭や養護教諭と協働で子どもを援助する（一般的には，非常勤職員として週1回程度の勤務である）	○いじめ被害を訴える子ども，不登校の子ども，発達の偏りがある子どもなどのカウンセリングをする ○保護者のカウンセリングをする ○子ども理解と援助について，教諭や養護教諭に助言する ○教育センターのカウンセラーや病院と連携する	臨床心理学の知見をいかしてスクールカウンセリングを行う
教諭【学校の先生】	学級経営や授業，学校行事などすべての学校教育活動を通して，子どもの心身の発達を促す	○授業を通して基礎的，基本的な学力を育む ○子どもが主体的に考えて判断し，表現する力を培う ○学校行事や学級集団づくりを通して子どもの自尊感情を育み，人との協調性を育む ○教材や教具を工夫し，授業を行う ○学級経営を行う	○日常的な会話やかかわりの中から子どもを理解する ○子どもの教育課題に気づき，課題解決に向けて援助する ○子どもの人間関係を理解し，自分の意思を表現して他者を思いやる人間関係を築くように援助する ○子どもの学習理解を促進させるように援助する ○保護者とともに子どもを援助する
養護教諭【保健室の先生】	活動の拠点である保健室の機能をいかし，心身の健康を回復・維持・増進するための援助を通して，すべての子どもを守り育てる	○子どもの心身の健康課題を把握し，健康管理を行う ○体の状態や行動に現れる子どもの異変に気づき，健康相談を行う ○子どもの実態に応じて，健康教育を行う ○教育活動が円滑に実施されるよう，安全で衛生的な学校環境を整える ○保健室を経営し，子どもの健康課題の解決に向けて組織的に活動する	○日常的な会話やかかわりの中から子どもを理解する ○子どもの援助ニーズを見極めて，心身両面から援助する ○子ども自身の健康管理能力や課題解決能力を伸ばす ○子どもの心身の健康教育を行う ○保護者を援助し，保護者とともに子どもを援助する ○校内外の関係者をコーディネートしながら援助チームを構築し，協働して子どもを援助する

第9章 認知行動療法
——エビデンスにもとづくアプローチ

　数多くある心理療法の中でも，認知行動療法に対する期待がわが国でも高まっています。認知行動療法は，うつ病をはじめとした精神疾患に対して医療保険点数化され，性犯罪者の再発予防プログラムに採用されるなど，わが国の施策として積極的な導入が進められています。アメリカ精神医学会が打ち出したガイドラインにおいても一定の効果が認められ，世界的にもその有効性のエビデンスが蓄積されています。この章では，こうした認知行動療法の特徴を紹介し，その応用範囲の広がりや近年のさまざまな実践方法について概観していきたいと思います。

1 認知行動療法とは

1-1 認知行動療法の特徴

　認知行動療法（Cognitive Behavioral Therapy）とは，有効性が実証された行動的技法と認知的技法を効果的に組み合わせ，クライエントの適応の促進や問題の改善を図ろうとする治療的アプローチの総称です（坂野，2005a）。認知行動療法におけるさまざまな特徴のうち，主なものとしては，①日々の生活場面で生じる具体的で測定可能な現象（気分，振る舞い，考え方）に着目する，②問題を維持する悪循環に着目し，解決に向けた具体的な戦略を立てることで，当面の問題に効果的に対処できるよう援助する，③クライエント自身が技法を習得することで，クライエント自身の問題解決能力を向上させる，④セラピストとクライエントが協同的に問題解決に取り組む，といった点があげられます。中でも，測定可能な変数を測定と介入の対象にしていることから，クライエント

表9-1 さまざまな認知行動療法

年	治療体系名（邦訳）	治療体系名（原題）	主たる提唱者
1955	パーソナル・コンストラクト療法	Personal Construct Therapy	Kelly
1961	モデリング	Modeling	Bandura et al.
1962	合理情動療法	Rational Emotive Therapy	Ellis
1963	認知療法	Cognitive Therapy	Beck
1965	カベラントコントロール	Coverant Control	Homme
1967	内潜条件づけ	Covert Conditioning	Cautela
1969	モデリング療法	Therapeutic Modeling	Bandura et al.
1970	自己監視法（セルフモニタリング）	Self-Monitoring	McFall
1971	問題解決訓練	Problem-Solving Therapy	D'Zurilla & Goldfried
1971	自己教示訓練	Self-Instructional Training	Meichenbaum & Goodman
1971	行動的家族療法	Behavioral Family Therapy	Patterson
1971	不安管理訓練	Anxiety-Management Training	Suinn & Richardson
1973	多面的行動療法（マルチモダルセラピー）	Multimodal Behavior Therapy	Lazarus
1974	系統的合理的再体制化法	Systematic Rational Restructuring	Goldfried et al.
1976	認知行動的催眠療法	Cognitive-Behavioural Hypnotherapy	Spanos & Barber
1977	社会的スキル訓練	Social Skills Training for Children	Combs & Slaby
1977	認知的行動変容	Cognitive Behavior Modification	Meichenbaum
1977	セルフコントロール行動療法	Self-Control Behavior Therapy	Rehm
1981	行動的夫婦療法	Behavioral Marital Therapy	Jacobson
1982	対人的認知的問題解決療法	Interpersonal Cognitive Problem Solving Therapy	Spivac & Shure
1983	合理情動催眠療法	Rational-Emotive Hypnotherapy	Golden
1983	構造的認知療法	Structural Cognitive Therapy	Guidano & Liotti
1984	合理的行動療法	Rational Behavior Therapy	Maultsby
1985	ストレス免疫訓練	Stress Inoculation Therapy	Meichenbaum
1986	認知的評価療法	Cognitive Appraisal Therapy	Wessler & Hankin-Wessler
1988	生活技能訓練	Social Skills Training for Psychiatric Patients	Liberman

（出所）坂野（1992）をもとに作成

コラム 9-1：認知行動療法の二つの ABC 分析

認知行動療法を用いる際には，必ず問題構造のアセスメントを行うこととなります。その場合，一般的に用いられる方法の一つとして，**ABC 分析**と呼ばれる枠組みがあるのですが，行動療法的アプローチをとるか，認知療法的アプローチをとるかでは，その内容が大きく異なってきます（熊野，2012）。

行動療法的アプローチの ABC 分析では，先行刺激（Antecedent：A），行動（Behavior：B），結果（Consequence：C）の連鎖に注目し，結果によって行動がどのように影響を受けるかといった随伴関係，とくに環境との相互作用に着目します（一例を図 9-2 に示します）。一方，認知療法的アプローチの ABC 分析では，認知を活性化する出来事・きっかけ（Activating Event：A），信念（Belief：B），結果（Consequence：C）の連鎖に注目しますが，きっかけによって引き出される信念（認知）の内容の偏りと，その際に見られる情報処理の不十分さを問題とします。たとえば，第 0 章（練習課題 0-1）で登場した A 君は，彼女から「距離をおきましょう」といわれた出来事に対して，「自分そのものが愛想を尽かされている。状況はもう変わらない」と考え（認知），「自分は何をやってもだめな人間だ」（信念）と思うことで，気分が落ち込んでいたと思われます。

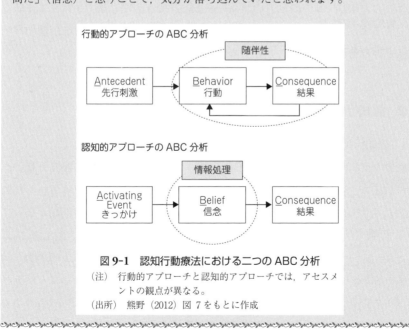

図 9-1　認知行動療法における二つの ABC 分析
（注）行動的アプローチと認知的アプローチでは，アセスメントの観点が異なる。
（出所）熊野（2012）図 7 をもとに作成

や社会に対する治療効果の説明が容易である点や，介入効果に基づいた治療方法の選択が可能である点，そして治療効果を検証することでさらに効果的な方法に改善していくことができるという点などが，認知行動療法の大きな強みであるといえるでしょう。

1-2 認知行動療法の源流と多様性

認知行動療法は，学習理論にもとづく**行動療法**（Behavior Therapy）と，情報処理理論にもとづく**認知療法**（Cognitive Therapy）を源流として成り立っています。歴史的には，これらの心理療法のそれぞれが，治療方法や適用範囲を拡大し，認知行動療法として位置づけられてきたという経緯があります（Beck, 2011；熊野，2013）。そのため，同じ認知行動療法という名前を冠していても，行動療法的な色彩の強いアプローチと，認知療法的な色彩の強いアプローチがあるなど，その意味するものは多様であり（コラム 9-1 参照），一部に混乱も見られるのが現状です。これらのアプローチの詳細な説明は紙幅を超えますので割愛しますが，本章ではいずれのアプローチをも含んだ広義の意味で認知行動療法という言葉を用いることとします。

2 認知行動療法の実際

2-1 認知行動療法におけるアセスメント

行動（療法）的アプローチの ABC 分析（コラム 9-1 参照）は，**機能分析**とも呼ばれます。機能分析では**三項随伴性**，すなわち，(a)問題となっている行動を生じさせている状況や出来事（先行刺激，Antecedent：A），(b)問題となっている行動（Behavior：B），(c)問題となっている行動によって生じる結果（Consequence：C）という三つの関連に注目します（なお，ここでいう行動には，思考や感情などのあらゆる精神現象を含みます）。こうした観点によって，クライエントの問題がどのように生じ，悪循環（例：自傷行為によって不安や切なさが減少する）がどのように維持されているのかを理解しやすくなるでしょう。三

第9章　認知行動療法

図 9-2　機能分析の例

（注）不安が減少するという負の強化（オペラント条件づけの一つ，第7章参照）によって自傷行為が維持されている。

項随伴性をクライエントとともに理解していくことで，その問題状況を効果的に解決していくための方法も検討できます（図9-2）。なお，上記の三項に加えて，長期的な結果（Delayed Outcome：D）と確立操作（Establishing Operation：E）を加えたABCDE分析（熊野，2012），「クライエントの状態や条件」（過去経験や生物学的条件など）・「反応と結果の関係」を追加した枠組み（山上，2007）が用いられることもあります。

　こうした枠組みにもとづいてクライエントの問題を正確に把握するためには，クライエントの言語報告に加えて，言語報告以外の方法や，クライエント以外の情報源による情報収集が必要となってきます。アセスメントの際に，一般的に用いられる方法としては以下の手法が挙げられます。(a)クライエントの言語報告や，クライエントの非言語的側面から情報を得る面接法，(b)知能，パーソナリティ，症状などの測定を意図したさまざまな心理検査から情報を得る心理測定法（標準化された自己報告），(c)クライエントが記入フォーマットなど

に記した自己観察の内容から情報を得るセルフモニタリング法（自己報告法），(d) 生活場面におけるターゲット行動に関する情報を，直接観察することによって情報を得る行動観察（直接観察法），(e) タバコの吸殻や残した食べ物などといった収集可能な情報である痕跡的産物，(f) 心拍や血圧，筋緊張など，測定機器を介することで情報を得る心理生理学的測定があげられます（Sturmy, 1996/2001；坂野，2005b）。このうち (a)(b) については，第13章で説明する手続きと重なります。

> ● 練習課題 9-1
> 　第 0 章（練習課題 0-1）で登場したA君の問題状況を，行動（療法）的アセスメントの観点で考えてみると，どのように整理できるでしょうか。三項随伴性の枠組みを用いて，A君の問題状況を機能分析してみましょう。

2-2　認知行動療法における介入手続き

　ここでは，認知行動療法の技法を実際にどのように用いていくのかという点について紹介します。認知行動療法を構成するさまざまな行動的・認知的技法を用いる際には，上述のアセスメントにもとづきながら，**認知**（考え方やイメージ），**行動**（回避行動や問題行動など），**情動**（不安，落ちこみなど），**身体**（不眠，食欲低下など）といった多面的な観点から，クライエントの問題状況を整理します。そして，具体的な治療目標を明確化し，症状の重篤性などを考慮したうえで，もっとも取り組みやすい問題に焦点をあてていくことになります。闇雲に技法を用いるのではなく，こうした綿密なアセスメントや目標設定という手順を経ることで，はじめてクライエントの問題解決に最適な技法を選択できるようになるという点が，認知行動療法を進めるうえで非常に重要です。

　行動変容と認知変容を促進する技法には，さまざまなものがあります（表9-2）。

　たとえば，代表的な行動的技法である**エクスポージャー**（exposure）は，クライエントが不安や恐怖を引き起こす状況や脅威刺激に少しずつ直面することで慣れていき，不適応な反応を消去する治療法です。さまざまな不安症の治療

表 9-2 認知行動療法における行動的技法と認知的技法の一部

行動的技法	認知的技法
環境調整	患者に特有の「意味」の理解
活動記録表の作成	思考を裏付ける証拠の検討
習得・満足度記録表の作成	説明スタイル（原因帰属）の修正
段階的な課題の割り当て	選択肢の検討
行動リハーサル	破局的な見方の緩和
積極的強化	価値観の検討
行動契約	ラベリングの修正
系統的脱感作	言語化
リラクセーション	イメージの置き換え
社会的スキル訓練	誘導的な連想の活用
エクスポージャー	認知的リハーサル
曝露反応妨害法	自己教示法
逆制止	思考中断法
バイオフィードバック	気晴らしの活用
読書療法，など	認知的不協和の利用，など

（出所）主に坂野（2005a）をもとに加筆して作成

に有効であることが実証されています（第3章参照）。また，代表的な認知的技法として，**認知再構成法**（認知的再体制化：cognitive restructuring）があります。これはネガティブな気分や感情に関連する認知（考え方やイメージなど）について，「別の考え方ができないか」とふりかえる練習をすることで，思考の柔軟性と多様性を回復させる技法です。うつ病をはじめとしたさまざまな精神疾患の治療手続きとして広く用いられています（表9-2に記述されている認知的技法のうち，思考を裏づける証拠の検討，原因帰属の修正，選択肢の検討，破局的な見方の緩和などが当てはまります）。

3 認知行動療法の適用

3-1 医療領域における認知行動療法

2016（平成28）年度の診療報酬の改訂によって，適用範囲や実施者が以前よりも拡大した枠組みでの認知行動療法の医療保険収載がなされました。このことからわかるように，わが国の医療機関においても心理社会的介入への期待が

コラム9-2：新世代の認知行動療法

近年,「認知行動療法の第三世代（第三の波）」と呼ばれる新たな流れが生じています（熊野, 2012）。1950年代ごろから発展した学習理論に基づく行動療法を第一世代, 1970年代に登場した情報処理理論に基づく認知療法などを中心とした介入方法を第二世代ととらえるのに対して, この新たな流れは1990年前後に誕生しました。

第三世代の認知行動療法として代表的なものには,**マインドフルネス認知療法**（Mindfulness-based Cognitive Therapy）,**弁証法的行動療法**（Dialectical Behavior Therapy）,**アクセプタンス＆コミットメントセラピー**（Acceptance and Commitment Therapy）などがあります。マインドフルネスは, ネガティブな考え方や信念が浮かんでも,「そのままにしておく」（それを観察する）練習をすることで,（結果的に）ネガティブな影響を低減しようとするものです。こうした新世代とされる認知行動療法では, 認知の「機能」の重視や, マインドフルネスやアクセプタンスによる介入といった共通の特徴があります（第7章参照）。

第二世代も身体感覚に対する認知を取り込むなど, さまざまに展開しています。クラーク（David Clark）の認知モデルにおいては,「身体感覚を破局的に解釈すること」（例：ちょっとした胸の動悸を「心臓発作かもしれない」と解釈する, など）がパニック症をもたらす主要な問題だと考えます。

さまざまな流れから発展してきた認知行動療法の今後の展開に注目したいところです。

高まっています。

精神科疾患患者に対しては, 認知行動療法はうつ病, パニック症, 強迫症をはじめ, さまざまな精神疾患に対してその有効性が報告されており（たとえば, Beck, 2011）, グループを対象に治療を行う集団認知行動療法の効果も報告されています（たとえば, Bieling et al., 2006）。

また, 身体疾患患者に対しても, 認知行動療法を活用した心理的アプローチの有用性が期待されています。とくに心血管疾患や, 糖尿病, がんといった慢性身体疾患患者においては, 不安や抑うつ, 怒りといった精神症状が生じやすいことが知られ, これらの精神症状は病気の予後とも関連することから（Martens et al., 2010；Meijer et al., 2013）, 患者が示すこうした心理的な問題へ

の介入はきわめて重要だといえます。

　2010年10月10日の世界精神保健デーにおいて，世界精神保健連盟が「慢性疾患をケアする観点に精神保健を加えるべきである」といった提言をしているように（World Federation for Mental Health, 2010），医療現場における心理的アプローチは今後，ますます重要になっていくと考えられます。

3-2　産業領域における認知行動療法

　産業領域のメンタルヘルスに対する心理的アプローチとして，**従業員支援プログラム**（Employee Assistance Program：EAP）が世界的に広く普及しており，わが国の企業においても導入が進んでいます。EAPでは，仕事の成果や生産性といった行動的問題をターゲットとし，精神疾患のみならず，生産性に影響するすべての問題（ストレスやワークライフバランスなど）が対象となります。さらに，介入効果の測定基準は生産性の向上，すなわち行動面の改善であることが特徴となっています。そのため，行動面に重点をおき，効果的・効率的に問題解決を図ることが可能な認知行動療法は，EAPにおいても優先順位の高い心理的アプローチとして応用されています（奈良，2013）。たとえば，企業の従業員に対するうつ病予防として，認知行動療法の考え方をインターネットを用いて自主学習してもらうと，1年後のうつ病の発症を5分の1に減少できることが報告されています（Imamura et al., 2015）。

3-3　教育領域における認知行動療法

　学校場面においても認知行動療法の適用が進められています。児童生徒の精神症状や問題行動への介入のみならず，抑うつや不安，ストレスへの対処方法を学ぶ予防的なアプローチまで，その適用範囲は多岐にわたっています。たとえば，石川ら（2010）は，認知行動療法の行動的技法である**社会的スキル訓練**（Social Skills Training：SST）を，小学校3年生に対して実践しました。この研究では，集団SSTとして「上手な聴き方」「あたたかい言葉かけ」「上手な頼み方」「上手な断り方」をお互いに練習すると，進級後（翌年）も子どもたちの社

会性の増大は維持され，抑うつ症状が有意に低減していました。また，児童生徒のみならず，親子関係や親自身のストレスマネジメント，教師と生徒の関係など，教育領域においても認知行動療法の有用性は高いといえそうです。

> ●練習課題 9-2　認知行動療法の限界
> 　本書の各章で紹介されているように，どの心理療法もそれぞれ，問題に対する理解の枠組みや介入の観点を有しています。本章では，認知行動療法の特徴と効用について述べてきました。一方，認知行動療法の特徴から，どのような限界が考えられるでしょうか。

コラム 9-3：認知行動療法の多様な実践方法

　伝統的な心理療法では，セラピストとクライエントの対面での面接や，そこにクライエントの家族が加わった形式での面接が行われてきました。しかしながら，セラピストの数の不足や，心理療法を受けることの心理的・物理的負担をはじめ，従来の対面式の認知行動療法を十分提供するには，解決すべき問題があることが知られています（Mohr et al., 2010）。そのため，近年ではこうした問題を解決する方法の一つとして，電話や携帯情報端末，PC やスマートフォンなど，なんらかの機器を介した認知行動療法の実施が報告されるようになっています。

　たとえば，精神疾患患者を対象とした認知行動療法における適用例として，インターネットによる認知行動療法の実践が報告されています。ウェブ上で心理教育や各種技法を実施することによって，抑うつ症状と不安症状の低減が報告されており（Titov et al., 2015），電話によるサポートを組み合わせることで，こうした介入に対するアドヒアランスがさらに向上することも示されています（Mohr et al., 2013）。他にも，社交不安症と診断された児童を対象とした，**社会的スキル訓練**のためのソフトウェアなども開発されています（Wong et al., 2014）。このソフトウェアでは，3D グラフィックで表現された PC 画面上の仮想の学校空間において，「いじめっ子」や「人気のあるクラスメート」や「教師」との会話を練習することで，社会的スキルの改善につなげることを意図しています。

　ここで紹介した実践例はほんの一例にすぎません。このようなさまざまなテクノロジーを用いた介入方法は，実践家の発想次第でさらなる発展の可能性を秘めているといえそうです。

4 心理療法の作用機序

　心理療法の効果の有無については，古くから研究者間で議論がなされ，その有効性を示す数多くの研究知見が蓄積されてきました。一方，なぜ心理療法が効果をもたらすのかという点については，いまだ未解明の部分が多いのが現状です。認知行動療法の作用機序については，質問紙法や面接法によって測定される主観指標，観察法や認知課題などによって測定される行動指標だけでなく，脳波や心拍といった生理指標を用いた生物学的側面からの解明も重視されています。近年では，認知行動療法と薬物療法の相乗効果を脳科学的観点から考察することや（DeRubeis et al., 2008），マインドフルネス瞑想による脳内の神経基盤への影響を検討することなど（山本，2016），心理的アプローチによる適応的な効果の脳内作用機序を理解する試みがなされています。

　それにしても，なぜ心の調子は悪くなり，そしてよくなるのか，目に見えない心のプロセスを知るためのアプローチには，いまだ未知の領域が数多く残されています。

●練習課題の解説
【練習課題 9-1】
　第0章で登場したA君は，恋人とけんかをしてから落ち込みが続いているようでした。アセスメントには無数の観点があるため，唯一の正解はありませんが，ここではこの落ち込みが続いてしまう悪循環に着目しましょう。たとえば，恋人とケンカしたことが頭に浮かび（Antecedent），そのことを一人で悶々と考え続け（Behavior：心理学的には**反すう** rumination と呼びます），ますます落ちこむ（Consequence）というプロセスが想定されたとします。客観的に見ると，落ち込みを長引かせてしまうような行動（反すう）を，なぜA君は行ってしまうのでしょうか。

　機能分析の観点で見ると，A君が一人で考え続けることには，落ち込みを持続させる反面，短期的には他の嫌悪的な事柄（例：恋人と向き合って会話をする，恋人との関係の修復を諦める，など）を回避できるというメリットがあるととらえられます。そして，こうした負の強化にもとづく随伴性によって，さらなる落

ち込み状態をもたらすこの悪循環が維持されている可能性があるのです（図9-2参照）。

　もしこの状態が長引いた場合，長期的にはさらに不適応的な結果（抑うつ症状の悪化など）をもたらすことが想定されます。そのため，この悪循環にどのように対処していくかをA君とともに考えていくことが，一つの介入方針になるといえそうです。

【練習課題9-2】
　認知行動療法の限界として，熊野（2012）は，心理行動面が非連続的に変化する局面（人生の節目で選択を迫られるような状況など）への適用が困難である点をあげています。このような問題に対しては，認知行動療法の特定の状況下における因果論的なアセスメントよりも，自らが生きていく環境をどのように選択するかという文脈論的なアセスメントとそれに基づく介入（社会から受ける強化を最大化する人生の方向性である「価値」を言語化し，活用する方法など）が必要になるかもしれません。また，他の限界として，認知行動療法における数多くの技法の全体をカバーできる基礎理論がないという点があげられています。上述したように，行動療法的アプローチと認知療法的アプローチが混在する認知行動療法においては，問題構造の統一的な理解が困難になるといった問題が生じることがあります。

もっと詳しく知りたい人のための文献紹介

坂野雄二（監修）（2005）．実践家のための認知行動療法テクニックガイド　北大路書房
　　⇨認知行動療法の実際が具体的に解説された実践書です。
山上敏子・下山晴彦（2010）．山上敏子の行動療法講義 with 東大・下山研究室　金剛出版
　　⇨わが国の行動療法の大家によって，臨床実践のための心得や技術，事例などが講義形式で紹介されており，大変わかりやすくまとめられた名著です。

引用文献

Beck, J. S. (2011). *Cognitive behavior therapy: Basics and beyond* (2nd Ed.). New York: The Guilford Press.
Bieling, P. J., McCabe, R. E., & Antony, M. M. (2006). *Cognitive-behavioral therapy in groups.* New York: The Guiford Press.

DeRubeis, R. J., Siegle, G. J., & Hollon, S. D. (2008). Cognitive therapy versus medication for depression: Treatment outcomes and neural mechanisms. *Nature Reviews Neuroscience, 9*, 788-796. doi:10.1038/nrn2345

Imamura, K., Kawakami, N., Furukawa, T. A., Matsuyama, Y., Shimazu, A., Umanodan, R., Kawakami, S., & Kasai, K. (2015). Does Internet-based cognitive behavioral therapy (iCBT) prevent major depressive episode for workers? A 12-month follow-up of a randomized controlled trial. *Psychological Medicine, 45*, 1907-1917.

石川信一・岩永三智子・山下文大・佐藤　寛・佐藤正二（2010）．社会的スキル訓練による児童の抑うつ症状への長期的効果　教育心理学研究, *58*, 372-384.

熊野宏昭（2012）．新世代の認知行動療法　日本評論社

熊野宏昭（2013）．認知行動療法を使いこなすために　臨床心理学, *13*, 165-170.

Martens, E. J., de Jong, P. J., Na, B., Cohen, B. E., Lett, H., & Whooley, M. A. (2010). Scared to death? Generalized anxiety disorder and cardiovascular events in patients with stable coronary heart disease: The Heart and Soul Study. *Archives of General Psychiatry, 67*, 750-758. doi:10.1001/archgenpsychiatry.2010.74

Meijer, A., Conradi, H. J., Bos, E. H., Anselmino, M., Carney, R. M., Denollet, J., ...de Jonge, P. (2013). Adjusted prognostic association of depression following myocardial infarction with mortality and cardiovascular events: Individual patient data meta-analysis. *British Journal of Psychiatry, 203*, 90-102. doi:10.1192/bjp.bp.112.111195

Mohr, D. C., Duffecy, J., Ho, J., Kwasny, M., Cai, X., Burns, M. N., & Begale, M. (2013). A randomized controlled trial evaluating a manualized Tele-Coaching protocol for improving adherence to a web-based intervention for the treatment of depression. *PLOS ONE, 8*, e70086. doi: 10.1371/journal.pone.0070086

Mohr, D. C., Ho, J., Duffecy, J., Baron, K. G., Lehman, K. A., Jin, L., & Reifler, D. (2010). Perceived barriers to psychological treatments and their relationship to depression. *Journal of Clinical Psychology, 66*, 394-409. doi:10.1002/jclp.20659

奈良元壽（2013）．産業場面への適用　臨床心理学, *13*, 239-243.

坂野雄二（1992）．認知行動療法の発展と今後の課題　ヒューマンサイエンスリサーチ，1，87-107．
坂野雄二（2005a）．認知行動療法　坂野雄二（編）　臨床心理学キーワード補訂版（pp. 70-71）　有斐閣
坂野雄二（監修）（2005b）．実践家のための認知行動療法テクニックガイド　北大路書房
Sturmy, P. (1996). *Functional analysis in clinical psychology.* New York: John Wiley & Sons.（スターミー，P.　高山　巌（監訳）（2001）．心理療法と行動分析——行動科学的面接の技法　金剛出版）
Titov, N., Dear, B. F., Staples, L. G., Terides, M. D., Karin, E., Sheehan, J., ... McEvoy, P. M. (2015). Disorder-specific versus transdiagnostic and clinician-guided versus self-guided treatment for major depressive disorder and comorbid anxiety disorders: A randomized controlled trial. *Journal of Anxiety Disorders, 35,* 88-102.　doi:10.1016/j.janxdis.2015.08.002
Wong, S. N., Beidel, D. C., & Spitalnick, J. S. (2014). The feasibility and acceptability of virtual environments in the treatment of childhood social anxiety disorder. *Journal of Clinical Child and Adolescent Psychology, 43,* 63-73. doi:10.1080/15374416.2013.843461
World Federation for Mental Health (2010). Mental health chronic physical illness: The need for continued and integrated care.　http://www.infocoponline.es/pdf/WMHDAY_2010.pdf（2016年8月11日閲覧）
山上敏子（2007）．方法としての行動療法　金剛出版
山本哲也（2016）．マインドフルネスとストレス脆弱性　貝谷久宣・熊野宏昭・越川房子（編）　マインドフルネス——基礎と実践（pp. 51-63）　日本評論社

第10章 人間性心理学
——自分らしく生きる

　人間性心理学（humanistic psychology）は，第三の勢力（the third force）と呼ばれ，第一勢力の精神分析（第8章参照），第二勢力の行動主義心理学／行動療法（第9章参照）に対抗するアプローチとして産声を上げました。人間性心理学では，人間の自由意志や愛，潜在力（実現傾向）などの「人間らしさ」を尊重し，自分らしく生きる存在として人をとらえています。この章では，人間性心理学を代表するパーソンセンタード・アプローチとフォーカシング指向心理療法を紹介し，自分らしく生きることや，対人関係のあり方について考えるきっかけにしたいと思います。

1 パーソンセンタード・アプローチ

1-1 パーソンセンタード・アプローチとは

　パーソンセンタード・アプローチ（person-centered approach：PCA）は，「人間らしさ」を尊重する人間中心のアプローチです。その中心的な考え方は，「個人は自分自身の中に，自分を理解し，自己概念や態度を変え，自己主導的な行動を引き起こすための巨大な資源をもっており，そしてある心理的に促進的な態度についての規定可能な風土が提供されさえすれば，これらの資源は働き始める」（Rogers, 1986/2001）というものです。パーソンセンタード・アプローチは，当初は**非指示的療法**（non-directive therapy）と呼ばれ，次に**クライエント中心療法**（client-centered therapy）という名称に変更され，そして最後にパーソンセンタード・アプローチと呼ばれるようになった経緯があります。

パーソンセンタード・アプローチを創始した**カール・ロジャーズ**（Carl Rogers）は，アメリカを代表する心理療法家で，カウンセリングのパイオニアです。また，心理療法を科学的に検証しようとしたことでも広く知られています。ロジャーズは，ある母親との面接（Rogers, 1961）がきっかけで，**非指示的療法**を提唱しました。

> 1930年代のことです。子どもの問題行動について，母親が相談に来ていましたが，面接を重ねてもいっこうにうまくいかず，ロジャーズは面接の継続を止めるよう提案します。母親もそれに同意しました。そして，帰ろうとしたときに，母親はロジャーズに向かって「先生，ここでは大人のカウンセリングはしていないのですか？」と尋ねました。「していますよ」と答えたロジャーズでしたが，内心は穏やかではなかったかもしれません。今度は，それまで有益とされていた指示的な方法は止めて，母親が語ることに対して丁寧に耳を傾けました。母親は，結婚生活についての絶望感や夫婦関係について語り始め，母親の話を聴いていくうちに，結局この面接は大成功に終わりました。

この面接がきっかけで，ロジャーズは「どの問題が重要で，どんな経験が深く隠されているか，それを知っているのはクライエント自身である」（Rogers, 1961）ということを学びました。ロジャーズは，重要なのはクライエントが感じているままに自分の世界をとらえようとすることであり，カウンセラーの役割とは，クライエント自身が内在する資源を探索し発見するのを援助することだと考えたのです。それゆえ，カウンセラーがクライエントを操作しないように，指示を控え，クライエントが語った気持ちや態度を伝え返す，**リフレクション**（reflection of feelings／attitude）と呼ばれる応答法を用いました。

しばらくして，ロジャーズは，**クライエント中心療法**と自らのアプローチを特徴づけて呼ぶようになり，ウィスコンシン・プロジェクトと呼ばれる，心理療法の効果に関する大きなリサーチを行います。晩年のロジャーズは，後述する**エンカウンター・グループ**（Rogers, 1970/1982）をはじめ，家族関係や教育領域，産業領域などにも挑戦し，心理療法に限らない援助のあり方として，パーソンセンタード・アプローチと名称を変更したのです。

1-2 治療的な人格変化の必要十分条件

ロジャーズは一つの「仮説」として,「治療的な人格変化の必要十分条件」(Rogers, 1957) を提示しています。ロジャーズによれば,心理療法の流派にかかわらず,治療的な人格変化が起こるためには,以下の6条件が備わっている必要があります。3番目の**自己一致（誠実さ）**,4番目の**無条件の肯定的な配慮（眼差し）**,5番目の**共感的理解**は**中核3条件**と呼ばれ,対人援助職に必要な態度として紹介されるものです。

> ①二人の人が心理的に接触（psychological contact）をもっていること
> ②クライエントは,不一致の状態にあり,傷つきやすいか,不安な状態にあること
> ③セラピストは,二人の関係の中で一致し（congruent）,統合されている状態にあること
> ④セラピストは,クライエントに対して無条件の肯定的な配慮（眼差し）（unconditional positive regard）を経験していること
> ⑤セラピストは,クライエントの内的照合枠を共感的に理解する（an empathic understanding）という経験をしており,この経験をクライエントに伝えるように努めていること
> ⑥クライエントは,セラピストの無条件の肯定的な配慮（眼差し）と共感的な理解を,最低限,知覚していること

自己一致は**誠実さ**（genuineness）とも呼ばれ,専門家としての仮面（役割という仮面）を被らず,その瞬間瞬間に感じていることや態度に開かれることを意味します。**無条件の肯定的配慮（眼差し）**とは,ポジティブな気持ちにだけ反応するといった,条件つきでかかわるのではなく,クライエントがどのような気持ちであっても,肯定的な眼差しを向けることです。**共感的理解**とは,クライエントが経験している気持ちや個人的意味合いをつかみとり,確認することです。

1-3 エンカウンター・グループ

エンカウンター・グループは,「経験の過程を通して,個人の成長,個人間

のコミュニケーションおよび対人関係の発展と改善の促進を強調する」集中型のグループ・アプローチです（Rogers, 1970/1982）。エンカウンター・グループでは，2泊3日や3泊4日で集中して行い，参加者は題目を決めずに自由に話し合います。**ファシリテーター**と呼ばれるスタッフは，参加者が自由に気持ちや考えを表現できるよう，心理的安全感や**促進的な風土**を提供します。その雰囲気の中で，参加者は感じていることや考えたことを話し，他の参加者に傾聴してもらうことで，自己理解を深めたり，人と人との**出会い**（encounter）を経験するのです。

> ●練習課題 10-1
> 　人間性心理学では自分らしさを大切にします。自分らしく生きるとは，どのような生き方でしょうか？　あるいは，どうすれば自分の人生を豊かにできるでしょうか？　それは何かを手に入れることでしょうか？　何かを達成することでしょうか？

2　パーソンセンタード・アプローチの展開

2-1　PCA 諸派

　パーソンセンタード・アプローチには，発展していく過程でいくつかの立場が生まれました。それぞれ理論や実践において強調点が異なり，PCA 諸派として紹介されています（Sanders, 2004/2007）。PCA 諸派に含まれるものとしては，①ロジャーズの原理に忠実に従う「古典的クライエントセンタード・セラピー」，②ロジャーズの共同研究者であったジェンドリンの体験過程理論にもとづく「フォーカシング」，③ロジャーズとジェンドリンの考えを基盤に，さらに認知心理学やゲシュタルト療法の考えも含んでいる「体験的セラピー」，④実存主義哲学にもとづく「実存的心理療法」，⑤「パーソンセンタード・アプローチを基盤とする価値観や哲学，理論からセラピー」を行う「統合的パーソンセンタード・セラピー」があげられています。また，⑥プリセラピーはPCA 諸派に含まれませんが，有益な示唆をもたらすアプローチと考えられる

ため，本章では紹介します。

2-2 プリセラピー

「プリ」（pre）という接頭語は，「前もって」や「あらかじめ」という意味で，ここでは「前提条件」を意味しています。つまり，**プリセラピー**（Prouty, 1994/2001）とは，セラピーの前提条件に着目したアプローチということです。セラピーの前提条件，すなわち，ロジャーズが「**治療的な人格変化の必要十分条件**」であげていた6条件のうちの一つ，**心理的接触**に着目しているのです。統合失調症（第4章参照）など重症のクライエントとの心理療法場面では，心理的接触が難しいことがあります。プリセラピーを考案したゲリー・プラウティ（Garry Prouty）は，接触反射を用い，接触機能や接触行動を促すことによって，心理的接触を発展・修復していこうとしました。たとえば，クライエントがコーヒーを飲んでいました。セラピストは，〈コーヒーを飲んでいますね〉と接触反射（状況反射）を用い，クライエントからは「熱い」（現実接触）と返事がありました。再び，〈熱い〉と接触反射（逐語反射）を用いると，クライエントはニコッとして「幸せ」といい，接触行動（感情接触）が見られた，という具合です。

2-3 エモーションフォーカスト・セラピー

レスリー・グリーンバーグ（Leslie Greenberg, 2011/2013）は，現代の認知科学と感情理論にもとづき，パーソンセンタード・アプローチやフォーカシング，ゲシュタルト療法，実存的心理療法を統合し，**エモーションフォーカスト・セラピー**（emotion-focused therapy：EFT，感情焦点化療法）を開発しています。グリーンバーグは，カウンセリングのプロセス研究を通じて，感情こそ治療的変化の中核であり，感情がスキーマの活性化や生きるうえで生じてくる問題の解決プロセスを促進すると確信するようになり，感情の役割に着目したセラピーを考えたのです。EFTでは，「二つの椅子の対話」（two-chair dialogue）などの技法を使います。これは**エンプティ・チェア**という誰も座っていない椅子に，

コラム 10-1：プレゼンス

　ロジャーズは，晩年に「治療的な人格変化の必要十分条件」のほかに「もう一つの特徴」（Rogers, 1980）として，そこに存在している（presence）というだけで，クライエントにとって援助的になっているという興味深い現象をあげています。ブライアン・ソーン（Brian Thorne）は，この現象をプレゼンスと呼んで，中核3条件に匹敵する**第四の条件**としています（Thorne, 1992）。

　パーソンセンタード・アプローチはたんなる技術や方法ではなく，一つの存在様式（a way of being）であり，一つの哲学であると，ロジャーズはいいます。そして，セラピストがセラピー場面でこの存在様式を生きるとき，クライエントは自己発見のプロセスへと導かれ，最終的にはパーソナリティや行動の建設的な変化をもたらすと指摘しています。

想像で自己や他者を座らせ，対話してもらうものです（第7章参照）。こうして感情の気づき・受容・表出・活用・調整・変容を促進させ，修正感情体験がもたらされるように種々の介入技法を用いてアプローチします。

3　フォーカシング指向心理療法

3-1　ユージン・ジェンドリンとカール・ロジャーズの出会い

　ユージン・ジェンドリン（Eugene Gendlin）は，ロジャーズの共同研究者であり，哲学者でもあります。もともと，哲学に関心のあったジェンドリンですが，自身の研究テーマからロジャーズのもとへ訪れます。ロジャーズの面接を受け，すぐに実習生として許可され（Gendlin, 2002, p. xvi），クライエント中心療法を学ぶようになります。1952年には，シカゴ大学のカウンセリングセンターで，ロジャーズと一緒に仕事を始め（Gendlin, 2002, p. xi），上述のウィスコンシン・プロジェクトにもかかわりました。ジェンドリンは，心理療法家として活動する一方で，理論的・哲学的な研究も深めていき，ロジャーズの理論にも影響を与えるようになります。二人の影響関係は大きく，ロジャーズは晩年に，ジェンドリンの体験過程理論に同意する（concur）と述べています（Rogers, 1980, pp. 141-142)。

3-2 体験過程とフェルトセンス

ジェンドリンの**体験過程理論**では，**体験過程**（experiencing）と**フェルトセンス**（felt sense）と呼ばれる概念が重要です。体験過程とは，概念や言葉で完全に表現できるものではなく，言葉から溢れ出る，「生命活動のあらゆる瞬間の特定の出来事の下に脈々と流れているもの」（Gendlin, 1962/1993, p. 37）です。

体験過程に注意を向けると，まだ言葉にはならない感覚（フェルトセンス）が生じてきます。それははっきりとした感情ではなく，「なんとなく」身体で感じられている感覚で，そこには意味が含まれています。たとえば，「今日の気分は？」と聞かれても，「なんとなくいい感じ」としか答えられない感じがあったとしましょう。その感じは喜んでいるわけでもないし，楽しい感じでもないし，だからといって，悲しかったり，寂しいわけでもない。「なんとなくいい感じ」としか言えない感覚です。

フェルトセンスには，人によってさまざまな意味（「今日は授業が休講だから」「褒められたから」「明日から旅行に行くから」）が含まれています。ここで，「何がいい感じなのかな？」と自分に尋ね，その感じを表現してみましょう。このようにフェルトセンスに注意を向け，それを表現するというプロセスを**フォーカシング**（focusing）と呼びます。フェルトセンスは，表現するたびに性質が変化します（**フェルトシフト** felt shift）。フェルトシフトが起きたときには，からだの緊張がほぐれたり，解放感を感じたり，急に笑いが出てくることがあります。

3-3 体験過程尺度：EXP スケール

EXP スケール（The Experiencing Scales）は，クライエントの発言から，体験過程（フェルトセンス）にどの程度ふれながら語っているか，その気持ちの表現を第三者が評定する方法です（Klein et al., 1970）。心理療法が成功するクライエントは，そうでないクライエントに比べて，心理療法の初期の段階からEXP の評定値が高く，その傾向は維持されるという報告があります（Kiesler,

表 10-1　5 段階 EXP スケール（概要）

	5 段階	評定基準
出来事中心の段階	Very Low	話し手は出来事を語る（自分に関係のない出来事，あるいは自己関与がある出来事）が，気持ちの表現はみられない
	Low	出来事を語る中に気持ちの表現があるが，気持ちは出来事への反応として語られている。
気持ち中心の段階	Middle	出来事への反応としてではなく，自分のあり方を表明するように気持ちが語られている。豊かな気持ちの表現がみられるが，そこから気持ちを吟味したり，状況との関連付けなどを試みたりしない。
創造過程の段階	High	気持ちを語りながら，その気持ちを自己吟味したり，仮説を立てて気持ちを理解しようとしている。話し方には沈黙がみられることが多い。
	Very High	ひらめきを得たように，気持ちの側面が理解される。声が大きくなる，何かを確信しているような話し方に変化することがある。

（出所）　三宅ら（2007）を参考に作成

1971；Klein et al., 1986）。日本では，池見ら（1986）が日本語版 EXP スケール（7 段階スケール）を，三宅ら（2007）が 5 段階 EXP スケールを開発しています（表 10-1）。

3-4　フォーカシング指向心理療法

　フォーカシングのプロセスを心理療法に応用したのが，**フォーカシング指向心理療法**（focusing-oriented psychotherapy）です。フォーカシング指向心理療法では，「第一に関係性，第二に傾聴，第三にフォーカシング（の教示）」といわれるほど（Gendlin, 1996, p.297），関係性が重視されます。リフレクションを重視した傾聴を用い，クライエントとセラピストの双方の体験過程に着目しながら，心理療法を進めていきます。

　クライエントが，自分が感じていることを基準に生きる，つまりフォーカシングを日常的に行いながら生きることは，ロジャーズが指摘した「十分に機能する人間（十分に機能している人）」の特徴だと考えることができます（章末の「練習課題の解説」参照）。

コラム 10-2：フォーカシング・ショートフォーム

　ジェンドリンは，フォーカシングのプロセスが，心理療法で成功するクライエントに見られることを発見しました。そして，フォーカシングを教える方法として，6ステップからなる**フォーカシング・ショートフォーム**（Focusing short form）を考案しました（Gendlin, 1981）。

　① クリアリング・ア・スペース（Clearing a Space）：気がかりなことや，からだの感じに気づき，イメージを使って机の上に並べるなどして，それらを見渡します。

　② フェルトセンス（Felt Sense）：取り上げたいものを選び，フェルトセンスとして感じてみます。

　③ ハンドル表現（Finding a Handle）：感じているフェルトセンスに合いそうな表現（名前）を探してみる。言葉に限らず，イメージや動作なども。

　④ ハンドル表現を響かせる（Resonating Handle）：ハンドル表現がしっくりくるかどうか，フェルトセンスに確かめてみる。

　⑤ 問いかける（Asking）：「これ（ハンドル表現）は，何を自分に伝えているのだろう？」といった問いかけを用い，意味が創造されるのを待つ。

　⑥ 受け取る（Receiving）：創造された意味を大切に受け取る。

コラム 10-3：人間性・体験療法の効果研究

　本章で紹介してきたアプローチは，どのような症状を抱えたクライエントに効果があるのでしょうか？　最近のメタ分析（複数の研究結果を統合して，効果量を統計的に計算する方法）研究によれば（Elliott et al., 2013），パーソンセンタード・アプローチやエモーションフォーカスト・セラピーを含む人間性・体験療法（humanistic-experiential psychotherapy：HEP）は，うつや対人関係の問題，トラウマの治療において中程度の効力が見出されています。まず，これらのクライエント全体のセラピー前後の平均効果量は $d = .93$ でした。次に統制群との比較では，平均効果量 $d = .76$ でした。また，認知行動療法との比較では，HEPがわずかながら劣る結果がみられました（両者の d の差は .13）。ただし，研究者の立場による身びいき効果（researcher allegiance）を統制すれば，違いはないと考えられるそうです。

第Ⅱ部　臨床心理学の理論と方法

4　フォーカシングの展開

　フォーカシングはさまざまなアプローチと組み合わさって発展しています。たとえば，身体の使い方のクセに気づき，緊張を生じさせるようなクセを抑制することを学ぶアレクサンダー・テクニックと組み合わせた「ホールボディ・フォーカシング」（マケベニュ，2004），フォーカシングにおけるパートナー関係の研究から生まれた「インタラクティブ・フォーカシング」（Klein, 2001/2005），**短期療法**（トピック7参照）と組み合わせた「解決指向フォーカシング療法」（Jaison, 2004/2009），芸術療法を使った「フォーカシング指向アートセラピー」（Rappaport, 2009/2009），**マインドフルネス**（第7章・第9章参照）とフォーカシングの実践を統合した「マインドフル・フォーカシング」（Rome, 2014/2016），仏教瞑想の一つである「慈悲の瞑想」を組み合わせた「青空フォーカシング」（池見，2016）などがあります。

　このような多様な展開も，人間性心理学の特徴かもしれません。自分らしさ，十分に機能する人間を目指すには，多様な道がありうるからです。

●練習課題の解説
【練習課題10-1】
　以下に，人間性心理学の考え方を示します。ロジャーズは，あらゆる生命体には基本的な動向として，**（自己）実現傾向**（actualizing tendency）があると考えました。彼は自己実現傾向を，ジャガイモの芽を見て発想したと回想しています（Rogers, 1980）。少年時代にロジャーズは，地下室の貯蔵庫で，小さな窓から差す光に向かって青白い芽を伸ばしているジャガイモを発見しました。このジャガイモは，厳しい環境（条件）にもかかわらず，必死に成長しようとしていました。ロジャーズは，このジャガイモの芽と病院にいる患者の姿が重なり，患者は彼らなりに可能な方法で成長と適応に向かって必死に動いているのだと考え，実現傾向を着想したのです。

　ロジャーズはこの実現傾向を踏まえつつ，心理療法の経験から，**よき生き方**（good life）についても述べています（Rogers, 1961）。よき生き方とは，徳があることや満足，無の境地，幸せといった状態ではなく，また適応している，充実

している，何かを実現しているといったものでもありません。彼によれば，よき生き方とは，プロセスであって，ある状態ではないのです。また，方向であって，目的地ではありません。

　ロジャーズによると，よき生き方をしている人は，**十分に機能している人**（fully functioning person）と言い換えることができます。十分に機能している人は，第一に，体験に開かれています。気持ち（体験していること）と考え（**自己概念** concept of self）が不一致の状態は，心理的な混乱を生じさせます。たとえば，「自分は几帳面だ」といった自己概念が形成されると，几帳面と思われる側面にだけ注目するようになり，仮に，やりたくない気持ちがあって大雑把にしていたことがあったとしても，「あれは偶然」「自分じゃなかったから」というように，体験を歪めて理解してしまうでしょう。自己概念の「几帳面」と「やりたくない気持ち」（体験）のズレが大きくなるほど，心理的な混乱は生じやすくなります。それゆえ，自分が感じているさまざまなことを認めることが重要なのです。

　十分に機能している人は，第二に，より実存的に生きようとします。あらかじめ決められた枠組みや概念の中で生きるのではなく，瞬間瞬間を感じて生きる傾向がますます強くなってくるのです。そして第三に，自分のからだ（organism）をより信頼するようになります。何かを選択するとき，外的な原理や指標（外的基準）に頼るのではなく，自分が体験している感じや反応（内的基準）を用いるのです。あなたは，どれくらい十分に機能しているでしょうか。

もっと詳しく知りたい人のための文献紹介

日本人間性心理学会（編）（2012）．人間性心理学ハンドブック　創元社
　　⇨人間性心理学の歴史・理論・技法について一冊に整理したハンドブック。用語解説もあるので，手元において事典としても活用できます。

クーパー，M.　清水幹夫・末武康弘（監訳）（2012）．エビデンスにもとづくカウンセリング効果の研究　岩崎学術出版社
　　⇨カウンセリングは，どの程度効果があるのだろうか？　費用対効果は？　人間性心理学を含む心理療法やカウンセリングに関する実証研究を，幅広く紹介しています。原題は *Essential research findings in counselling and psychotherapy.*

引用文献

Elliott, R., Greenberg, L. S., Watson, J., Timulak, L., & Freire, E. (2013).

Research on humanistic-experiential psychotherapies. In M. J. Lambert (Ed.), *Bergin and Garfield's handbook of psychotherapy and behavior change* (6th ed.) (pp. 495-538). New York: John Wiley & Sons.

Gendlin, E. T. (1962). *Experiencing and the creation of meaning: A philosophical and psychological approach to the subjective.* New York: Free Press of Glencoe. (ジェンドリン, E. T. 筒井健雄 (訳) (1993). 体験過程と意味の創造 ぶっく東京)

Gendlin, E. T. (1981). *Focusing* (2nd ed.). New York: Bantam Books.

Gendlin, E. T. (1996). *Focusing-oriented psychotherapy: A manual of the experiential method.* New York: Guilford Press.

Gendlin, E. T. (2002). Forward. In D. Russell (Ed.), *Carl Rogers: The quiet revolutionary: An oral history* (pp. xi-xxxi). Penmarin Books.

Greenberg, L. S. (2011). *Emotion-focused therapy.* American psychological association. (グリーンバーグ, L. S. 岩壁 茂・伊藤正哉・細越寛樹 (監訳) (2013). エモーション・フォーカスト・セラピー入門 金剛出版)

池見 陽 (編著) (2016). 傾聴・心理臨床学アップデートとフォーカシング――感じる・話す・聴くの基本 ナカニシヤ出版

池見 陽・田村隆一・吉良安之・弓場七重・村山正治 (1986). 体験過程とその評定――EXPスケール評定マニュアル作成の試み 人間性心理学研究, *4*, 50-64.

Jaison, B. (2004). *Integrating experiential and brief therapy: How to do deep therapy-briefly and how to do brief therapy-deeply* (2nd ed.). (ジェイソン, B. 日笠摩子 (監訳) (2009). 解決指向フォーカシング療法 金剛出版)

Kiesler, D. J. (1971). Patient experiencing and successful outcome in individual psychotherapy of schizophrenics and psychoneurotics. *Journal of Consulting and Clinical Psychology, 37,* 370-385.

Klein, J. (2001). *Interative focusing therapy: Healing relationships.* (クライン, J. 諸富祥彦 (監訳) (2005) インタラクティヴ・フォーカシング・セラピー 誠信書房)

Klein, M. H., Mathieu, P. L., Kiesler, D. J., & Gendlin, E. T. (1970). *The experiencing scale: A research and training manual* (vol. 1). Madison, WI: Wisconsin Psychiatric Institute, Bureau of Audio Visual Instruction.

Klein, M. H., Mathieu-Coughlan, P. L. & Kiesler, D. J. (1986). The experiencing scales. In L. Greenberg & W. Pinsof (Eds.), *The psychotherapeutic process: A research handbook* (pp. 21-71). New York: Guilford Press.

マケベニュ, K.(著) 土井晶子(訳著)(2004) ホールボディ・フォーカシング コスモス・ライブラリー

三宅麻希・池見 陽・田村隆一(2007). 5段階体験過程スケール評定マニュアル作成の試み 人間性心理学研究, *25*, 193-205.

Prouty, G. (1994). *Theoretical evolutions in person-centered/experiential Therapy: Applications to Schizophrenic and Retarded Psychoses.* Wetport, CT: Praeger Publishers. (岡村達也・日笠摩子(訳)(2001). プリセラピー 日本評論社)

Rappaport, L. (2009). *Focusing-oriented art therapy: Accessing the body's wisdom and creative intelligence.* Jessica Kingsley Publishers. (ラパポート, L. 池見 陽・三宅麻希(監訳)(2009). フォーカシング指向アートセラピー 誠信書房)

Rogers, C. R. (1957). The necessary and sufficient conditions of therapeutic personality change. In H. Kirshenbaum, & V. L. Henderson (Eds.) (1989). *The Carl Rogers reader* (pp. 219-235). New York: Houghton Mifflin.

Rogers, C. R. (1961). *On becoming a person: A therapist's view of psychotherapy.* London: Constable pp. 183-196.

Rogers, C. R. (1970). *Carl Rogers on encounter groups.* New York: Harper & Row. (ロジャーズ, C. R. 畠瀬 稔・畠瀬直子(訳)(1982). エンカウンター・グループ 創元社)

Rogers, C. R. (1980). *A Way of Being.* Boston, MA: Houghton Mifflin.

Rogers, C. R. (1986). A client-centered / Person-centered approach to therapy. In H. Kirschenbaum & V. L. Henderson. (Eds) (1989). *The Carl Rogers readers.* New York: Houghton, Mifflin. (中田行重(訳)(2001). クライエント・センタード／パーソン・センタード・アプローチ カーシェンバウム, H., ヘンダーソン, V. L. 伊藤 博・村山正治(監訳) ロジャーズ選集(上)(pp. 162-185) 誠信書房)

Rome, D. I. (2014). *Your body knows the answer.* Shambhala Publications. (ローム, D. I. 日笠摩子・高瀬健一(訳)(2016). マインドフル・フォーカシング 創元社)

Sanders, P. (Ed.) (2004). *The tribes of the Person-centered nation: An intro-*

duction to the schools of therapy related to the person-centered approach. PCCS Books.（サンダース，P.（編著） 近田輝行・三國牧子（監訳）(2007)．パーソンセンタード・アプローチの最前線　コスモス・ライブラリー）

Thorne, B. (1992). *Carl Rogers.* Sage Publications.（ソーン，B. 諸富祥彦（監訳）(2003)．カール・ロジャーズ（pp. 39-70）　コスモス・ライブラリー）

──■ トピックス〈臨床心理学の現場〉⑤ ■──

コミュニティ支援──傾聴ボランティア

コミュニティ支援

　多文化的な視点に根ざし，誰もが幸せに生活できる公正な社会（social justice）に向けた包括的な援助活動を**コミュニティ・カウンセリング**といいます（Lewis et al., 2011）。コミュニティ・カウンセリングでは，一般的な個人カウンセリングに加えて，クライエントの意見を社会に代弁したり（**アドボカシー** advocacy），政策提言にかかわったり（social／political action）することもあります。**コミュニティ心理学**においては，コミュニティに入り，その土地に住む人々と信頼関係を築き，彼らを理解するさいの基本的コミュニケーション技能の一つとして，傾聴が重要とされています（Duncan et al., 2007）。コミュニティメンバーの傾聴力が向上することで，コミュニティのさまざまな課題の解決に役立つこともわかってきました。たとえば，イギリスのコウイとハットソン（Cowie & Hutson, 2005）は，高校にピアサポート・システムを導入し，傾聴を練習したピアサポーターたちが，仲間の苦悩に耳を傾けることで，いじめに立ち向かい対処する力として奏功したことを報告しています。

傾聴ボランティアとは

　日本においては，村田久行（京都ノートルダム女子大学教授）が，高齢者の話を聴く**傾聴ボランティア**を開始し，各地で展開しています。傾聴ボランティアとは，相手の話に耳を傾けて，集中して聴き，相手を受け容れ，その話が促進されるように，また気持ちの整理がつくように援助する活動です。

　筆者がかかわった社会福祉協議会では，傾聴ボランティア養成講座を開講しました。修了者を三つのグループに分けて，デイサービス等で活動を展開しています。傾聴ボランティアの方々にインタビューすると，傾聴によって社会に貢献できるという実感があるだけでなく，傾聴ボランティア自身が自分をふりかえる機会にもなっていることがうかがえます。

傾聴ボランティア養成講座の課題

　初心者の傾聴ボランティアには，「喋りすぎてしまった」「自分の考えを押しつけようとした」「沈黙になったときに慌ててしまった」「利用者の方に生きていてもしょうがないといわれ，どう答えてよいのかわからなかった」などの戸惑い，迷いや葛藤が見られます。「**傾聴**」とは，ただ相手の話に耳を傾け，判断なしに相

手を受け容れることです。また，沈黙の意味を感じ取り，それを深める姿勢が必要となってきます。傾聴ボランティアの体験は，**カウンセリング技法の一つとして**の傾聴を，深みをもった態度に変化させるきっかけにもなるようです。

傾聴ボランティアの展開

　傾聴ボランティアの活動は，**高齢化社会**における独居高齢者や施設高齢者の話し相手，高齢者のうつ病や自殺の予防，あるいは若い母親の育児不安や悩みに耳を傾けることで子育て支援，ひいては児童虐待の防止として力を発揮するでしょう。また，災害被災地で避難している人々の心に耳を傾ける活動としても期待できます。市町村自治体の福祉課・社会福祉協議会をはじめ，NPOなど民間においても，傾聴ボランティアは注目されています。

引用・参考文献

Cowie, H., & Hutson, N. (2005). Peer support: A strategy to help bystanders challenge school bullying. *Pastoral Care in Education*, *23*, 40-44.

Duncan, N., Bowman, B., Naidoo, A., Pillay, J., & Roos, V. (2007). *Community psychology: Analysis, context and action*. Cape Town, South Africa: UCT Press.

蒲池和明・兒玉憲一 (2010). 中高年ボランティアの参加動機，継続動機，成果認識の関連　コミュニティ心理学研究, *14*, 52-67.

Lewis, J. A., Lewis, M. D., Daniels, J. A., & D'Andrea, M. J. (2011). *Community counseling: A multicultural-social justice perspective* (4th ed.). Belmont, CA: Brooks/Cole.

鷲田清一 (1999).「聴く」ことの力——臨床哲学試論　TBSブリタニカ

第11章 ナラティヴ・アプローチ
──心とセラピーを問い直す

> 　体温が高い，喉が痛いなど，体の不調が生じたとき，最近の忙しさや生活の変化などの過去の経緯を振り返ったり，風邪や疲労などの原因を疑ったりするでしょう。そして，忙しい毎日の無理がたたった，風邪をひいたなど，経緯や原因から今の不調が理解できると，少しほっとします。同様に，気分がふさぐ，人前に出たくないなど，心の不調が生じたときにも，やはり過去の経緯や原因に目を向けて，不調について理解できると，気持ちがいくらか休まります。どうも私たちには，ふだんの生活に意図しない変化が生じたりすると，経緯や原因を探し求め，その結果，変化について理解が進むと安堵するようです。この章では，このような私たちの物語的な見方に着目した臨床心理学のアプローチについて考えていきます。

1 物語的認識

1-1 物語的な見方，考え方

　上記のような傾向は，もっとミクロなレベルで，古くから確かめられてきました。たとえば，画面上に現れた二つの幾何学図形のうち，一方がもう一方に近づいた後，その近づかれた方が近づいた方とは反対方向に遠ざかっていく動きを見せる実験では，多くの人が，「一方がもう一方を追い出した」，「一方がもう一方から逃げ出した」といった因果的な報告をします（Michotte, 1963）。つまり，私たちは自分自身のことに限らず，幅広く世界を認識するために，こうした因果的・順序的な筋立てをあてはめます。このような認識方法をとらえ

て、ブルーナー（Jerome S. Bruner）は、**物語的認識**と呼びました（Bruner, 1986）。物語的認識と対照的に位置づけられるのが、**論理科学的認識**です。こちらは、数学に代表されるような論理的な証明に頼る認識方法です。どちらの認識方法も用いられますが、論理科学的認識がグローバルで普遍的であるのに比べ、物語的認識はローカルで個別的なものと考えられています。そのため、個々人が自分の経験に納得する、意味を見出すといった心の働きは、物語的認識に支えられているといえるでしょう。

1-2 クライエントの物語

　物語的認識という観点から見ると、臨床心理学的な援助の対象になるクライエントは、経験を理解するための物語を欠いていたり、従来、理解するためにあてはめていた物語がうまく働かなくなったりした状態といえます。「患者が現在体験していることを自分自身でも合理的に説明できないことによって…（中略）…弁解がなぜその体験が起こったのかをうまく説明するような一貫性のある筋書きを欠いているとき、その人の士気を非常に低下させてしまう」（Frank & Frank, 1991/2007, 訳書 p.93）といわれるように、人は得もいわれぬ違和感のような「意味の真空を嫌う」（前掲書、p.40）のです。

　したがって、クライエントをカウンセリングに向かわせたきっかけとなった体験について、どのように語るか、その物語に耳を傾けることは、臨床心理学的援助の基本になります。その際、体験を語ることができるのか、あるいは語りながらも行き詰っているのか、すなわち物語の不在や膠着に注目することは、効果的な援助のために役立ちます。たとえば、うつ病の診断を受けたクライエントの間でも、その原因の推論の仕方は、幼児期体験や現在の対人関係、自身の性格、生きる意味など、さまざまに異なります。それに応じて、援助の方法にも向き不向きがあり、生きる意味から原因を推論するクライエントには、認知療法が他の方法に比べて有効だったといいます（Addis & Jacobson, 1996）。あるいはまた、ある行動の結果が、何によって左右されたと考えているのかを表す、いわゆる**ローカス・オブ・コントロール**によっても、やはり適した援助

コラム 11-1：クライエントの物語とカウンセリングの方法の適合性

　物語という視点から効果的な臨床心理学的援助を探ろうとすると，援助する側がどのように語るかという方法もさることながら，それ以前に，援助される側であるクライエントがどのように語るのかという，**クライエントの物語**への着目が要請されます。こうした要請を突き詰めていくと，後述するナラティヴ・セラピーのように，クライエントこそが自身の専門家であるという姿勢をもたらします。カウンセラーが，自身の拠って立つカウンセリングの方法に精通する重要性は，いうまでもありません。しかし，本文中の研究例は，クライエントの物語とカウンセリングの方法との適合性を探る必要性を教えてくれます。

　カウンセリングには，えてしてカウンセラーの依拠する援助方法にクライエントの悩みや問題をあてはめて，合わせがちな傾向があります。しかし，たとえば，うつ病の原因が現在の対人関係にあるというクライエントの物語と，その原因を幼児期の体験に求めるカウンセラーの働きかけとの間には，開きがあります。もちろん，その開き自体に専門性の源があるともいえますが，開きがあればあるほど，カウンセラーの仕事が力技になりかねません。臨床心理学的援助方法に対するクライエントの好みと援助効果の関係を調べると，クライエントが好む方法を用いた方が，中断する危険性が低いという結果も（Swift & Callhahan, 2009），こうしたクライエントの物語に配慮する必要性を示しています。

の方法が異なります。ローカス・オブ・コントロールが外的（他者や運など）なクライエントには，援助の方向を援助者が明示する，指示的な方法が効果的でした（Foon, 1987）。その一方，ローカス・オブ・コントロールが内的（能力や努力など）なクライエントでは，援助の方向をむしろクライエントに委ねる非指示的な方法が効果的でした。

　クライエント自身の体験の語り方に目を向けることを促す，物語的な認識法への注目は，臨床心理学的援助の枠内には留まりません。**アイデンティティ**は，その人の人生を意味づける物語に支えられているといわれます（McAdams, 1985）。伝記や自伝を読んだり，その人の生い立ちを聞いたりすると，その人の人となりに近づけたように思えるでしょう。そこで，人生の物語，すなわち**ライフストーリー**に表れているアイデンティティやパーソナリティが，探索さ

れてきました。

2 ライフストーリー，ナラティヴ，記憶

2-1 アイデンティティの基盤となるライフストーリー

　ライフストーリーとは，人生や生活についての物語です。よく似た言葉にライフヒストリーがありますが，こちらは人生や生活についての歴史を指します。ライフヒストリーでは，何が起きたのかという事実に重きが置かれるのに比べると，ライフストーリーは，事実がどのように語られるのか，語り手の固有の体験に重きが置かれる傾向があります。そのため，語り手の心のありようを探ろうとして，ライフストーリーが手掛かりにされます。臨床心理学的援助では，妄想や幻覚の見極めや，司法上の判断が絡むと，クライエントの語りが事実であるかどうかが問われますが，多くの場合は，むしろ，事実かどうかはいったん脇に置いて，クライエントの語りが心のありようをどのように映し出しているかを問います。そのため，臨床心理学ともかかわりの深いパーソナリティ心理学の領域では，心のありようや人となりを知ろうとして，ライフストーリーが調べられてきました。ライフストーリーもライフヒストリーも，それを構成するのは人生上の出来事です。その中には，楽しい出来事も辛い出来事もあるでしょう。けれども，同じ出来事や類似の出来事が，本人にどのように影響を与えるかは，人によって異なります。ライフストーリーを語ってもらうと，そこで語られた出来事の内容もさることながら，その出来事を語る際の**語り方**，**筋立て**に，その人の出来事の受け止め方や人生上の位置づけなどの個性が表れます。

　たとえば，こうしたライフストーリーの語り方に，アイデンティティのありようが見出されています。アイデンティティは，青年期に確立されるばかりではなく，生涯のそれぞれの時期に固有の課題があり，その課題の達成を通じて発達しつづけると考えられてきました。その中で，中年期には，**生成継承性**（generativity）といって，人生の後半期に差し掛かって，次世代に有形・無形

の何かを遺すことに関心が高まることが指摘されてきました。主に中年期にある人にライフストーリーを語ってもらったところ，生成継承性が高い人は，低い人に比べると，否定的な経験を語った後に肯定的な経験を語るなど，いわば「災い転じて福と成す」といった語り方が顕著だったそうです（McAdams et al., 1997）。起きた出来事は変わらずとも，その出来事と他の出来事との結びつき方が変わり，ライフストーリーの筋立てが変わることで，**人生の意味が変わる**ことがあります。辛い出来事に遭遇しても立ち直ることができる力を意味する**レジリエンス**や，そうした出来事の後での成長を意味する**心的外傷後成長**（posttraumatic growth，第5章参照）の背景には，このような意味づけの変容を伴うライフストーリーの再編があるのかもしれません。

2-2 ナラティヴと記憶想起

　ライフヒストリーとライフストーリーが対置されるように，心理療法の中でも，歴史と物語は，ときとして対置されます。精神分析療法では，効果の源が，患者による事実の想起から，患者の語る物語の一貫性に重心を移してきたという経緯があります。スターン（Stern, 1989, p. 316）は，精神分析では，「より一貫していて，わかりやすく，途切れなく，常識的であるといったようなライフストーリーが求められる。したがって精神分析の重心は，過去を正確に再構成することから，より一貫して有益な過去のストーリーを創出することへと移っているのである」と述べています。つまり，忘却されていた過去を正確に思い出すことよりも，過去の出来事をうまくまとめた物語をつくることが，効果をもたらすというわけです。こうした重心移動を評して，「我々の記憶自体が，我々自作のストーリーの犠牲に供せられ」，「記憶と想像はその過程で融合する」（Bruner, 2002/2007, 訳書 p. 87, p. 124）とまでいわれます。精神分析療法の中でも，とりわけ物語の働きを重く見た指摘ではありますが，こうした物語と記憶のせめぎ合いや溶け合いは，じつは臨床心理学的援助全般に，多少の差はあれ，共通しています。心理療法における物語の普遍性について提言を続ける森岡（1994）は，「くりかえし想起し語られることでその出来事に別の意味が加

わってくる。カウンセラーの役割は出来事の体験に別の意味を汲み取っていくための援助者としてある」と述べています。**想起**して語るという行為は，出来事の意味の重層化や改変をもたらすことを示唆しているのでしょう。

　臨床家の経験的知識を出発点とした想起と物語の関係に関する提言は，近年，記憶のメカニズムにも裏打ちされてきました。一般に記憶には，想起することで，当の記憶が変容されるという性質があります。皆さんも，勉強して何かを覚えようとしたときに，繰り返し想起したに違いありません。日常的な出来事も，想起を繰り返すうちに定着されていきます。しかし，想起することが，必ずしも記憶を正確に定着させるとばかりもいえないようです。近年の神経生理学的な研究からは，記憶は想起されるたびにいったん不安定になり，その後，**再固定化**（memory reconsolidation）されることがわかってきました（Nader et al., 2000）。想起を繰り返せば，その記憶は繰り返し揺さぶられ，もとの体験から変質するかもしれないのです。臨床心理学的援助の場では，**心的外傷後ストレス障害**（PTSD，第5章参照）のような苦痛な記憶に介入するうえで，このメカニズムがヒントになりそうです（Schiller et al., 2010）。

　さらにまた，記憶は，**言語化**の影響も受けます。前夜に見た夢を話そうとして，表現に苦慮した覚えがないでしょうか。経験に言葉を与えようとすると，なかなかうまい言葉が見つからず，かろうじて言葉を見つけて言い表すと，どこか言葉が上滑りしたような違和感が残る一方，その言葉が記憶の輪郭をくっきりとさせる。臨床心理学的援助の場でも，往々にして経験を言語化して，カウンセラーに語ることを伴います。家族や友人のように，お互いに自分の経験を伝える関係に比べると，カウンセラーはあまり自分の経験を語らないため，そこでの言語化は，カウンセラーから**傾聴**される傾向があります。このような臨床心理学的援助の場の特異性が，記憶の言語化の影響のありようを左右します。以上の通り，物語に着目すると，想起がもたらすことと，それを語ることがもたらすことが，幅広く臨床心理学的援助に共通していることが見て取れます。

コラム11-2：ナラティヴ・ベイスト・メディスン

　あるカウンセリングの方法はどのような効果をもつのか，また，その効果をもたらしているのはどのような要因なのか。臨床心理学的援助を受けようとするクライエントはもちろん，スクールカウンセリング等，公的にカウンセリングを提供しようとする行政にとっては，こうした疑問は切実です。それらの疑問に答え，より良質な援助法を開発すべく，**エビデンス（根拠・証拠）**を探求し，確立されたエビデンスにもとづいて援助しようとするエビデンス・ベイスト・アプローチが，1990年代以降，日本の臨床心理学に積極的に導入されてきました。それに先行して，医療においては，**エビデンス・ベイスト・メディスン**（科学的根拠にもとづく医療）が普及しています。

　しかし，エビデンスが，ある疾患に対して，ある治療法の有効性を教えてくれるのは，あくまでも確率論的なことであって，臨床現場では，個々の患者に合わせた個別的な判断が医療者に求められます（斎藤，2012）。そのため，病いの経験における患者の主観的な経験や意味に着目しようとして，**ナラティヴ・ベイスト・メディスン**（Greenhalgh & Hurwitz, 1998）が主張されてきました。そこでのナラティヴ（物語）とは，患者の病いの語りだけではなく，医療における理論や専門性をも指しています。こうした考え方は，ナラティヴ・セラピーにも通じます。そして，エビデンス・ベイストとナラティヴ・ベイストとを相互補完的に活用しようとする医療の展開からは，臨床心理学も学ぶところが大きいでしょう。

3　ナラティヴ・セラピー

3-1　ナラティヴ・セラピーの新しさ

　ここまでのところで，物語という観点が臨床心理学的援助の普遍性の一端をとらえていて，臨床心理学的援助の諸理論を活用する基盤になることを述べてきました。ただし，物語が人の心のメカニズムを比喩的に言い表しているというだけならば，従来のスクリプトやスキーマ（情報を意味づけやすくする知識の集まり）という概念と大差ありません。また，物語が，経験を言語化して他者に語ることを言い表すだけならば，従来の自己開示研究とも重なりが大きいでしょう。しかし，物語は，さらに一歩踏み込んで（あるいは数歩踏み外して），臨

床心理学的援助の理論の役割を問い直し,さらには職業として人が人を援助することの意味を問い直すような,援助の根幹を揺さぶる議論を触発してきました。その理由は,物語という概念が,個人の内面や発話行為を指すにとどまらず,社会や文化までをも指す,射程の広さにあります。

臨床心理学において,社会や文化を視野に入れたムーヴメントは,ナラティヴ・セラピーにゆるやかに集約されています。**ナラティヴ・セラピー**は,北米やオセアニア,ヨーロッパ諸国で,20世紀末ごろから興った流れです。中でも,ホワイトとエプストン(Michael White & David Epston, 1990)によるものと,アンダーソンら(Harlene Anderson & Harold Goolishian, 1992)によるものが,よく知られています。

まず,ホワイトらは,フーコー(Michel Foucault)による言説と権力に関する議論に依拠して,「人々を征服する統一された知」を物語と称し,こうした**物語の支配**から離れ,その影響力を相対化できるように図ります。ずいぶんと哲学的ですが,具体的な方法についても提言しています。たとえば,問題とされることが人生に与えてきた影響を描写してもらう,「影響相対化質問」(relative influence questioning)という質問を投げかけることによる**問題の外在化**や,手紙などの文書を積極的に活用するなどです。彼らの方法は,個人が経験を語る物語と,そこに抑圧的に働く政治的な「大きな物語」との間の,支配-服従関係を浮き上がらせ,その関係からの脱却を目指しているといえるでしょう。

一方,アンダーソンらによるものは,正確には,コラボレイティヴ・ランゲージ・システムズ・アプローチと呼ばれる通り,クライエントとの間の**協同的な対話**を重視しています。そこでは,問題の浸透している**ドミナント・ストーリー**とは異なるストーリー(**オルタナティヴ・ストーリー**)を生み出そうとします。彼女らの着想もやはり哲学的ですが,ホワイトが提言するような具体的な技法よりも,「**無知の姿勢**」(not-knowing position)と呼ばれる姿勢をセラピストに求めます。ふつうセラピストは,自他ともに専門家と認め,その仕事には,技法や知識への精通が期待されます。けれども彼女らは,こうした専門性が先

入見として働き，目の前のクライエントの問題を規定し固定化させている側面もあるのではないかと，疑問を投げ掛けました。その結果，セラピストに求めたのが，上述の「無知の姿勢」です。セラピストは，専門的な知識や社会の通説をいったん棚上げにし，むしろクライエントこそが自身の問題を解消させるための専門性を有していると考えます。そのため，セラピストの仕事は，好奇心に導かれながら，クライエントに教えを請い，クライエントとの間で新たなストーリーが生成されるよう，自由に会話が交わされる空間をしつらえることになります。

アンダーソンらの実践の影響を受けたアンデルセン（Tom Andersen, 1991）によるリフレクティング・チームの着想は，クライエントとの協同性をさらに推し進めています。従来，家族療法では，セラピストの家族面接の模様を，他のセラピストのチームが隣室からワンウェイ・ミラー（いわゆるマジックミラー）越しに観察し，チームによる議論を経て，面接担当のセラピストに助言することがしばしば行われてきました。けれども，このやり方では，どうしてもセラピストの専門的知識や技能が家族を援助するという性格が強く，平等性や協同性に欠きます。そこで，アンデルセンらは，ワンウェイ・ミラー越しに観察する／観察される関係を逆転させ，セラピストのチームの議論を，家族に文字通り見せた（reflecting）のです。その結果，セラピスト・チーム内の会話は専門的ではない日常的な言葉遣いに変わっただけではなく，家族に対するセラピストのかかわり方は，解釈や意見ではなく，質問が中心になるように変わり，家族の新たな物語が生成されました。リフレクティング・チームのもつ開放性が，クライエント自身の専門性を呼び覚ましたのです。この手法は，ナラティヴ・セラピーが考える専門性のあり方を，如実に表しているといえるでしょう。

3-2 社会構成主義の今日的意義

物語的な考え方をする臨床心理学的援助法の中でも，とくに上述したナラティヴ・セラピーは，心理療法の専門性さえも，ある種の物語ととらえて，相対化しています。その思想的な背景の一つは，**社会構成主義**（Burger &

Luckmann, 1966)です（第7章参照）。私たちは，ふだんの暮らしの中で，物事が先にあって，後から名前がつけられると思いがちです。けれども，「記憶」や「感情」，さらにいえば「心」のように，実体がとらえにくい物事についてはどうでしょう。これらは，その言葉を使う人々の間で，およその意味を互いに了解している仮説構成概念です。そのため，実体に名前がつけられたというよりは，名前をつけられることで，実体であるかのように思えてくるものです。社会構成主義は，このように，言葉やそれを用いた会話を通じて，現実が社会的に構成されているとみなす考え方です。会話こそが現実をつくりますから，会話が変われば現実も変わるわけです。この考え方に基づくならば，心理療法は，会話の生成や変化を通じて，現実を生成し，変化させる営みになります。社会構成主義を具現したナラティヴ・セラピーでは，「心」という概念すら必須ではなく，むしろ，「心」という概念を用いることは，物語の一つを表していると考えます。

　とはいえ，この考え方は哲学的には魅力的だとしても，クライエントをはじめとした一般の人々にとっては，「心」なき世界は受け入れがたいでしょう。他の多くのセラピストも，「心」という概念を使って考え，セラピーに取り組むことが効果的だという理由で「心」という概念に依拠しているのであって，必ずしもそれを実体視しているわけでもないかもしれません。それに，「無知の姿勢」から質問を繰り出し，オルタナティヴ・ストーリーを生成するというのでは，何を目指してどうすればよいのか，途方に暮れるセラピストも少なくないでしょう。けれども，物語的な考え方を取り入れるのは，社会構成主義に忠実なセラピーを実現するナラティヴ・セラピーのような方向性ばかりではありません。個々のセラピストが依拠する既存の心理療法理論に，その考え方を取り入れた**折衷的なセラピー**を模索するナラティヴ・アプローチのような方向性も，あり得るでしょう。後者の方向性は，心理療法の諸理論を統合する流れともなじみます。

第11章　ナラティヴ・アプローチ

●練習課題 11-1
　個人の「心」に介入する是非について，ナラティヴ・セラピーは，既存の個人心理療法に比べ，どのような特徴をもつでしょうか。

●練習課題の解説
【練習課題 11-1】
　現代の日本では，カウンセリングの普及や，「心」のケアの提唱に見られるように，「心」が重視され，援助される傾向が高まっています。物語的な考え方をとるナラティヴ・アプローチは，ナラティヴ・セラピーの実践を生み出しただけではなく，「心」の**実在性**や，それに対する専門家による介入の正当性について考え直す機運をもたらしました。個人を対象とした心理療法には，どこかしら，社会の大勢に合わせて個人を変えようとする性質があるものです。
　仮に，ある女性が職場での人間関係に疲れきって，精神科クリニックを訪ねたとしましょう。彼女の問題は，「心」の問題として位置づけられて，心理療法が始まります。けれども，もし彼女が精神科クリニックではなく，労働基準監督署や女性センター，ハラスメント相談窓口を最初に訪ねていたら，どうなっていたでしょう。そこで労働問題やジェンダーの問題，ハラスメントとして位置づけられれば，心理療法とはまた異なる対応をされていたでしょう。この女性本人の変化よりも，むしろ，社内の関係者など，他者の変化が目指されたり，あるいは，より広くは社会制度の変革が目指されたりすることさえあったかもしれません。
　もちろん，上にあげたようなケースでは，セラピストは，彼女を力づけようとして，「心」に働きかけます。けれども，それが心理療法であれば，彼女を力づけるためのセラピストの仕事の中心は，行動を起こすことの後押しよりも，行動を起こそうとする彼女の内省を促したり，その内省をめぐる話し合いになったりしがちです。加えて，心理療法が社会に現れた19世紀末に比べると，その普及と相まって，自発的ではなく，他人から促されて心理療法に来談するケースも増えているという現状があります。このような現状に照らすと，自分の外側ではなく，内側を変えようとする（あるいは変えさせようとする）心理療法に内在する性質に対して，ナラティヴ・アプローチは自省を求める意義があります。カウンセリング・ルームの中では，自分を援助しているように見える専門家が，より幅広い社会的視野に立つと，自分を変えて社会に合わせさせる結果をもたらしているのだとしたら，心穏やかではいられません。「クライエントこそ専門家である」と

いうナラティヴ・セラピーの提言は，セラピーを他人任せにせず，**当事者**自身のもとに取り戻す機運ともいえるでしょう。

もっと詳しく知りたい人のための文献紹介

斎藤清二（2012）．医療におけるナラティブとエビデンス――対立から調和へ　遠見書房
　　⇨エビデンス・ベイストに向けられてきた誤解を解き，ナラティヴ・ベイストとの相互に補完的な医療の方向性を指し示しています。

森岡正芳（2015）．臨床ナラティヴアプローチ　ミネルヴァ書房
　　⇨心理療法に留まらない幅広い領域におけるナラティヴ・アプローチの全体像が，「臨床」を結節点にしつつ，解説されています。

引用文献

Addis, M. E., & Jacobson, N. S. (1996). Reasons for depression and the process and outcome of cognitive-behavioral psychotherapies. *Journal of Consulting and Clinical Psychology, 64*, 1417-1424.

Andersen, T. (1991). *Reflecting processes: Convesations and conversations about the conversations.* Norton.（アンデルセン，T.　鈴木浩二（監訳）(2015)．リフレクティング・プロセス　金剛出版）

Anderson, H., & Goolishian, H. (1992). The client is the expert: A not-knowing approach to therapy. In S. Mcnamee & K. J. Gergen (Eds.), *Therapy as social construction* (pp. 25-39). Sage.（アンダーソン，H., & グーリシャン，H.　野口裕二・野村直樹（訳）(1997)．クライエントこそ専門家である　S. マクナミー，& K. J. ガーゲン（編）ナラティヴ・セラピー（pp. 59-88）金剛出版）

Bruner, J. S. (1986). *Actual minds, possible worlds.* Cambridge: Harvard University Press.（ブルーナー，J. S.　田中一彦（訳）(1998)．可能世界の心理　みすず書房）

Bruner, J. S. (2002). *Making stories: Law, literature, life.*（ブルーナー，J. S.　岡本夏木・吉村啓子・添田久美子（訳）(2007)．ストーリーの心理学　ミネルヴァ書房）

Burger, P. L., & Luckmann, T. (1966). *The social construction of reality: A treatise in the sociology of knowledge.* New York: Doubleday.（バーガー，

P. L. 山口節郎(訳)(1977). 日常世界の構成 新曜社)

Foon, A. E. (1987). Locus of control as a predictor of outcome of psychotherapy. *British Journal of Medical Psychology, 60*, 99-107.

Frank, J. D., & Frank, J. B. (1991). *Persuation and healing* (3rd ed). The Johns Hopkins University Press. (フランク, J. D., & フランク, J. B. 杉原保史(訳)(2007). 説得と治療 金剛出版)

Greenhalgh, T., & Hurwitz, B. (1998). *Narrative based medicine: Dialogue and discourse in clinical practice.* (グリーンハル, T., & ハーウィッツ, B. 斎藤清二・山本和利・岸本寛史(監訳)(2001). ナラティブ・ベイスト・メディスン 金剛出版)

McAdams, D. P. (1985). *Power, intimacy, and the life story: Personological inquiries into identity.* New York: The Guilford Press.

McAdams, D. P., Diamond, A., de St. Aubin, E., & Mansfield, E. (1997). Stories of commitment: The psychosocial construction of generative lives. *Journal of Personality and Social Psychology, 72*, 678-694.

Michotte, A. E. (1963). *The perception of causality.* New York: Basic Books.

森岡正芳(1994). 緊張と物語——聴覚的総合による出来事の変形 心理学評論, *37*, 494-521.

Nader, K., Schafe, G. E., & Le Doux, J. E. (2000). Fear memories require protein synthesis in the amygdala for reconsolidation after retrieval. *Nature, 406*, 722-726.

斎藤清二(2012). 医療におけるナラティブとエビデンス——対立から調和へ 遠見書房

Schiller, D., Monfils, M. H., Raio, C. M., Johnson, D. C., LeDoux, J. E., & Phelps, E. A. (2010). Preventing the return of fear in humans using reconsolidation update mechanisms. *Nature, 463*, 49-53.

Stern, D. N. (1989). Crib monologues from a psychoanalytic perspective. In K. Nelson (Ed.), *Narratives from the crib* (pp. 309-319). Cambridge, MA: Harvard University Press.

Swift, J. K., & Callahan, J. L. (2009). The impact of client treatment preferences on outcome: A meta-analysis. *Journal of Clinical Psychology, 65*, 368-381.

White, M., & Epston, D. (1990). *Narrative means to therapeutic ends.* (ホワイ

第Ⅱ部　臨床心理学の理論と方法

　　ト，M., & エプストン，D.　小森康永（訳）(1992). 物語としての家族　金剛出版)

第12章 神経科学と生理心理学
——心の生物学的基礎

> これまでこの本を読んできた皆さんは，臨床心理学の本なのに，脳の場所や薬剤など，医学や生理学にかんする話題が多いと感じたでしょう。こうした知識は，臨床心理学を学ぶうえでも重要なだけでなく，現代の心理学全般を広く学ぶうえでも，ぜひとも理解しておきたいものです。この章では，心に関する神経生理学の基礎をあらためて整理したいと思います。

1 脳のマクロな構造と部位

　脳の構造は複雑で，いろいろな場所や細かいパーツに分かれていて，覚えるのが難しそうだと思われるかもしれません。しかし，まずは個々の部位の名前よりも，その部位のおよその位置から，大体の働きがわかるようになりましょう。全体の位置関係をおおまかに言うと，奥深いところほど原始的な働きをして，表面に近いほど進化的に新しく高度な働きをしているとイメージできます（MacLean, 1967）。そこから脳の分類・整理の仕方として，まずは脳表面の**大脳皮質**と，脳のそれ以外（**皮質下**と呼ぶ）という単純な区別をしてみましょう。

1-1 大脳皮質の配置

　大脳の神経細胞は，表面に敷き詰められている部分（皮質）と，内部で集合している部分（神経核）のどちらかに分類されます。表面に並んだ神経細胞群がいわゆる大脳皮質です。大脳皮質における機能の位置関係は，次のようにイ

第Ⅱ部　臨床心理学の理論と方法

コラム 12-1：皮　質

　解剖学において「皮質」は一般的な用語ですが（小脳皮質や副腎皮質など），脳の研究において皮質（cortex）とだけいう場合は，「大脳皮質」のことを指します。そして，大脳皮質以外のその他の脳部位をまとめて「皮質下」（subcortex）と表現します。皮質下という表現は，大脳の内部に隠れている複数の神経核（**大脳基底核**や，扁桃体・海馬など大脳辺縁系の神経核）と，大脳以外の部分（間脳，小脳，脳幹）の全てを含みます。いかに大脳皮質が特権的に扱われてきたかがわかる区分です。ちなみに，「大脳新皮質」という言葉もよく聞くと思います。大脳の「古皮質」というのは鼻の奥の辺りに少ししかないので，大脳皮質のことを大脳新皮質と書いても大差はありません。

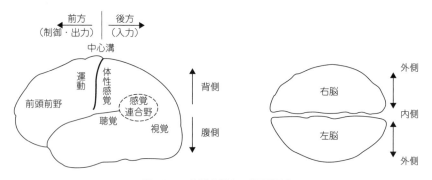

図 12-1　大脳皮質上の位置関係
（注）（左図）左の大脳を外側から見たところ。中心溝を境に前部と後部で大まかな働きを分類できる。（右図）大脳を上から見たところ。

メージできます（図 12-1）。

前方と後方：情報の入り口と出口，そしてコントロール

　複雑なシステムを理解するときには，まずは情報の入力と出力の場所を押さえるとよいでしょう。ここでは，脳にとっての情報の入力を，視覚・聴覚・体性感覚などの感覚とし，出力を，身体の動き（運動）とします。

　大脳皮質を，**中心溝**を境に「前」と「後ろ」に大きく分けてみると，情報の入り口（感覚野）は中心溝の後ろに位置し，情報の出口（運動野）は，中心溝より前にあります。さらに運動野の前方には，有名な**前頭前野**があります。ここ

コラム 12-2：大脳皮質の五つの葉

よく見る「前頭葉」や「側頭葉」などの言葉は，基本的には大脳皮質のみを対象とした区分で，皮質下の部位についてはほとんど適用されません。また，「葉」という語はついていませんが，前頭葉や側頭葉に覆われて外側溝の奥に隠れている島皮質（insula cortex）も，近年の認知神経科学で非常に重視されている，いわば第五の葉です（図 12-2）。ちなみに，「葉」（lobe）とは，解剖学上の「部分」の意味です。たとえば三葉虫は，身体が三つの部分からできているのでこう呼ばれます。

は，「いろいろと考えたり，感情や行動をコントロールする」ところです。まとめると，情報は大脳皮質の後ろに入り，ここで外界の認識がつくられます。その情報が大脳皮質の前方に送られ，使用されるとイメージできます。

背側と腹側（上下方向）：感情的か否か

四足歩行動物では，背中が上，腹側が下を向きます。ここから頭部の解剖学用語では，上部を背側，下部を腹側と呼びます。脳の深い部分（下部）には，感情を扱う神経核群（大脳辺縁系）や，身体の生理状態をコントロールする脳幹があります。これに対応するように，大脳皮質は，腹側（下部）ほど感情的な，あるいは生理的な情報を扱いやすい傾向があります。反対に，背側（上部）ほど，感情とかかわらない「クールな」仕事をしやすい傾向があります。

外側と内側（横方向）：外向きの心と内向きの心

左右それぞれの脳半球において，身体の中心軸に近い方（左右半球が向かい合っている面）を内側と呼び，横に向かって中心から遠い方を外側と呼びます。おおまかにいうと，大脳皮質の外側は，人間の体の外の情報を扱います。たとえば，視覚・聴覚・触覚などの外部の知覚は，おおむね大脳皮質の外側で扱われます。また外側の高次運動野（運動前野）では，飛んできたボールを避けるなど，身体の外側に対応する身体動作がつくられます。それに対して，大脳皮質の内側面（および腹側面）は，おもに人間の内側の情報を扱います。たとえば，我々が心の内面に目を向けたり，過去のエピソードを思い出したり，すでに記憶している動作を行ったり，といった場合です。当てはまらないことも往々に

してありますが，このようなパターンを知っておくとよいでしょう。

1-2 皮質下の構造：大脳の神経核群・視床下部と脳幹

大脳皮質の次は，皮質下の構造を整理しましょう。

大脳内の神経核

（1）扁桃体と海馬　大脳の神経核で，心理学にとくにかかわるのは，扁桃体（感情の中枢）とこれに接している海馬（記憶の中枢）です。これらは，密接な情報連絡をしている大脳皮質内側部（帯状回や側頭葉の内側部など）とあわせて，**大脳辺縁系**とまとめられています。

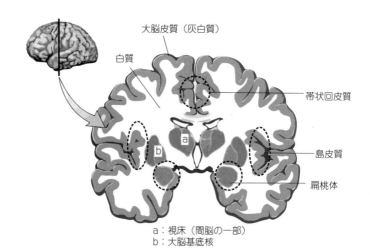

図 12-2　大脳内部の構造

（注）大脳皮質の内部にはさまざまな神経核が隠れている。とくに扁桃体は感情の中枢として重要である。また，大脳皮質において，外側から見えづらい位置にある島皮質や帯状回皮質も，感情や身体感覚に重要な役割を果たしている。

（出所）Gazzaniga et al. (2014) を改変

→1　たとえば，外側の中でも頭頂葉と側頭葉が接する付近の感覚連合野（近年は側頭頭頂接合部（TPJ）と呼ばれることが多い）は，自他の心の内面を意識するうえでも重要ですので，体の内側の情報も扱っているといえます（Saxe & Kanwisher, 2003）。

（2）大脳基底核　大脳の神経核には他にもさまざまなものがあります（ドーパミンを受け取る側坐核，線条体，**尾状核**など）。それらの神経核らは，まとめて大脳基底核（群）と呼ばれます。大脳基底核は，行為の選択決定やコントロールにかかわります。

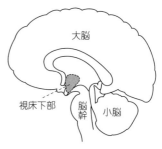

図 12-3　大脳と大脳以外の構造

大脳以外の構造

次に大脳以外の構造に移ります。この中で臨床心理学にとって重要なのは，脳・心と身体の関係をつかさどる視床下部と脳幹です（図 12-3）。

（1）視床　脳のほぼ中心に位置する視床は，情報の通り道（情報の集配センター）として働きます。

（2）視床下部　視床の下に位置する視床下部は，視床とはまったく別のものです。視床下部は，脳幹を配下に従えながら，身体の行動や生理状態をコントロールし，脳幹とともに生命の維持にかかわります。

（3）脳幹　脳幹は脳の一番奥下の，幹のような構造です。視床下部の制御を受けながら，身体内部の生理状態の情報を受け取り，生理状態を維持します。脳幹はそれだけでなく，後述するセロトニン等の神経修飾物質を脳全体に投射し，脳と心の全体の状態を調節する基幹的な働きもします。

（4）小脳　主に，体を上手に動かす働き（運動の学習・調節）をします。

2　感情とそのコントロール

この節では，臨床心理学の中でも非常に重要な「感情」にまつわる領域を整理します。とくに大事なことは，感情の中枢とされる**扁桃体**と，感情を制御する前頭前野の関係です。この両者の関係をしっかり理解したうえで，さらに，扁桃体以外の感情の領域や，前頭前野内部の区分などを理解するとよいでしょう。

コラム12-3：感情と記憶

　我々の感情的な反応は，多くの場合において感情的な記憶の再生であると考えると，宣言的記憶（過去の出来事の記憶である**エピソード記憶**や，知識にかんする**意味記憶**）の座としてよく知られている**海馬**と扁桃体との関係は重要です。扁桃体は，海馬のすぐ前方に，海馬と接して位置しています。感情を伴った出来事がよりハッキリと記憶されるのは，扁桃体の活動がすぐ隣の海馬に影響し，「この情報は重要」だと伝えることが影響しています。一方で扁桃体には，**感情記憶**（emotional memory）という，海馬とは異なる独自の記憶機能があります。たとえば，両側の海馬とその周辺を損傷すると，新たなエピソードや知識を覚えられない**前向性健忘**（anterograde amnesia）になりますが，扁桃体が機能していれば，好き・嫌い，という感情記憶は形成され，本人の自覚を伴わずにその後の行動に影響を及ぼします。一方で，両側の扁桃体がないと，恐怖感情がないために，恐怖条件づけのような感情記憶が形成されません。

　心的外傷後ストレス障害（PTSD，第5章参照）などの臨床現場では，記憶を思い出すときの感情的反応をコントロールして，感情と記憶の不適切な結びつきを是正するという臨床的な介入方法もしばしば検討されています（Van der Kolk, 1994）。その際に，感情と記憶の関係を脳構造の観点からも留意することが有用だと考えられます。

2-1　扁桃体：感情にかかわる重要部位

　大脳の皮質下にある**扁桃体**という神経核は，脳や身体が敏感で活動的になるように，脳全体の**覚醒度**を高める部位の一つといえます。とくに，感情的な情報の知覚や，他者の感情的反応などに対して扁桃体は強く反応するため，扁桃体は感情の中枢の一つとされています。

　扁桃体はさまざまな感情とともに活動しますが，その中でも**恐怖**の感情は，扁桃体ととくに密接にかかわります（第3章参照）。その証拠に，扁桃体を左右とも完全に失うと，恐怖の感情だけが抜け落ちます。本人は恐怖を感じることがなくなり，他人の恐怖表情も理解しづらくなります（Adolphs et al., 1994）。恐怖の感情は，不安，パニック，心配，ストレスなど，さまざまな心の不健康に関与します。そしてこれらの症状は，恐怖の中枢である扁桃体の活動が高ま

りすぎている状態と結びついています。このような背景から，扁桃体は臨床心理学においても重要な部位であり，いかに扁桃体の過活動を抑えるかという発想から，心の健康の回復や感情のコントロールの糸口も考えられます。

2-2 扁桃体以外のネガティブ感情関連部位

扁桃体以外のネガティブ感情にかかわる部位として，島皮質前部と**帯状回前部**のコンビ（顕著性ネットワーク salience network）が注目されています（図 12-2）。これらの部位は，脳幹から身体内部の生理状態（内受容感覚 interoception）が伝えられる場所であるとともに，身体的・生理的なネガティブ感情に反応します。とくにこれらの部位は，**痛み**のネガティブ感情に対応した活動をします（Rainville, 2002）。また島皮質前部は，嫌悪感情にかかわるとされています。嫌悪（disgust）は，体に悪いものを拒絶するという生理的防衛のための身体的な感情だと考えられています（Harrison et al., 2010）。

2-3 ポジティブ感情関連部位

一方で，ポジティブな感情として，快感などの一時的な正の感情には，ドーパミンという神経伝達物質の活動がよく対応しています。ドーパミン経路を具体的に見ると，快感情に関連してドーパミンを放出するのは中脳（脳幹の上部）の腹側被蓋野であり，ドーパミンを受容するのは大脳基底核の尾状核・側坐核や，前頭前野の裏側・内側（**前頭眼窩野腹側部**）などの部位です。これらの部位は，動物が生存上必要な刺激（食べ物や水など）を摂取したときや，快感刺激を受けたときに活動します。人間の場合はさらに，お金をもらったり，美しい人や好きな人を見たり，人から褒められたり，寄付行為をしたり，他人に自分の話を聞いてもらうときなど，さまざまな状況でドーパミン系が活動することが示され，社会的行動との関連が研究されています（Ruff & Fehr, 2014）。

アルコール依存や薬物依存などの依存症は，ドーパミン系の活動による快感情に依存しているといえる面があります。**依存症**患者の脳においては，ドーパミン系の活動が鈍麻して快感を感じにくくなっており，さらに強い刺激を求め

ざるを得ないという悪循環が生じていると考えられます（Melis et al., 2005）。その他，下記に見るような感情の制御機能も低下しているようです。

2-4 前頭前野：感情のコントロール

　心の健康について考えるときには，感情を制御する理性的な部分についても考える必要があります。脳の感情領域（扁桃体やドーパミン系など）が脳の深い場所にあるのに対して，感情的な活動をコントロールする働きをするのは，脳の表面（大脳皮質）の**前頭前野**です（図12-1）。

　前頭前野は，背外側部，内側部，腹側部（眼窩部）の3領域に分類できます。この中でも背外側部は，とくに**高次認知機能**（理性的・理論的な分析や**実行機能**：注意や視点の切り替えや物事の計画など，行動や思考を調節する機能。第1章・第6章参照）の中枢と考えられています。前頭前野の背外側部は，脳の奥にある感情的な場所（大脳辺縁系や脳幹）から離れた場所にあり，感情部位と直接的な神経接続がありません。ですから，感情的情報に影響されない「クール」な働きをしているのです。一方で，前頭前野の腹側部（下部）は，大脳辺縁系を中心とした感情的な部分と直接の連絡があります。そこで，前頭前野の外側部が感情的な部位を抑えるときには，腹側部を介します。感情的な部位に直接的に信号を送るのは，腹側部だと考えられています（第3章参照）。

2-5 理性と感情の対立

　日常の社会的場面における意思決定の多くは，感情と理性の二つの心が綱引きしているといえるでしょう。たとえば，お年寄りに席をゆずるべきだが（理性）自分が座っていたい（感情）というときや，今は勉強をするべきだが（理性）遊びたい（感情）というときなど，いくらでも例をあげられます。こうした状況で，脳の活動を見ると，理性と感情のそれぞれの場所の活動が，しばしばシーソーのように反比例（拮抗）しています。つまり，感情的な目先の選択をする場合には，感情的な脳部位（大脳辺縁系）の活動が勝り，理性的な選択をした場合には，理性的な部位（前頭前野背外側部）の活動が勝っています。感情の

制御 (emotion regulation) のしかたには，**認知的再評価** (cognitive reappraisal：自分の情動を冷静に考え直してみる) や注意制御 (attention control：気を逸らす) などいろいろな方法が研究されていますが，いずれの場合でも感情の制御に成功するということは，感情的な部位よりも理性的な部位の活動が勝ることに対応します (Ochsner & Gross, 2005)。

2-6 理性と感情の融合

　感情と理性が対立しているだけで完全に切り離されていては，我々の心はうまく働かないと考えられています。前頭前野の底部 (**前頭眼窩野**) は，理性と感情の間のバランスをとり，適切な判断を行うためにも重要な働きをします。たとえば，道徳的な難しい問題 (たとえば，多数の人命を助けるために少数を見殺しにすることが許されるか (**トロッコ問題** trolley problem)，など) を判断するときにはこの部位が重要な役割を果たします。そして前頭眼窩野の機能が障害されると，文脈に応じた行動の調節や意思決定など，適切な社会的行動が難しくなります。この部位を損傷したために，好人物であったのが失礼で無計画な人間になってしまったという19世紀の有名な脳損傷患者である**フィニアス・ゲージ** (Phineas P. Gage) の例は有名です。理性と感情の両者が統合されていることが，我々の社会的行動にとって重要だと考えられます (岩田・河村，2008)。

> ●練習課題 12-1　思春期の脳
> 　思春期 (teenage) の心理学的な特徴として，感情的になったり，大胆 (risk-taking) になったり，衝動を抑えられなかったりすることがあげられます (Jensen & Nutt, 2015；Steinberg, 2014)。これを脳の観点から見ると，どのように説明できるでしょうか。

3 神経細胞と神経伝達物質

　多くの心理的障害は，セロトニンやドーパミン，ノルアドレナリンなどの神経伝達物質の作用バランスが崩れた状態だとされています。たとえば，統合失

調症はドーパミンの作用が強すぎるか弱すぎるという**ドーパミン仮説**が有名ですし（第4章参照），抑うつや不安はセロトニンを中心としたモノアミンの作用が弱すぎると考える説が有名です（第2章・第3章参照）。これらの神経伝達物質がどのような性質をもつかを理解するために，ここでは細胞・分子レベルでの関連知識を整理しましょう。

3-1　神経伝達物質と神経細胞の電気的性質

　神経細胞は，活動する（興奮・発火するともいう）ことによってはじめて情報を担うと考えられています。そして神経細胞が活動するということは，他の細胞に神経伝達物質を放出することを意味します。神経伝達物質は，伝達相手となる神経細胞膜に特殊な穴（イオンチャネル）を開いて，相手の細胞のイオン分子を出入りさせる物質です。他の神経細胞から伝達物質をぶつけられ，その影響でプラス／マイナスの性質を帯びたイオン分子（Na^+やCl^-など）が細胞を出入りすることによって，神経細胞内の電気的性質（電位）はいつも揺らいでいます。

　細胞が活動するかどうかを決めるのは，細胞の中と外の電位差（膜電位）です。具体的には，細胞内の膜電位が一定以上にプラスに傾くと（閾膜電位），細胞は活動します。すなわち，**膜電位がプラスに近づくほど細胞は活動しやすく**なります。そこで，相手の細胞にプラスのイオン分子を流入させる伝達物質を「興奮性」と呼びます。逆に，膜電位がマイナスになるほど細胞は活動しにくくなるため，マイナスのイオン分子を流入させる伝達物質を「抑制性」と呼びます。神経伝達物質は何十種類とありますが，心理学の分野で頻出するものはそれほど多くありません。もっとも典型的な伝達物質として，興奮性の**グルタミン酸**と，抑制性の**ガンマアミノ酪酸**（GABA）の二つは覚えておいて損はありません。

3-2　神経修飾物質としてのモノアミン類

　本書でも頻出する伝達物質であるセロトニン，ドーパミン，ノルアドレナリ

ンは，分子構造に共通点があり，**モノアミン**（monoamine）と呼ばれるグループの一員です。これらのモノアミンは，神経伝達物質である一方，他の神経伝達物質の働き（たとえば，神経伝達物質に対する細胞の電位変化の大きさ（感度）や，活動条件の厳しさ（反応選択性））を調整・変化させる働きがあります。そのためモノアミンは，**神経修飾物質**という別名でも呼ばれます。

セロトニン，ドーパミン，ノルアドレナリンなどのモノアミンを投射するそれぞれの神経細胞は，いずれも脳幹にあり，そこから脳の広い範囲に軸索（神経繊維）を伸ばして脳を広範に調整しています。また，モノアミン神経系の軸索は伝達速度が遅く，受容体も反応が遅い代謝型というタイプのものです。つまり，モノアミンの作用は，やや時間をかけて脳に広く影響を及ぼすといえます。

それぞれの物質のはたらきはさまざまですが，おもな作用をまとめると，ノルアドレナリン（とアドレナリン）は，脳の興奮・警報システムにたとえられます。また，後述する身体の交感神経系の活動を上昇させます。不安症などにもかかわるとされます。ドーパミンの活動は，上述のように，快感情ややる気にかかわります。一方でドーパミンは行動制御にかかわり，この障害で**パーキンソン病**となります。セロトニンは，抑うつ障害や不安症，強迫神経症などの感情障害と広くかかわるとされます。また，セロトニンには，ノルアドレナリンやドーパミンの働きを調節する作用もあるようです（Kapur & Remington, 1996）。

3-3 精神薬の作用メカニズム

薬物の種類として，ある神経伝達物質の効果を助けるものを，その物質の**アゴニスト**（作動薬，agonist）と呼び，神経伝達物質の効果を妨げるものを**アンタゴニスト**（拮抗薬，antagonist）と呼びます。たとえば，抑うつなどの感情障害で頻繁に処方される**選択的セロトニン再取り込み阻害薬**（SSRI）はセロトニンのアゴニストとして作用しますし，統合失調症の治療に用いられることがあるハロペリドールは，ドーパミンのアンタゴニストとして作用します。

神経伝達物質の作用を薬剤によって変化させる仕方はいくつもあります。た

とえばアゴニストの作用としては，神経伝達物質と同じ働きをする物質が加わることによって神経伝達物質が増えた形になる場合もあれば，放出された神経伝達物質が酵素分解されたり回収（再取り込み）されたりすることを阻害することによって，結果的に神経伝達物質がシナプスに多く漂うことになる場合もあります（SSRIはセロトニンの再取り込みを阻害する作用があります）。またアンタゴニストの作用としては，神経伝達物質の受容体をブロックする場合もあれば，放出された神経伝達物質の分解・回収を激しくしたり，そもそも神経伝達物質があまり生産されないようにしたりする場合も考えられます。

4 身体の生理学

心の不調は身体の不調として現れやすく，その逆も成り立ちます。身体を通して心の状態を推し量ったり，また身体を通して心をケアするためにも，身体は大事な対象なのです。そのため，心と身体の関係は臨床心理学において重要な研究テーマとなっています。

身体の生理状態は，「自律神経系」「内分泌系（ホルモン系）」「免疫系」の三つの系（システム）によって維持されており，どれもが心理とかかわります。この節では，自律神経系と内分泌系の基礎を紹介します。

4-1　自律神経系の基礎

自律神経系は身体内部の生理状態をコントロールする神経系です。手足などの筋肉を動かす神経系は，多くの場合に意識的なコントロールが可能です。これと区別し，勝手に（自律的に）作用するという意味で自律神経系と呼ばれます（しかし，「自律」という名前ではありますが，心の状態と密接にかかわります）。

自律神経系は，**交感神経系**（アクセル役）と副交感神経系（ブレーキ役）に分けられます。交感神経系は，身体を激しく動かすモード（いわゆる「**闘争-逃走反応**」）にする機能を果たします。たとえば交感神経系の影響で，貯めていたエネルギーが分解消費され，心拍数や血圧が上がり，発汗，瞳孔拡散などが生じ

ます。その代わりに，胃腸の消化器系は活動を控えます。もう一方の**副交感神経系**は，身体を休め，エネルギーを温存するモード（「消化・休息反応」）に切り替えます。交感神経系とは逆に，心拍数や血圧が下がり，瞳孔収縮が生じ，胃腸は栄養分を吸収するためによく働くようになります。

4-2 自律神経系の計測

　心拍数・血圧・発汗・瞳孔径・体温・呼吸など，じつにさまざまな生理活動が自律神経系の影響を受けています。心理学者が心拍数や発汗などを測る目的は，個々の生理活動そのものよりも，それらを通して，交感神経系と副交感神経系の活動の強さや，働きの健全さを推し量ることです。臨床心理学ではたとえば，緊張やストレスの持続を評価するために，交感神経系が高い活動を示しているかどうかを調べたり，副交感神経系の活動の低下を調べたり，あるいは交感神経系や副交感神経系が，状況に応じて柔軟に活動量を変化させられるかどうかを調べます。

　しかし，ほとんどの生理指標が，交感神経系と副交感神経系の両方の影響を同時に受けているため，自律神経系の活動の評価は簡単ではありません。たとえば，心拍数が上がったときに，交感神経系の活動が高まったから（いわば，アクセルが踏まれたから）なのか，副交感神経系の活動が下がった（いわば，ブレーキが弱まった）からなのかを正確に評価することは難しいのです。臨床心理の分野でしばしば測られる自律系活動の例として，以下のものがあります。

（1）交感神経系の計測例：皮膚電位活動と筋電図

　発汗は，交感神経「のみ」の影響を受けるため，解釈が容易であり，緊張・覚醒・興奮の指標として一般的に多用されます。発汗の計測は，皮膚上の電気の流れやすさの変化を測る方法がとられることがほとんどです。このため，生理心理学では発汗のことを**皮膚電気活動**（electrodermal activity：EDA）と呼びます。

　また，筋電図によって測定される筋緊張も，緊張や興奮のわかりやすい指標として用いられます。前額筋（ひたい）や僧帽筋（肩）の筋電図が頻繁に計測さ

れます。

(2) 副交感神経系の計測例：心拍数変動

心拍数変動（heart rate variability：HRV）は，呼吸に合わせて心拍数が増減する幅（心拍数の揺らぎの大きさ）を測るものです。我々の心拍数は，つねに副交感神経系によって低く抑えられていますが，息を吸うことで，一次的にこのブレーキが外れて心拍数が上がります。息を吐くと，また副交感神経系の働きで心拍数が下がります。この作用を反映する心拍数変動の大きさは，副交感神経系がどれだけ活発に身体をコントロールできているかを表すと考えられていて，心理学者が好んで使う生理指標の一つになっています（Thayer & Lane, 2000）。たとえば高不安の患者の心拍数変動は，つねに低下していることが知られています（Thayer et al., 1996）。

4-3 内分泌系（ホルモン系）

ストレスホルモン

血液に流されて離れた部位に移動し作用する物質のことをホルモンと呼び，ホルモンと内分泌腺（ホルモンを分泌する器官）を合わせて内分泌系と呼びます。ホルモンには成長ホルモンや性ホルモンなどさまざまなものがありますが，臨床心理学でもっとも重要なものは，ストレスホルモンだといえます。主要なストレスホルモンは，腰の上のあたりにある副腎から産出される**アドレナリン**（および**ノルアドレナリン**），それに**コルチゾール**です。アドレナリンは交感神経系の刺激によって副腎髄質からすぐに分泌されます。一方でコルチゾールは，脳からの司令をホルモンとして受け取ってから分泌するため，分泌されるまでに10分近い時間がかかりますが，その分，時間をかけて作用を及ぼします。

そもそも動物にとってストレス反応とは，身体に危害が及ぼされるような緊急時に，とっさに身体を激しく動かせられるようにする（闘争-逃走反応を促す）ものだといえます。ストレスホルモンには交感神経系を補助する作用があり，アドレナリンは血圧や心拍数，呼吸数などを増加させますし，コルチゾールもアドレナリン等の働きを補助しつつ，蓄えられているブドウ糖の供給を促しま

す。その他，免疫系の働きを調節し，アドレナリンは**自然免疫系**（生まれつき備わっている汎用的な免疫系）の働きを促し，一方で，コルチゾールは**獲得免疫系**（後天的に経験した個別の異物に対する免疫系）を抑制します。

コルチゾールと長期的ストレスの弊害

　ストレスホルモンの中でもコルチゾールは，脳（とくに海馬）への影響について詳しく調べられています。また尿や唾液等からも比較的手軽に濃度が測れるということもあり，心理学者がもっとも頻繁に測定するストレスホルモンです。コルチゾール分泌を指示する経路である **HPA 軸**（視床下部 Hypothalamus → 下垂体 Pituitary → 副腎皮質 Adrenal cortex の頭文字をとったもの）は，ストレス研究の重要な基礎概念で，高ストレスを経験する感情障害ではしばしばHPA 軸の機能が検討されます（第 2 章・第 5 章参照）。

　ストレス反応は，とっさに身を守ることに役立つという，もともとは生存上に有利なしくみと考えられます。しかし，我々にはストレスの害悪ばかりが目立つ理由は，現代のストレスのほとんどが，長期的なものであることによります。**長期的**なストレスにさらされると，ストレスホルモン（とくにコルチゾール）の放出量が高いままになり，持続的な高濃度のコルチゾールが脳の海馬にダメージを与え，海馬の萎縮が見られます（McEwan, 2000）。コルチゾールには，過去の記憶を想起しづらくする働きもありますし（Kuhlmann et al., 2005），柔軟に物事を考えづらくし，視野を狭くする働きがあります。また，コルチゾールは獲得免疫系を抑制するため，長期的なストレスは健康にも害を及ぼします。

　コルチゾール量は心的外傷後ストレス障害（PTSD）・抑うつ・不安など，さまざまな病理での異常が検討され，病態を把握する指標として検討されています（Meewisse et al., 2007；Burke et al., 2005 など）。しかし，ある病態におけるコルチゾールの一貫した異常を見出す試みは，なかなか難しいようです。近年ではコルチゾールの定常量よりも，むしろ，ストレス状況に応じてコルチゾールが増減する変化量の大きさや，一日内のコルチゾール量の周期的変動の大きさから，ストレス反応の正常性を確認する目的で研究されることが多くあります（Chida & Steptoe, 2009）。

第Ⅱ部　臨床心理学の理論と方法

●練習課題の解説
【練習課題 12-1】
　本文で解説したように，どれくらいセルフコントロールできるかは，感情的な脳と理性的な脳のバランスによると考えられます。つまり，子ども時代は前頭前野が未成熟で我慢しづらく（Mischel, 2014），思春期に入るとしだいに成熟するものの，まだ感情を十分にコントロールしきれていないと考えられます（Casey & Jones, 2010）。興味深いことに，その傾向は，友だちの前にいるときに顕著になることもわかっており（peer influences: Albert et al., 2013），思春期の若者が集団で暴力的になりやすい背景には，脳内の理性と感情のアンバランスもあると考えられます。

もっと詳しく知りたい人のための文献紹介

池谷裕二（監修）(2015). 大人のための図鑑　脳と心のしくみ　新星出版社
　　⇨脳の「図説」のような一般向け書籍は多数ありますが，その中でも情報の質，バランス，わかりやすさ，そして新しさという点で優れています。とくに，脳と心の病気に関する章は，本書の読者にも大変役立つでしょう。
岡野憲一郎（2006）. 脳科学と心の臨床――心理療法家・カウンセラーのために　岩崎学術出版社
　　⇨臨床心理学の現場で働きながら，脳科学とほとんどかかわらない（あるいは脳科学に批判的な気持ちのある）人たちを主な対象に，現場で役立ちそうな脳科学の基礎を説明している本です。脳科学の説明はわかりやすく勉強になりますし，また脳科学と臨床心理学の関係に関する筆者の考えも語られ，参考になります。本書と本章に興味がある読者には強くお勧めできます。
シルバー, K.　苧阪直行・苧阪満里子（訳）(2005). 心の神経生理学入門――神経伝達物質とホルモン　新曜社
　　⇨神経伝達物質やホルモンのメカニズムについてわかりやすく説明されており，とくに後半は精神病理に関連した話題も多く，お勧めできます。原著の出版年は1999年で，薬理に関する情報が古いものの（SSRIなど現在の主流の治療薬への言及もないのですが），本章で紹介したような臨床心理学にかかわる生理学的メカニズムの基礎の勉強に適しています。

引用文献

Adolphs, R., Tranel, D., Damasio, H., & Damasio, A. (1994). Impaired recognition of emotion in facial expressions following bilateral damage to the human amygdala. *Nature, 372*, 669-672.

Albert, D., Chein, J., & Steinberg, L. (2013). Peer influences on adolescent decision making. *Current Directions in Psychological Science, 22*, 114-120.

Burke, H. M., Davis, M. C., Otte, C., & Mohr, D. C. (2005). Depression and cortisol responses to psychological stress: A meta-analysis. *Psychoneuroendocrinology, 30*, 846-856.

Casey, B., & Jones, R. M. (2010). Neurobiology of the adolescent brain and behavior. *Journal of the American Academy of Child and Adolescent Psychiatry, 49*, 1189-1285.

Chida, Y., & Steptoe, A. (2009). Cortisol awakening response and psychosocial factors: A systematic review and meta-analysis. *Biological psychology, 80*, 265-278.

Harrison, N. A., Gray, M. A., Gianaros, P. J., & Critchley, H. D. (2010). The embodiment of emotional feelings in the brain. *The Journal of Neuroscience, 30*, 12878-12884.

岩田　誠・河村　満（編）(2008). 脳とソシアル――社会活動と脳　医学書院

Gazzaniga, M. S., Ivry, R. B., & Mangun, G. R. (2014). *Cognitive Neuroscience: The biology of the mind.* New York: W. W. Norton & Company.

Jensen, S. E., & Nutt, A. E. (2015). *The teenage brain.* New York: HarperCollins.（ジェンセン，F. E., & ナット，A. E. 野中香方子（訳）(2015). 10代の脳　文藝春秋）

Kapur, S., & Remington, G. (1996). Serotonin-dopamine interaction and its relevance to schizophrenia. *American Journal of Psychiatry, 153*, 466-476.

Kuhlmann, S., Piel, M., & Wolf, O. T. (2005). Impaired memory retrieval after psychosocial stress in healthy young men. *The Journal of Neuroscience, 25*, 2977-2982.

MacLean, P. D. (1967). The brain in relation to empathy and medical education. *The Journal of Nervous and Mental Disease, 144*, 374-382.

McEwen, B. S. (2000). Effects of adverse experiences for brain structure and function. *Biological Psychiatry, 48*, 721-731.

Meewisse, M. L., Reitsma, J. B., De Vries, G. J., Gersons, B. P., & Olff, M. (2007). Cortisol and post-traumatic stress disorder in adults. *The British Journal* of Psychiatry, *191*, 387-392.

Melis, M., Spiga, S., & Diana, M. (2005). The dopamine hypothesis of drug addiction: Hypodopaminergic state. *International Review of Neurobiology, 63*, 101-154.

Mischel, W. (2014). *The marshmallow test.* New York: Little, Brown and Company.（ミシェル，W. 柴田裕之（訳）(2015). マシュマロ・テスト 早川書房）

Ochsner, K. N., & Gross, J. J. (2005). The cognitive control of emotion. *Trends in cognitive sciences, 9*(5), 242-249.

Rainville, P. (2002). Brain mechanisms of pain affect and pain modulation. *Current opinion in neurobiology, 12*, 195-204.

Ruff, C. C., & Fehr, E. (2014). The neurobiology of rewards and values in social decision making. *Nature Reviews Neuroscience, 15*, 549-562.

Saxe, R., & Kanwisher, N. (2003). People thinking about thinking people: The role of the temporo-parietal junction in "theory of mind". *Neuroimage, 19*, 1835-1842.

Steinberg, L. (2014). *Age of oppotunity.* New York: Mariner Books.（スタインバーグ，L. 阿部寿美代（訳）(2015). 15歳はなぜ言うことを聞かないのか 日経BP社）

Thayer, J. F., Friedman, B. H., & Borkovec, T. D. (1996). Autonomic characteristics of generalized anxiety disorder and worry. *Biological psychiatry, 39*, 255-266.

Thayer, J. F., & Lane, R. D. (2000). A model of neurovisceral integration in emotion regulation and dysregulation. *Journal of affective disorders, 61*, 201-216.

Van der Kolk, B. A. (1994). The body keeps the score: Memory and the evolving psychobiology of posttraumatic stress. *Harvard review of psychiatry, 1*, 253-265.

■ トピックス〈臨床心理学の現場〉⑥ ■

スポーツ・リハビリテーション──Athlete First

　筆者が専門とする分野はアスレティックトレーナーと呼ばれ，運動選手をサポートすることを目的とします。筆者自身もそのうちの一人として働いています。残念ながら日本ではアスレティックトレーナーについての法律や明確な基準がないため，アスレティックトレーナーに関する資格を複数団体が認定しており，その理念や役割などは統一されていません。一方，スポーツの本場アメリカでは，単一団体（National Athletic Trainers' Association）のみが国家資格であるアスレティックトレーナーの資格認定を許されており，理念や役割の統一がなされています。また，アスレティックトレーナーは準医療従事者としてアメリカ医学会より認められており，社会的地位も確立されています。筆者は確立された教育システムでアスレティックトレーナーの知識や技術を学ぶため，渡米し，資格を取得しました。

　スポーツの現場では多くのスポーツ傷害が発生します。そこでアスレティックトレーナーは発生した傷害の診断と応急・救急処置を行い，傷害からの復帰を目指す選手に対しリハビリテーションなどを行うアスリートサポートを主な業務とします。診断の際は，負傷選手と一対一で会話を行い，過去の受傷歴，受傷時の状況，受傷後の処置の有無などを聞き取り，その傷害が何であるかを判断します。リハビリテーションでは負傷選手の専門種目と受けたスポーツ傷害，そしてその回復状況を考慮し，リハビリテーションプログラムを作成していきます。リハビリテーション初期段階では，主に他動運動を用いて患部やその付近をマッサージまたは牽引する徒手療法や，患部または健常部を自ら動かす運動療法を用いて，痛みの軽減や関節可動域の回復，そして筋力強化などを行います。また負傷から復帰した選手にストレッチングやテーピングを施す際も，負傷者と一対一で患部や健常部に直接手で触れて行われることから，高いコミュニケーション能力や信頼関係が必要とされます。負傷選手に安心感をもってもらおうと努力しますが，はじめの方はうまくいかず，なかなか心を開いてくれません。会話も一方通行が多く，必要最低限のものばかりとなってしまいます。けれどもアスリートサポートが続き，選手も安心感をもってサポートを受け出すと，たちまち会話が大きく広がっていきます。大学生活のこと，授業のこと，クラブに対する不満や不安，家族のこと，そして恋愛の話など尽きることがありません。

アスレティックトレーナーには臨床心理学の知識や技術も必要だと筆者は考えています。選手の中にはチームメイトや監督，そしてコーチにだからこそ相談できない悩みごとを抱える者もいます。本来，体に何らかの不調や不具合，また痛みや怪我が発生すれば，一番身近にいる監督やコーチに訴え，練習を中断し，その原因を明らかにすることが**早期発見・早期治療・早期復帰**へとつながります。しかしチームメイトや監督そしてコーチに相談すれば，「現在いるチーム内での自らのポジションが失われる」，「試合に出させてもらえない」，「弱い選手だと思われる」というマイナスイメージが選手にはあるようです。実際に監督やコーチと話をすると，そのような考えはまったくなく，なぜ不調や不具合，また痛みや怪我を隠し続けるのかと思われるそうです。そのようなマイナスイメージをもつ選手に対して，少しでもそれらの誤解を解き，不安や悩みを解消する手助けをしたいという気持ちをつねにもちつづけ，選手に接していく必要性を感じます。

　しかし話を聞いていく中で，心の問題が深く大きく，筆者の力だけでは対処できない選手もいます。そういった選手に対しては，監督やコーチとの相談の上，大学に勤務する臨床心理士へ専門的支援を求めます。自らの現状を認めたくなくて拒否する選手，話を聞いてもらいたくて進んでサポートを受ける選手など反応はさまざまです。我々にとって何がいいのかではなく，選手にとって何が一番必要か（Athlete First）を前提に話を進めていかなければいけないため，慎重かつ繊細に行動しなければなりません。そこには各専門家（監督・コーチ，アスレティックトレーナー，臨床心理士など）が連携をとりサポートできる関係や環境づくりを構築していく必要があります。

　日本におけるアスリートサポートは，アメリカで学び経験したものと比べ，まだまだ連携やその組織は確立されていないのが現状です。日々新しい技術，技能，練習法やトレーニング法が現場で導入されているのに対し，アスレティックトレーナーやスポーツ栄養士，そしてスポーツ心理士などのアスリートサポートはいまだ地位が確立されておらず，後れをとっています。世界の大舞台で活躍することを夢見て，たくさんの若き選手が日々練習やトレーニングを行っているように，我々アスリートサポートも Athlete First の信念をもち，日々努力していかなければいけないと筆者は思います。

第13章 心理アセスメント
——専門家による心の見立て

　心理アセスメントとは，臨床心理学の知識や技術を用いて，クライエントがどのようなパーソナリティをもち，現在どのような状態にあり，今後どのような支援や治療が有効かといった見通しを構築することです。心理アセスメントでは観察や面接，心理検査（心理テスト）などからクライエントについて，さまざまな角度から仮説を積み重ね，得られた情報を包括しながら，現在のクライエントのあり方を立体的に描き出すことが重要です。この章では，心理アセスメントの考え方について概観し，架空症例による練習を通して，心理アセスメントのイメージを拡げてみましょう。

1 心理アセスメント

1-1 心理アセスメントとは

　心理アセスメントという言葉について概観しておきましょう。心理アセスメントという言葉は「心理査定」とも邦訳されています。心理アセスメントの定義にはさまざまなものがあります。たとえば，「人を『知る』という全人的な活動である」（皆藤，2004）といったものから，「対象となる個人の長所と短所を含む現在の状態を正確かつ明白に理解すること」（高橋・高橋，1993），「臨床心理学的援助を必要とする事例（個人または事態）について，その人格や状況および規定因に関する情報を系統的に収集，分析し，その結果を総合して事例への介入方針を決定するための作業仮説を生成する過程」（下山，2003）など，さまざまな定義がなされています。

心理アセスメントというと心理検査（心理テスト）を思い浮かべがちですが，これらの定義からもわかるように心理アセスメントという言葉は「たんに検査というよりも，多数の情報源から収集された情報の包括的な統合を指す，幅広い術語」（Carlson, 2013）として用いられます。ここでは一つの架空症例を取り上げながら，アセスメントのプロセスを概観してみましょう。

1-2 受付から予約まで

心理アセスメントは，クライエント自身やその周囲の人が相談機関に申し込みの連絡をしてくることから始まります。申し込みの電話では，氏名や年齢，性別などに加えて悩みの内容である**主訴**を尋ね，病院への受診状況などを簡潔に尋ねます。また，料金やサービスの内容を説明したり，連絡先などを尋ねたりします。さらに，問い合わせの経緯や連絡可能な時間を尋ね，連絡の際に相談機関名を名乗ってよいかなどの配慮事項も確認しておくとよいでしょう。受付の際には，クライエントの電話での様子や話し方など内容以外の情報も記録をとっておくことも有用です。クライエントのニーズと相談機関の都合が合えば，初回の面接である**インテーク面接**（受理面接）の予約をとります。

●練習課題 13-1

次の電話受付場面を読んで，Aさんがどのような人か，どのような問題を抱えていそうかを，あなたなりに考えてみてください。

電話受付場面　Aさんは，あなたが実習を受けている大学の相談室にカウンセリングの申し込みの電話をしてきました。あなたが電話に出て相談室名とあなたの名前を告げると，Aさんは「すみません。そちらで相談をしたいのですが……」と，いきなり話を始めようとしました。あなたは電話受付の記録用紙を取り出し，〈こちらでの相談ですね。まず，最初にどのようなことでお悩みか簡単にお聞かせください〉と尋ねました。Aさんは早口で焦った様子で「最近，いろいろなことが気になって仕方ないのです。僕は一人暮らしなのですが，大学に行くときにガス栓をきっちり閉めたかとか，扉をきっちりと閉めたかと気になって。家を出る前には，きっちり確認していくんです。でも後で不安になって，もう一度部屋に戻ったりして，それで大学の授

業にも遅れてしまって……」と悩み事を話してくれました。

1-3 受理面接

受理面接（intake interview）はクライエントとはじめて出会う場です。その際，最初に大切なことは**ラポール**（心理的つながり）を形成しながら，同時に**観察する**ことです。親子別々に受理面接を行う場合などはあえて一緒に過ごしてもらう時間をつくり，親子の様子を観察する場合もあります。受理面接では，相談の申し込み票や電話での申し込みの内容を参考に，表13-1に示すような事項を尋ねていきます。

表13-1 インテーク面接で確認する主な事項

主 訴	悩みの内容について確認し，詳しく聴きます。
臨床像	予約時間どおりに来談されるか，服装や髪型が整っているか，姿勢や座り方は自然か，表情や身振りは適切か，話し方や話のまとまりはあるかなどの外見的，行動的特徴をとらえてクライエントのイメージを構築します。
相談歴・受診歴	主訴について，これまでにどのような相談機関や病院などで相談や受診をしたことがあり，現在どのような経過にあるかを尋ねます。
現病歴	現在の主訴がいつから始まり，どのような経過をたどり，今現在はどのような状態であるかを尋ねます。
既往歴・病歴	これまでに精神的，身体的な問題を経験したことがあるかを尋ねます。
医学的情報	主訴の背景に身体的疾患が関連している可能性を考慮し，医学的な情報やデータについても参照することがあります。
生育歴	出生から発達の各段階（乳児期，幼少期，小学校時代，中学校時代…など）での生活の様子を尋ねます。
家族歴	クライエントの家族について一人ひとりの成員の性格や既往歴，また家族の歴史などについて尋ねます。
要望・期待	相談・治療への要望や期待に加えて，継続的に来談可能な日時などを尋ねます。

受理面接では限られた時間の中で，できるだけさまざまな角度からクライエントや取り巻く状況についての情報を収集し，クライエントを多面的にとらえていきます。ただし，クライエントを質問攻めにするのではなく，クライエントの主訴を共感的に理解しながら，少しずつ必要な情報を話してもらえるよう

コラム 13-1：あなたは自分のことをわかっている？

あなたは自分のことを自分でわかっているでしょうか？　直感的には，自分は他者よりも自分のことを知っていると思うでしょう。しかし，最近の研究では，私たちには，他者は気がつくのに自分では気がつかない，潜在的な盲点があることが知られてきています。なぜ我々は自分では気づけないのでしょうか？　一つには，たんにフィードバックが少なく情報が欠如している場合や，考えすぎてしまい盲点ができる場合があります。また私たちは，自分の価値を保ちたい，高めたいという動機から，知らず知らずのうちに自己評価にバイアスをかけてしまうこともあります（Sedikides & Gregg, 2008）。またネガティブな方向に自分を確証したい人もいるようです（Swann, 1997）。

ヴァジア（Vazire, 2010）は，最近，自分が知っている自分のパーソナリティの側面と，他者が知っている自分のパーソナリティの側面の違いを**自己-他者知識の非対称性**（self-other knowledge asymmetry：SOKA）モデルとして提唱しています。SOKAモデルでは，「不安」や「楽観的」といった自分の内的特性は自分のほうがよくわかっており，「騒がしい」とか「魅力的」といった外的特性については，他者の方がよりよくわかっているとされます。また評価的特性（無礼だとか，知的だとか）についての自己評価は，バイアスによって著しく歪められるといいます。

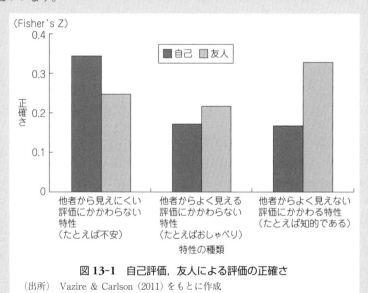

図 13-1　自己評価，友人による評価の正確さ
（出所）　Vazire & Carlson（2011）をもとに作成

> このことを検証するために，ヴァジアとカールソン（Vazire & Carlson, 2011）は外的な基準（実験室で行われたスピーチ課題とグループでの分配課題のビデオ記録映像の行動評定，知能テスト，創造性テスト）に対する，自己評価と友人による評価による行動予測の正確さを比較しました。その結果，モデルどおり，内的特性（たとえば不安）では，友人による評価よりも自己評価の方がよく行動を予測しましたが，評価的特性（たとえば知能や創造性）では自己評価よりも友人による評価の方が実際のパフォーマンスをより正確に予測しました。これらのことから，私たちが自分のパーソナリティを知るためには，自分が自分のことをどう見ているかを知っておくことと同時に，よく知っている他者が自分をどう見ているかを想像してみる必要がありそうです。

に，しっかりとしたラポールの形成を心掛けることが大切です。

1-4 見立て

受理面接で得られた情報を参考にクライエントの状態に合わせて，アセスメントに用いる心理検査や治療構造，どのような技法を用いることが有効かなどの治療計画を立てることを「**見立て**」(treatment planning) といいます。見立てには「これが答えだ」というものはありませんが，提示された情報の中から重要な情報をピックアップし，クライエントの状態についてさまざまな可能性が頭に浮かぶようになることが大切です。

2 心理検査

受理面接に加えて，さらなるクライエントの情報をえるために**心理検査**を行うことがあります。心理検査には大きく分けて，**質問紙法**，**投映法**，**知能検査**，**神経心理学検査**，作業検査などの種類があります。ここでは，代表的なものを解説します。

2-1 質問紙法：MMPIはどのようにつくられたか

　MMPIは1943年にハザウェイ（Hathaway, S. R.）とマッキンリー（Mckinley, J. C.）によって作成された質問紙法です。MMPIは550項目から構成されており，被検者の精神病理を査定する**臨床尺度**と受検態度を査定する**妥当性尺度**から構成されています。

　MMPIの臨床尺度は，経験的採点法により作成されています。経験的採点法とは，ある特定の性格特性や病気の診断を受けている臨床群と疾患のない健常群に同じ検査項目を実施し，臨床群と健常群を弁別できる項目を決定する方法です。

　MMPIの臨床尺度の作成では，精神科問診票や既存の質問紙などから多数の質問項目を集めました。そして学生や労働者などで構成された健常群と，心気症（Hs），抑うつ（D），ヒステリー（Hy），精神病質的偏倚（Pd），パラノイア（Pa），精神衰弱（Pt），統合失調（Sc），軽躁（Ma）と診断された患者を臨床群として，両群を弁別できる項目を検討し，八つの尺度が作成されました。また八つの尺度に加えて，男子性・女子性尺度（Mf），社会的内向尺度（Si）が臨床尺度に追加されています。

　MMPIのもう一つの特徴は**妥当性尺度**が準備されていることです。妥当性尺度は無回答がたくさんあったり，クライエントがでたらめに回答したり，自分の問題を隠そうとするといった場合，結果を適切に解釈できなくなるという質問紙法の問題点に対応するためにつくられました。妥当性尺度では，「どちらともいえない」と答えた回答数である？尺度（Cannot say scale），自分を社会的に好ましく見せかけようとする態度であるL尺度（Lie scale），誤った文章理解，詐病などを示すF尺度（Frequency scale），防衛的態度を検出するK尺度（Correction scale）の四つの尺度を用いて被検者の受検態度を検討します。また妥当性尺度は結果の適切さだけでなく，被検者の人格をより深く理解するうえでも豊かな情報を与えてくれます。

コラム 13-2：ロールシャッハ・テストの脳研究

　近年では，ロールシャッハ・テストと脳科学の関係性を検討する研究も増えてきました。浅利ら（Asari et al., 2010a；2010b）はロールシャッハ・テストで，ユニークな反応を示す人ほど**扁桃体**や帯状回など情動に関連する領域が発達していること，ユニークな反応の際に，情動と知覚を結びつける右側頭極が活動すること，ユニークな反応が情動的な負荷に対する脆弱性と関連する可能性を示唆しています。また地村ら（Jimura et al., 2009）は，無色彩反応とネガティブフィードバックに関連する**前頭前野内側部**（第3章参照）との関連を見出しています。このように脳画像解析からも徐々にロールシャッハ・テストの解釈の裏づけがなされはじめています。

2-2　投映法：ロールシャッハ・テストはどのような発想で生まれたか

　ロールシャッハ・テストはスイスの精神科医ヘルマン・ロールシャッハ（Hermann Rorschach）が1921年に『精神診断学』（*Psychodiagnostik*）を著し，発表した投映法の心理テストです。ロールシャッハ・テストは，ほぼ左右対称のインク・ブロット（ink blot：インクのシミ）の描かれた10枚の図版を見せて「何に見えるか」を尋ねます。

　晴れた日に雲を見ているとさまざまな形に見えることがあります。同じ雲を見ても，「龍が飛んでいる」ように見える人もいれば，ある人には「鯵のひらき」のように見えるかもしれません。ロールシャッハ・テストは，雲のように曖昧な形をしたインク・ブロットをどのように認知し，どのように言語化するのかを通して，クライエントのパーソナリティを把握する検査です。ロールシャッハは1910年代にインク・ブロットを用いた臨床研究を始め，その中で統合失調症の患者が他の患者と違った見方をすることに気づきました。そこで彼は図版を作成し，臨床データを集めて『精神診断学』をまとめました（中村，2010；片口，1995；高橋・北村，1981を参照）。

　ロールシャッハ・テストの一つの独創的な点は，図版に描かれたインク・ブロットが「何に見えるか」という**反応内容**だけでなく，インク・ブロットの「どこを見ているか」といった**反応領域**や，「図版のどのような性質から見てい

るのか」という**決定因子**という形式的な側面からも検討を行う点です。クライエントがインク・ブロットという刺激に対して，どこをどのように認知し，どのように言語化するのかといった一連の**知覚-反応**の流れをとらえて分析することで，クライエントの外界の認知の仕方や感情状態やストレス対処能力，精神的な成熟度や性格傾向などさまざまな情報を検討します。ロールシャッハ・テストの実施法，整理法，解釈法としては，クロッパー法や**エクスナー法**などがあります。

2-3 投映法：描画テストには何があらわれるのか

　描画テストは「教育や心理臨床の場面において，なんらかの目的をもって，対象者に鉛筆やクレヨンなどを与え，紙上に何かを表現させる心理テスト」（高橋，2011）です。描画テストは投映法の中でも，与えられた用紙の上にクライエントが自ら刺激を構造化するため，被検者の自発的な反応構成が求められるという特徴があります（高橋，2001）。また，描画という非言語的な手段で行われることから，クライエントが言語化しにくい心の状態がグラフィックコミュニケーション（Graphic Communication）という形で描画の中に表現されると考えられています。

　描画テストでは，大まかな発達や精神的な成熟を推測することができます。また，空間象徴の理論にもとづいて，用紙の使い方や描画の位置などから無意識の欲求や感情状態を推測することもできます。また描画の描かれ方には，その人自身も意識していないような特徴的なサインがあらわれることもあります。ここではHTPPテストを参考に，実施法と解釈について概観しておきましょう。

　HTPPテストはHBの鉛筆とA4またはB5のケント紙を用いて，一定の標準化された教示を提示して，クライエントに「家」「樹木」「人」「その反対の性の人」の順で4枚の絵を描いてもらいます（高橋，2011参照）。描画中は時間を計りながら，クライエントの描画の描き方やそのプロセス，描画時の態度などの行動観察を行います。4枚の描画の後に描画後の質問（PDI）または描画後

の会話（PDD）を行い，描画を中心にクライエントと話し合います。

　描画テストの解釈では，三つの過程で分析します。全体的な印象を重視して，描画のバランスやまとまりなどを見る**全体的評価**，描画のサイズや位置，筆圧や描線の質，遠近感，透明性，部分の省略や歪曲などを分析する**形式分析**，課題に合わせて何を書いたか（何を書いていないか），描画の特徴的なサイン（たとえば人物画の指が尖っている）などの**内容分析**です。描画テストの解釈に限らず，投影法の解釈では，一つの特徴的なサインだけを取り上げて，たとえば「人物画の指が尖っているから攻撃性が強い」などとすぐに結びつけて考えるのではなく，反応の中に繰り返しあらわれる特徴的なサインをとらえながら，クライエントの特性に関する仮説を積み上げて，慎重に解釈を行うことが大切です。

2-4　知能検査：WISC は何を測定しているのか

　WISC（Wechsler Intelligence Scale for Children）はデイビッド・ウェクスラー（David Wechsler）によって開発された子ども（5歳0か月〜16歳11か月）のための知能検査です。日本では2010年に第4版となる WISC-Ⅳ が発表され，使用されています。ウェクスラー（Wechsler, 1939）は知能を「個人が目的をもって行動し，合理的に考え，効率的に環境と接する総体的な能力」と定義し，環境への適応能力と考えました。WISC-Ⅳは15の下位検査（表13-2）で構成されています。WISC-Ⅳでは，従来の言語性 IQ と動作性 IQ という考え方が廃止され，言語理解指標（VCI），ワーキングメモリー指標（WMI），知覚推理指標（PRI），処理速度指標（PSI）という四つの**指標得点**と全検査 IQ（FSIQ）の五つの合成

表 13-2　WISC-Ⅳの構成

指　標	下位検査
言語理解指標	類似，単語，理解，（知識），（語の推理）
知覚推理指標	積木模様，絵の概念，行列推理，（絵の完成）
ワーキングメモリー指標	数唱，語音整列，（算数）
処理速度指標	符号，記号探し，（絵の抹消）

（出所）Wechsler（2014）をもとに作成　　　　　　　　（　）：補助検査

コラム 13-3：認知症と神経心理学検査

　突然ですが，あなたの年齢は何歳ですか。今日は何年の何月何日ですか。今あなたがいるところはどこですか。次の三つの言葉を覚えてください。「楓，さる，飛行機」。100から7を繰り返し，3回引いてください。次の数字を読んだあとに目をつぶって逆から言ってください。「2-9-4-6」。知っている果物の名前をできるだけたくさん言ってください。さて，これらの質問にきちんと答えられたでしょうか。これは認知症のスクリーニング検査として用いられる**改訂 長谷川式簡易知能スケール**（HDS-R）の一部を，少し変えて示したものです。

　我が国でも社会の高齢化に伴い，認知症の早期発見，早期治療は重要な課題です。ICD-10（World Health Organization, 1992/2005）によれば，認知症は「通常は慢性あるいは進行性の，記憶，思考，見当識，理解，計算，学習能力，言語，判断を含む多数の高次皮質機能障害を示す」脳疾患による症候群です。認知機能障害を中心とした中核症状と，それに伴う行動・心理的症状（Behavioral and Psychological Symptoms of Dementia：**BPSD**）が生じます。このような認知機能障害のパターンと重症度を的確に把握する心理検査を，神経心理学検査といいます。

　上記の長谷川式簡易知能スケールは，認知症の認知機能障害を簡易に評価できる神経心理学検査の一つです。その他にも，認知症の評価に用いられる神経心理学検査には，ミニメンタルステート検査（Mini-Mental State Examination：MMSE），**時計描画検査**（Clock Drawing Test：CDT），アルツハイマー病評価スケール（Alzheimer's Disease Assessment Scale-Cognitive subscale：ADAS-Cog），前頭葉機能検査（Frontal Assessment Battery：FAB）があります。軽度認知障害の鑑別にはモントリオール認知評価（Montreal Cognitive Assessment：MoCA）などがあります。神経心理学検査は，**高次機能障害**や精神疾患に伴う認知機能障害の評価などにも用いられます。

　神経心理学検査について勉強する際には，私たちが日常の生活を送る際にどのような認知機能を使っているか，自分の生活を振り返ってみるとよいでしょう。

　さて，先ほど覚えてもらった三つの言葉は何だったでしょうか？

得点を算出します。**言語理解指標**は言葉の概念をとらえ，言葉による推理力・思考力，言語による習得知識などの能力を示す指標です。**ワーキングメモリー指標**は，聴覚から得た情報を一時的に記憶に留め，その情報を操作する能力や注意力，集中力などを測定しています。**知覚推理指標**は非言語的情報をもとに

推論する力や新奇な課題への処理能力で，非言語的な推理力・思考力や空間認知などを測定しています。**処理速度指標**は視覚刺激の速く正確な処理，注意，動機づけ，視覚的短期記憶，視覚と運動の協応などを測定しています。15の下位検査は平均が10，標準偏差が3となるように，全検査IQおよび四つの指標は平均が100，標準偏差が15となるように設定されています（第14章参照）。

WISC-Ⅳでは，指標間の数値の差を検討する**ディスクレパンシー分析**（指標間の差が大きい場合，発達障害や精神的な問題に関連した認知能力の偏りが推測される），下位検査項目の分析，プロセス得点の分析（低得点の原因や間違いの性質を分析する）などを通して，より細かく分析できるようになっています。

3 心理検査について知っておきたいこと

3-1 標準化された道具・手続きであること

　心理検査を用いて正確な評価を行い，アセスメントに生かすためには，標準的な道具を用い，決められた手続きに従って心理検査を実施することが重要です。たとえば同じ知能検査を用いても，用いる道具や教示の仕方が検査者ごとに異なっていれば，検査結果を適切に評価し，比較することができません。そのため心理検査を作成する過程では，**標準化**という手続きによって，標準的な項目・教示・手続きを定め，結果を統計学的な基準で比較できるようにします。まず，その調べたい内容にかんする質問項目や道具を仮に作成します。次に**母集団**から抽出されたサンプルに対して，予備調査を行います。予備調査の結果をもとに，各項目の回答傾向や弁別力，用具や教示，質問項目の適切さなどを検討して，項目の精選・修正を行います。そして，本調査として，無作為抽出された大きなサンプルに対して再び調査を行い，統計学的および内容的な観点から信頼性・妥当性を検討します。このような手続きで作成されたテストを**集団準拠テスト**といいます。集団準拠テストでは，回答者が母集団のどのあたりに位置づけられるかを知ることができます。

3-2 心理検査の信頼性・妥当性

標準化のプロセスでは，心理検査の信頼性と妥当性を検討します。

信頼性とは，「同一個人に対して同一条件のもとで同一のテストを繰り返し実施したとき，一貫して同一の得点が得られる程度」（服部，1999）を示す概念です。実際には記憶や練習の効果が生じるため，同一の検査を短期間に繰り返し実施することは難しいでしょう。その点を考慮して，信頼性の確認にはいくつかの方法が開発されており，**信頼性係数**という数値によって評価します（表13-3）。

表13-3 心理検査の信頼性の確認方法

再検査法	実施した性格検査の結果と一定期間後に実施した同じ検査の結果が同じ結果を示すかを相関係数によって評価する。
平行法 (代替検査法)	調べたい検査と同じ内容を測定するように意図的に作成された代替形式の検査を準備し，その二つを同一集団に実施し，その結果の相関係数によって評価する。
折半法	一つの内容を測定する検査を2組に分けて（たとえば奇数項目と偶数項目），2組の結果の相関係数によって信頼性係数を推定する。
クロンバックのα係数 (Cronbach's alpha)	折半法における全ての折半の仕方から算出された信頼性係数の平均値を算出し，内的整合性（似た項目で同じような回答傾向が見られる）を評価する信頼性の指標として用いられる。

妥当性とは，その心理検査が「測定しようとしているものを実際に測っているかどうか」，また「尺度の測定値の解釈，および，測定値によってなされる推論や決定が適切であるか」（吉田，2001）を表す概念で，内容的妥当性，基準関連妥当性，構成概念妥当性などがあります。

3-3 心理検査を組み合わせる

クライエントをより深く理解するためには，一つの心理検査では不十分です。そこで複数の心理検査を組み合わせて，クライエントを多面的に理解することを，**テスト・バッテリー**（test battery）といいます。たとえば，質問紙法のように意識的な側面が反映されやすい心理検査と，投影法のように無意識的な側面が反映されやすい心理検査を組み合わせます。もちろん，クライエントのニ

ーズと利益を考え，時間的にも経済的にも効率的に実施できる組み合わせにすることが必要です。

3-4 結果を伝える

　心理アセスメントの結果は，主治医や心理検査担当者からフィードバックされます。カウンセリング場面では，カウンセラーがフィードバックすることもあるでしょう。病院などでは，検査担当者の書いた報告書をもとに，主治医が伝えることもあります。心理検査を実施した目的をふまえて，**クライエントの利益になるようにフィードバックすることが何より大切です**（寺嶋，2006；津川，2009）。

> ●練習課題 13-2
> 　架空症例Aさんのパーソナリティを全般的に知るために，どのようなテスト・バッテリーを組むことが有効だとあなたは考えますか？　また，どのような点に注意して，結果を伝えるとよいでしょうか。

●練習課題の解説
【練習課題 13-1】
　情報が限られているので，不明な点は多いですが，電話での様子や発言内容から，Aさんが相談室への申し込みに不安や焦りをもっていること，**強迫症**（Obsessive-Compulsive Disorder：OCD）が疑われる症状で本人が困っていること（distressing），日常生活の遂行能力が阻害されている（dysfunctional）状態を推測できます。強迫症では，不適切な思考（**強迫観念**）や行動（**強迫行為**）が反復するのを抑えられず，日常生活が送れないほどになります。たとえば，「手を洗わないと，自分が汚染されている」ように感じるため，手洗いを何十分もやめられないなどです。Aさんの場合は，さまざまなことを確認することに時間がかかって日常生活に支障が出てしまう，確認強迫がありそうです。
【練習課題 13-2】
　架空症例Aさんのように，強迫症を疑われる成人のパーソナリティや症状を広くとらえるためには，ロールシャッハ・テストや描画テストなどでパーソナリティの**病態水準**（第4章参照）を把握し，エール・ブラウン強迫観念・強迫行為尺

度(Yale-Brown Obsessive Compulsive Scale：Y-BOCS)などで強迫症状の範囲と程度を見ます。また，強迫症状の背景に発達障害などが疑われる場合には，知的能力(WAIS-Ⅲ：本文で紹介したWISC-Ⅳの成人版)や自閉症スペクトラム指数(Autism-Spectrum Quotient：AQ，第6章参照)を検討するかもしれません。本文で紹介したMMPIを実施することもあります。

結果の伝え方については，津川(2009)は，パーソナリティを描写する際には，まずよい点を述べ，次に課題となる点を述べ，そして全体から見たよい面を述べ，最後に援助方針を述べるという，サンドイッチ方式を薦めています。

もっと詳しく知りたい人のための文献紹介

上野一彦・松田　治・小林　玄・木下智子(2015). 日本版WISC-Ⅳによる発達障害のアセスメント　日本文化科学社
　⇨発達障害の知能検査の結果をどのように解釈するか，症例を通して理解できます。

中村紀子(2010). ロールシャッハ・テスト講義　Vol.1　金剛出版
　⇨ロールシャッハ・テストの成り立ちから，記号の意味，背景にある解釈仮説まで講義形式で学習できます。ロールシャッハ・テストに興味がある方は，一度目を通してみてください。

引用文献

Asari, T., Konishi, S., Jimura, K., Chikazoe, J., Nakamura, N., & Miyashita, Y. (2010a). Amygdalar enlargement associated with unique perception. *Cortex, 46*, 94-99.

Asari, T., Konishi, S., Jimura, K., Chikazoe, J., Nakamura, N., & Miyashita, Y. (2010b). Amygdalar modulation of frontotemporal connectivity during the inkblot test. *Psychiatry Research: Neuroimaging, 182*, 103-110.

Carlson, J. F. (2013). Clinical and counseling testing. In K. F. Geisinger (Ed.), *APA handbook of testing and assessment in psychology, Vol. 2: Testing and assessment in clinical and counseling psychology* (pp. 3-17). Washington, DC: American Psychological Association.

服部　環(1999). 信頼性　中嶋義明・安藤清志・子安増生・坂野雄二・繁桝算男・立花政夫・箱田裕司(編)　心理学事典(pp.457)　有斐閣

Jimura, K., Konishi, S., Asari, T., Miyashita, Y. (2009). Involvement of medial prefrontal cortex in emotion during feedback presentation. *NeuroReport, 20*, 886-890.

皆藤　章（2004）．投影法論　皆藤　章（編）臨床心理査定技法2（pp. 2-49）誠信書房

片口安史（1995）．新・心理診断法　金子書房

中村紀子（2010）．ロールシャッハ・テスト講義（Vol. 1）金剛出版

Sedikides, C., & Gregg, A. P. (2008). Self-enhancement: Food for thought. *Perspectives on Psychological Science, 3*, 102-116.

下山晴彦（2003）．アセスメントとは何か　下山晴彦（編）よくわかる臨床心理学（pp. 34-35）ミネルヴァ書房

Swann, W. B. (1997). The trouble with change: Self-verification and allegiance to the self. *Psychological Science, 8*, 177-180.

高橋雅春（2001）．HTPPテスト　上里一郎（編）心理アセスメントハンドブック第2版（pp. 173-185）西村書店

高橋雅春・北村依子（1981）．ロールシャッハ診断法（Vol. 1）サイエンス社

高橋雅春・高橋依子（1993）．臨床心理学序説　ナカニシヤ出版

高橋依子（2011）．描画テスト　北大路書房

寺嶋繁典（2006）．心理アセスメント　飯田紀彦（編）プラクティカル医療心理学（pp. 69-112）金芳堂

津川律子（2009）．精神科臨床における心理アセスメント入門　金剛出版

Vazire, S. (2010). Who knows what about a person? The self-other knowledge asymmetry (SOKA) model. *Journal of Personality and Social Psychology, 98*, 281-300.

Vazire, S., & Carlson, E. N. (2011). Others sometimes know us better than we know ourselves. *Current Directions in Psychological Science, 20*, 104-108.

Wechsler, D. (1939). *The measurement of aduld intelligence.* Baltimore: Williams & Wilkins.

Wechsler, D. 日本版WISC-IV刊行委員会（訳）（2014）．日本版WISC-IV補助マニュアル　日本文化科学社

World Health Organization (1992). *ICD-10 classification of mental and behavioural Disorders: Clinical Descriptions and Diagnostic Guidelines.* World Health Organization.（融　道男・中根允文・小見山実・岡崎祐士・大久保善朗（監訳）（2005）．ICD-10精神および行動の障害――臨床記述と診断ガイ

第Ⅱ部　臨床心理学の理論と方法

　　　ドライン（新訂版）　医学書院）
　吉田富二雄（2001）．信頼性と妥当性　堀　洋道（監修）吉田富二雄（編）　心理
　　測定尺度集Ⅱ（pp. 436-453）　サイエンス社

第14章 臨床心理学のための統計学
——心理検査マニュアルを読むために

> 統計といわれると苦手！ という人もたくさんいると思います。心理学を勉強すると，心理統計学といった授業（分野）があって，「統計的検定」などさまざまな統計的な考え方や，何より意味のわからない記号や数式がたくさん登場します。しかし，怖れる必要はありません。何を目的にするのかによって，必要な（求められる）知識・スキルは異なってきます。本章では，論文や心理検査（日本版 WAIS-Ⅲ, WISC-Ⅳ, KABC-Ⅱなど）のマニュアルを読むことを念頭に，基本的な統計手法を解説したいと思います。

1 平均と標準偏差が意味するもの

平均や**標準偏差**とはどのようなものでしょうか。これらの記載がない論文や検査マニュアルは存在しないと思います。また，標準偏差はともかく，平均の計算方法を知らない人もいないのではないでしょうか。平均は，すべてのデータを足して，データ数で割ったものです。これはどのような指標なのでしょうか。この節では，平均と標準偏差の意味を説明したいと思います。

1-1 平　均

上述したように，平均とは各データの総和をデータ数で割ったものです。これを数式で表すと，平均 ($\bar{x}$) は $\bar{x}=\frac{1}{n}(x_1+x_2+\cdots+x_n)=\frac{1}{n}\sum_{i=1}^{n} x_i$ となります。ここで，n はデータ数，x_i は一つひとつのデータを表しています。Σは足し算の記号です。数式が苦手な人もいると思うので，具体例をあげてみましょう。

表14-1 データ例

Aグループ		Bグループ	
ID	言語性	ID	言語性
1	10	11	8
2	13	12	11
3	12	13	12
4	14	14	15
5	12	15	17
6	14	16	14
7	13	17	18
8	10	18	9
9	15	19	10
10	13	20	12
平均	12.60		12.60
標準偏差	1.56		3.17

それぞれ10人で構成されるグループが二つあったとします。そのグループでWAIS-Ⅲを実施したところ表14-1のような結果が得られたとします。

まずはAグループの平均を求めます。上記の式にこの数値を入れると，x_1は10，x_2は13，…なので，先の式の（　）内を計算すると126になります。それをデータ数（n）10で割りますので，平均は12.6になります。

さて，これは何を意味しているのでしょうか。平均は，データを代表する値という意味で**代表値**といわれます。データがもつ情報（この例では10人の素点）を誰かに100％正確・完璧に伝えるためには，一人目の人が10点で，二人目の人が13点で……と10人の素点をそのまま報告するのが最善です。しかし，人数が多くなってくると面倒になってきます。そこで，完璧に伝えるという部分を少し横において，それらのデータを代表する値一つで報告することを考えてみましょう。

ここで，グループ1の得点を数直線で表してみます（図14-1参照）。今はグループ1の方だけ見てください。「この10人のデータを代表する値（報告する値）は9（m_1）である」とするのは妥当でしょうか？　誰の目にもそれはおかしいことがわかると思います。それでは，13.5（m_2）であればどうでしょう。9（m_1）よりは，妥当な気がします。

この10個のデータをもっともよく表すmとしては，各データとのズレが小さいものが望ましいといえます。そこで各データとのズレを数式で表してみます。各データをx_1，x_2と表していますので，各データとmのズレは$x_i - m$で表すことができます（線分の部分，図14-1では$x_1 - m$と表記）。ここで$x_i - m$がどうなるかを考えると，mよりも右にあるデータに関しては，x_iよりもmが小さいので，プラスの値になります。一方，mよりも左にあるデータに関しては，

第14章 臨床心理学のための統計学

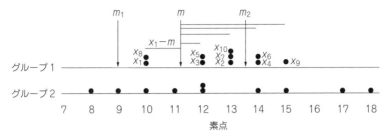

図 14-1 データ例の数直線プロット

マイナスの値になります。この値をそのまま加算して、全体的なズレを表すとすると、プラスとマイナスで相殺しあってしまいます。そこで、この値を 2 乗してすべてプラスの値にします（$(x_i - m)^2$）。これをすべてのデータに関して加算したもの、つまり m と各データとのズレの 2

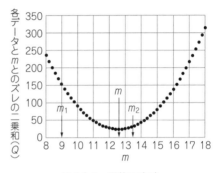

図 14-2 平均の意味

乗和を Q とします。Q は m の 2 次関数になっているので、図 14-2 のようになります。

図 14-2 を見ると、$m = 8$ のときには $Q = 240$ くらい、$m = 9$ になると $Q = 150$ くらいになり、m が徐々に大きくなると Q は減っていき、$m = 12$ と $m = 13$ の間でもっとも Q が小さくなり、そこを過ぎて m が大きくなると Q の値は再度大きくなっていきます。基本に立ち返ると、Q は小さい方が、各データとのズレの 2 乗和が小さい＝各データとのズレが小さい＝各データを表す指標として適切ということになります。したがって、このU字形の一番下（底）の部分が Q がもっとも小さいので、その部分に相当する m を求めればよいことになります。これが平均の意味です。

1-2 標準偏差

標準偏差（Standard Deviation）は SD と表記されることが多い指標です。標準偏差はデータの散らばりの程度を表します。表14-1のデータでは，グループ1もグループ2もどちらも平均は12.6です。しかし，数直線（図14-1）を見れば，明らかに様子が異なります。

標準偏差を式で表すと，$S_x = \sqrt{\frac{1}{n}\sum_{i=1}^{n}(x_i - \bar{x})^2}$ となります。この式を読み解いていきます。肝は $(x_i - \bar{x})^2$ の部分です。これは各データと平均（$\bar{x}$）との差の2乗になっています。先ほどの平均の説明でも似たような部分があったのですが，おわかりでしょうか。平均の説明では $(x_i - m)^2$ として，各データと m とのズレを扱っていました。この m は平均（$\bar{x}$）であることがわかったので，m を，$\bar{x}$ に置き換えたのがこの式です。ということは，この部分は各データと平均とのズレに関連していることがわかります。標準偏差の式では，それらの合計を n で割って平均化しています。

このズレが大きいほどデータは散らばっており，ズレが小さいほどデータは密集していることがわかります。先ほどの説明でもあったように，各データとのズレの和がプラスマイナスで相殺しないようにするために2乗したので，それにルートをかぶせて元に戻したもの（平方根）が標準偏差です。あらためて表14-1を見ると，グループ1の標準偏差は1.56，グループ2の標準偏差は3.17となっており，グループ2の方がデータの散らばりが大きいことがわかります。標準偏差もデータを代表する値なので，代表値といわれます。

2 標準化で何がわかるか

平均と標準偏差を使って，データに対して**標準化**という手続きをしてみましょう。[1] 標準化とは，データを平均0，標準偏差1に変換する手続きをいいます。

→1 第13章でも「標準化」という用語が出てきますが，ここでの標準化は少し異なります。第13章の標準化は「検査の標準化」で，これから説明する統計学上の標準化を含んだものです。

第14章 臨床心理学のための統計学

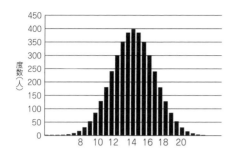
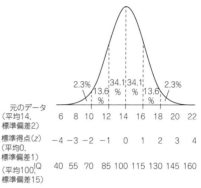

図14-3 ヒストグラム（左図）と標準正規分布（右図）

数式で表すと，$z = \dfrac{x_i - \bar{x}}{S_x}$ となります。これまでと同様，x_iはデータ，$\bar{x}$は平均，S_xは標準偏差です。データから平均を引いて，標準偏差で割ったものを**標準得点**と呼び，zで表します。

標準化をすると便利になる点が二つあります。一つめは，元のデータの分布が**正規分布**に従っている場合，標準得点を見ることによって，そのデータが集団内のどの位置にあるかを知ることができる点，二つめは，単位を気にする必要がなくなる点です。

図14-3の左側は，あるテストを1000人に受験してもらい，それぞれの点数をもとに作成した**ヒストグラム**です。このテストの平均は14，標準偏差は2で，データの分布は正規分布に従っているとします。左側のヒストグラムの分布を線で示したのが右側です。難しくいうと，左側は離散型変数として扱っていて，各バーの背の高さに注目します。右側は連続型変数として図示しているので，面積が意味をもちます。

たとえば，$z = 1.0$であれば，上位15.9％に，$z = 2.0$であれば上位2.3％に相当します。高校時代によく使っていた**偏差値**は，このzに10を掛けて50を足した数値です。そのため，偏差値50であれば平均，偏差値60であれば上位15.9％，偏差値70であれば上位2.3％の点数であったことがわかります。WAISやWISC

コラム14-1：心理統計学を学ぶ目的

　心理統計の授業は，①統計学を用いた論文や心理検査のマニュアルを読めるようになること，②卒業研究等でデータを集めて，自分で実際に分析できるようになること，を主な目的にしていると思います。データを自分で分析するためには，統計の高度な知識（"どのようなときにどの分析手法を使うか"といった選択や，分析手法の意味）や，分析スキル（統計ソフトを扱うスキル，パソコンのスキル）が必要になります。参考になる書籍に関しては章末の文献紹介を参照してください。心理学では，これまでSPSSという統計ソフトを使うことが多かったのですが，最近は無料の統計ソフトRを利用することが増えています。Rにかんしては，山田ら（2008）のような書籍や，インターネット上のさまざまなサイトがありますので，検索して情報を得ることができます。

の指数（IQ）も偏差値であり，100であれば平均，115であれば上位15.9%であることを意味します（平均が100，標準偏差が15で指標化されている場合，第13章参照）。この標準得点（偏差値）を理解するときに重要なのが，その集団がどのような集団なのかということです。標準得点は，あくまで集団の中での相対的な位置を示す値なので，集団が異なれば解釈も異なります。

●練習課題 14-1
　標準化するメリットとデメリットは何でしょうか。

3　相関があるとはどういうことか

　二つの変数の直線的な関連を示す指標（r）が**相関係数**です。式としては，

$$r = \frac{S_{xy}}{S_x S_y} = \frac{\frac{1}{n}\sum_{i=1}^{n}(x_i - \bar{x})(y_i - \bar{y})}{\sqrt{\frac{1}{n}\sum_{i=1}^{n}(x_i - \bar{x})^2}\sqrt{\frac{1}{n}\sum_{i=1}^{n}(y_i - \bar{y})^2}}$$

となります。分母の部分は，それぞれの標準偏差，分子の部分は**共分散**と呼ば

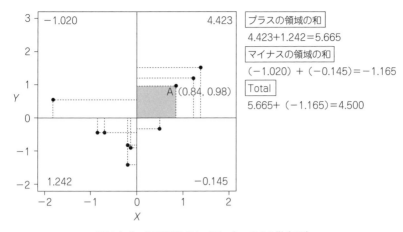

図 14-4　相関係数のしくみ（$r=0.5$ の散布図）

れるものです。分母は各変数の単位を調整しているだけで，重要なのは分子の部分です。分子の部分，つまり共分散の意味を知ることは非常に重要です。これを理解するために，次の図を見てください。

　ここに10個のペアデータがあります。X は身長，Y は体重を標準化したものだと考えてください。標準化していますので，X の平均，Y の平均ともに0なので，その部分に線を入れています。分子部分の，$(x_i - \bar{x})(y_i - \bar{y})$ が何をしているかというと，たとえばAの点に関しては，x が0.84，y が0.98です。ここからそれぞれの平均0を引いて掛けていますので，この部分は $0.84 \times 0.98 = 0.82$ となり，図で言えば網掛け部分の面積になります。これをすべてのデータに関して足し合わせて，n で割ったものが分子になります。

　ただし面積と書きましたが，x も y も平均より大きい右上の部分にあるデータと，x も y も平均より小さい左下の部分にあるデータに関してはプラスの値になります。一方，x は平均よりも小さく，y は平均よりも大きい左上の部分，x は平均よりも大きく，y は平均よりも小さい右下の部分に関してはマイナスの値になります。これらを足し合わせていますので，右上と左下に多くのデータがあるほど，分子部分がプラスに大きくなり，結果として r の値がプラスに大きくなります。図14-4の各象限の隅に領域ごとに面積を計算した値を示し

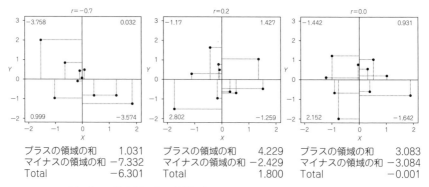

図14-5 散布図と相関係数（$r=-0.7$, $r=0.2$, $r=0.0$の場合）

ました（4.423，−1.020，1.242，−0.145）。これをすべて加算して，データ数で割ったものが分子（共分散）になります。

図14-5に$r=-0.7$，$r=0.2$，$r=0.0$の例をあげますので，イメージを摑んでください。相関係数は−1から1までの値をとります。数値が正の値で大きいほど，二つの変数が正比例する関係を表し（正の相関），数値が負の値で大きいほど，反比例する関係を表します（負の相関）。

このように考えると，∪字形や∩字形の関係がある際には分子部分が相殺しあってしまいます。つまり，曲線的な関連があるのに相関係数が0になってしまいます。心理学的な変数同士には曲線的な関連が想定されることもあるので，**散布図を必ず確認するようにしましょう**。相関係数は，**重回帰分析や因子分析**などの基礎にもなるので，この点を理解しておくことは重要だと思います。

また，相関係数はXとYの間の直線的な関連を示す指標なので，XとYの**因果関係**を表すものではありません。因果関係を厳密に表すには，XがYに時間的に先行していることが必須になりますが，分析手法の考え方として$X \to Y$という因果関係を検討することもできます。それが**回帰分析**です。一つの**独立変数**から一つの**従属変数**を予測する場合を単回帰分析，二つ以上の独立変数から一つの従属変数を予測する場合を重回帰分析と呼びます。近年はより複雑なモデルを扱うことができる**共分散構造分析**がよく用いられています。

第14章 臨床心理学のための統計学

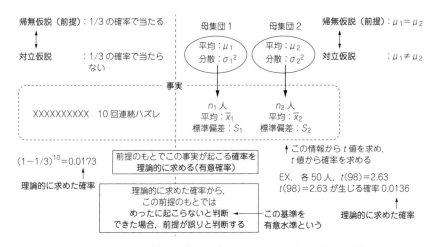

図 14-6　統計的検定の考え方（左：くじの例，右：t 検定の例）

4　推測統計の考え方

上述した平均（標準偏差）や相関係数は，得られたデータを整理し，意味づける方法です。これは**記述統計**と呼ばれます。一方，**推測統計**は，得られたデータの背景にある母集団にもそれがあてはまるかどうかを判断する方法です。具体的には，確率を用いて**統計的検定**という手続きを行います。

4-1　検定の考え方

統計的検定は心理学の論文を読むうえで必ず出てくると言ってよい統計手法で，この原理を理解しておくことは非常に重要です。まず図 14-6 の左側を見てください。今，3分の1の確率で当たると表示されているくじ（前提）があります。あなたがそのくじを10回引いたところ（一度引いたくじを戻すものとします），すべてハズレという結果でした（事実）。そのとき，あなたはどのように感じるでしょうか。

おそらく，何か変だと思うでしょう。宝くじが10回外れても変だと思う人はいないと思いますが，この場合にはイカサマではないかと疑うかもしれません。

ここで，3分の1の確率で当たるくじが10回連続して外れる確率を理論的に求めると，0.0173（つまり1.73%）になります。1.73%というのはめったに起こらないことです。なので，イカサマという判断に至ります。つまり，3分の1で当たるという前提が誤りだという結論を導くことになるのです。

　生じた事実が，ある前提のもとで生じる確率を理論的に求め，その確率がめったに起こらない場合に，その前提が誤りであると判断する。

　これが統計的検定の考え方です。この例を（二つの母集団の平均値に差があるかどうかを検定する）t 検定に対応させると，図14-6の右のようになります。詳細は省きますが，集めたデータから求められた平均 $\bar{x}_1$，$\bar{x}_2$ という事実が，母集団の平均 $\mu_1 = \mu_2$ という前提（帰無仮説）のもとでどの程度生じるかという確率を理論的に求めます。その際に用いるのが t 分布です。その結果，めったに起こらないと判断できる場合，$\mu_1 = \mu_2$ を誤りであるとして，$\mu_1 \neq \mu_2$ という判断を下します。上記を統計の用語で置き換えると，次のようになります。

　生じた事実が，帰無仮説のもとで生じる確率（有意確率）を理論的に求め，その確率が有意水準に満たない場合に，帰無仮説が誤りであると判断し，対立仮説を採択する。

　心理学の論文でよく目にする「5％水準で有意」という意味は，「2つの母集団の平均値が同じという前提（帰無仮説）のもとで，このような結果になる確率は5％以下である」（したがって，対立仮説を採択，つまり2つの母集団の平均値は異なる，と考える）という意味です。この考え方は，[2] t 検定でも，無相関の検定でも，重回帰分析等における検定でも同じです。検定で一番重要なのは前提，帰無仮説であることを意識すると，結果の解釈で間違うことはないと思います。

4-2　信頼区間

　統計的検定と同じく，推測統計の一つの用い方として**信頼区間**があります。

→ 2　ただし，最近の統計学では，有意確率（p 値）だけで仮説を判断しないように注意を促しています（Wasserstein & Lazar, 2016）。

統計的検定は，帰無仮説のもとで，実際に生じた事実がめったに起こらないことかどうかを考え，めったに起こらないことであれば帰無仮説を棄却，対立仮説を採択するというものでした。図 14-6 の例の場合，結論としては，「母集団の平均値に差がある」あるいは「母集団の平均値に差があるとはいえない」のどちらかになります。つまり，白黒つけてしまうのが統計的検定なのです。

検定には，データ数が多くなると帰無仮説を棄却しやすくなるなど，問題があることも知られています。そこで近年，統計的検定ではなく信頼区間を示すことで，データの解釈をしようという流れがあります。信頼区間を理解するには，**中心極限定理**という統計的な事項を理解することが必要になります。

平均 μ，分散 σ^2（分散は標準偏差を2乗した値）の母集団から n 人を取り出して，平均 $\bar{x}$ を求めるという所作を何度も何度も繰り返すと，この $\bar{x}$ の分布は，平均 μ，分散 $\frac{\sigma^2}{n}$ に従うことが知られています。これが中心極限定理です。ここから，平均 $\bar{x}$ に上述した標準化を施すと，$z = \frac{\bar{x} - \mu}{\sqrt{\frac{\sigma^2}{n}}}$ になります。z は -1.96 から 1.96 の間に95％のデータが存在することが明らかになっているので，z に代入すると $-1.96 \leq \frac{\bar{x} - \mu}{\sqrt{\frac{\sigma^2}{n}}} \leq 1.96$ となります。ここで，μ を真ん中にして，式を展開すると $\bar{x} - 1.96 \times \sqrt{\frac{\sigma^2}{n}} \leq \mu \leq \bar{x} + 1.96 \times \sqrt{\frac{\sigma^2}{n}}$ を導くことができます。つまり，母集団の平均 μ は，$\bar{x} - 1.96 \times \sqrt{\frac{\sigma^2}{n}}$ から $\bar{x} + 1.96 \times \sqrt{\frac{\sigma^2}{n}}$ の間に95％の確率で存在することが示されます。

しかし実際には，σ^2 を計算することはできませんので，σ^2 の代わりにその推定値となる不偏分散（S^{*2}）と呼ばれるものを用います。（不偏分散は，$\frac{1}{n-1}\sum_{i=1}^{n}(x_i - \bar{x})^2$ で求めることができます。通常の分散が n で割っていたところを，$n-1$ で割っただけです。）すると，標準正規分布に従っていた $\bar{x}$ の分布が，t 分布という確率分布に従うことが知られています。したがって，上記の式では1.96と固定されていた部分が，**自由度**（確率分布の形状を決める値）に応じた値になります。

第Ⅱ部　臨床心理学の理論と方法

最終的に，$\bar{x} - \triangle \times \sqrt{\dfrac{S^{*2}}{n}} \leq \mu \leq \bar{x} + \triangle \times \sqrt{\dfrac{S^{*2}}{n}}$ となります。△には当該の t の値が入ります。

たとえば，データ数が100，不偏分散が10000，平均が50の場合，自由度99（ここではデータ数100から1を引いたもの）の t 値が2.27になるため，

$$50 - 2.27 \times \sqrt{\dfrac{10000}{100}} \leq \mu \leq 50 + 2.27 \times \sqrt{\dfrac{10000}{100}}$$

$$50 - 22.7 \leq \mu \leq 50 + 22.7$$

$$27.3 \leq \mu \leq 72.7$$

となり，母集団の平均（μ）は，27.3から72.7の間に95％の確率で存在することになります。この幅を小さくするということは，推定の精度を上げることと同義です。データ数を増やすとこの幅が小さくなることを確認してみてください。これがデータ数はできるだけ多い方がよいといわれる理由の一つでもあります。なお，$\sqrt{\dfrac{S^{*2}}{n}}$ の部分は，**標準誤差**とも呼ばれ，母集団における平均値の推定の誤差を表します。グラフのエラーバーはこの値を利用して描かれます（第0章の図0-3などを参照。ちなみに図0-3はデータから母平均を推測統計的に考えようとしているので標準誤差を使っている）。このあたりの詳細は他書を参照してください。

●練習課題 14-2
　標準偏差と標準誤差の違いは何でしょうか。

●練習課題の解答
【練習課題 14-1】
　メリット：①単位を気にせず比較することができるようになる。②元のデータの分布が正規分布に従っていれば，標準正規分布になるため集団内での相対的な位置がわかる。
　デメリット：①集団に左右されてしまう。②元の単位における位置（絶対評価）がわからなくなる。
【練習課題 14-2】

標準偏差はデータの散らばりの程度を表す指標。標準誤差は推測統計において，（母集団における平均値の）推定の誤差を表す指標。

もっと詳しく知りたい人のための文献紹介
ロウントリー，D. 加納　悟（訳）（2001）．新・涙なしの統計学　新世社
　　⇨心理統計をはじめて学ぶ人にお勧めです。
浦上昌則・脇田貴文（2008）．心理学・社会科学研究のための調査系論文の読み方　東京図書
　　⇨心理学で扱う統計的手法を論文例とともに解説しています。実際のデータ分析はしないけど，心理統計を用いた文献を読む必要があるという人に役立ちます。
南風原朝和（2002）．心理統計学の基礎——統合的理解のために　有斐閣
　　⇨レベルは上がりますが，統計手法の理解をさらに深めるために非常に有益です。素晴らしい良書だと思います。

引用文献
Wasserstein, R. L., & Lazar, N. A. (2016). The ASA's statement on p-values: Context, process, and purpose. *The American Statistician, 70*, 129-133. doi: 10.1080/00031305.2016.1154108

山田剛史・杉澤武俊・村井潤一郎（2008）．Rによるやさしい統計学　オーム社

■ トピックス〈臨床心理学の現場〉⑦ ■

『ダイニングテーブルのミイラ』

　本書では，心理療法の面接場面や具体的な経過について，あまりふれていません。それを少しでも実感してもらうために，『ダイニングテーブルのミイラ』という，ちょっと変わったタイトルの本を紹介します。世の中には**マスター・セラピスト**と呼ばれる，希有な才能をもつ心理療法家たちがいます。『ダイニング〜』は，著者のジェフリー・コトラーとジョン・カールソン（二人ともセラピスト）が彼らを訪ねて，今までで印象に残った事例を聞き書きしたものです。登場する32人の心理療法家は皆一流で，語られる事例はどれも心を打たれます。

　たとえば，スコット・ミラー（Scott Miller）が若いころに出会った事例を紹介しましょう。自分をターミネーターだと思い込んでいる患者に対して，ミラーは，「本当は君，アーノルド・シュワルツェネッガーじゃないのか？」と理解を示し，「今度は誰もが本物と見まごうばかりの迫真の演技」で「精神病棟の患者を演じてほしいんだ」ともちかけました。彼はそれに応えて精神病患者の役を演じ，興味深いことに，やがて本来の自分を取り戻していったのです。ここだけ読むと奇抜に聞こえますが，実際のやりとりは人間味にあふれ，人が変化するときの本質を押さえていると感じます。

　コトラーとカールソンの好みかもしれませんが，『ダイニング〜』（題はカールソンのクライエントの語りに由来）には催眠，家族療法，**短期療法**（brief therapy）のセラピストがたくさん登場します。ここで，これらの学派の基礎知識をおさらいしておきましょう。**ミルトン・エリクソン**（Milton H. Erickson）は史上もっとも優れたセラピストの一人です。彼の**臨床催眠**（clinical hypnosis）は，自然なコミュニケーションを活用するもので，のちの心理療法に大きな影響を与えました。『ダイニング〜』にも登場するジェイ・ヘイリー（Jay Haley）は，そのエリクソン催眠を家族療法・短期療法に発展させた人です。

　ヘイリーの影響を受けて，ドナルド・ジャクソン（Donald Jackson），ポール・ワツラウィック（Paul Watzlawick），リチャード・フィッシュ（Richard Fisch）らは，パロアルトのメンタル・リサーチ・インスティテュートで，短期療法の研究（問題を維持している相互作用のパターンに注目する）を始めました。また，スティーブ・ド・シェイザー（Steve de Shazer）と（『ダイニング〜』にも登場する）インスー・キム・バーグ（Insoo Kim Berg）は，ミルウォーキーで**解決志**

向短期療法 (solution-focused brief therapy：どのような変化なら生じうるかに注目する) を創始しました。サルヴァドール・ミニューチン (Salvador Minuchin) は**構造派家族療法** (structual family therapy：世代間の境界に注目する) を，ヘイリー自身も**戦略的家族療法** (strategic family therapy：問題のパターンをあえて再現してみる) を提唱しました。家族療法・短期療法は，現代の心理療法の重要な学派の一つです。

『ダイニング〜』の話に戻りましょう。その他，人間性心理学のハワード・カーシェンバウム，認知療法のアーサー・フリーマン，論理療法のアルバート・エリス，構成主義のマイケル・マホーニー (第7章参照) やロバート・ニーマイアーなど，著名な心理療法家が登場します。私のお勧めは，ブラッドフォード・キーニーが出会った呪術師の話。まるで村上春樹の小説に出てくるような展開です。最後に，日本のマスター・セラピストについては，『臨床心理ケース研究』(全5巻) をお勧めします。刊行年は古いですが，**河合隼雄**をはじめとする**心理臨床学**の黎明期の事例は，今でも学ぶべきところが多いでしょう。

引用・参考文献

河合隼雄・佐治守夫・成瀬悟策 (編) (1997-1983). 臨床心理ケース研究 (第1-5巻) 誠信書房

Kottler, J. A., & Carlson, J. (2003). *The mummy at the dining room table*. San Francisco, CA: Jossey-Bass. (コトラー，J. A., & カールソン，J. 岩壁 茂 (監訳) (2011). ダイニングテーブルのミイラ 福村出版)

Kottler, J. A., & Carlson, J. (2003). *Bad therapy*. New York: Brunner-Routledge. (コトラー，J. A., カールソン，J. 中村伸一 (監訳) (2009). まずい面接 金剛出版)

Kottler, J. A., & Carlson, J. (2009). *Creative breakthroughs in therapy*. Hoboken, NJ: John Wiley & Sons.

編者あとがき

　本書は（心理学の各論としての）臨床心理学をはじめて学ぶことを念頭に作成した教科書です。「絶対役立つシリーズ」の特長である読みやすさとストーリー性を受け継ぎながら，教科書として学習事項の充実も図るという，編者にとっては難しい課題に挑戦しました。いかがだったでしょうか。

　私が臨床心理学を学びはじめたきっかけは，こんなに悩んでしまう自分を知りたい，ということでした。そして今まで勉強してわかったのは，悩みそのものは不適応的なメカニズムではなく，誰もがもつ生きる（**適応**）プロセスの延長だということです。がんばって環境を生き抜こうとする**生命**の姿が，心の不調なのです。このことに気づいて，私は臨床心理学をとても好きになりました。

　心理療法は，心の不調を人間関係の支えによって回復する試みです。これは，力を合わせて環境を生き抜こうとする生命同士の姿といえるでしょう。もちろん，心理療法だけが特別なのではありません。臨床心理学は，お互いが日常生活でどのように**支え合う**かという問題にも，応えてくれるはずです。

　この本を手に取ってくれたみなさんへ。**メンタルヘルス・リテラシー**という言葉があります。メンタルヘルスにかんする知識を学ぶことで，心理的障害（精神症状）について正しく理解し，予防に活かそうという考え方です。第0章でも述べたように，臨床心理学は多くの人に役立つでしょう。臨床心理学を通して日常生活をふりかえることで，自分や他者にかんするさまざまな**気づき**があると思います。それらをどうか大切にしてください。それが本書の意義の一つでもあります。

　本書の特徴は，若い，あるいは中堅の世代を代表する優れた執筆者たちに書いてもらったことです。若い感性を生かし，5年後10年後の臨床心理学を見すえた内容になったと自負しています。教科書としては異例ですが，思いきって新しい研究動向も取り入れました。また，臨床心理学と他の実験系心理学との

関連性も視野に入れて，内容を精選しました。このような編者の要望に応えてくれた執筆者の皆さんに，あらためてお礼を申し上げます。

また，本書を教科書として授業をされる先生方にお伝えします。本書の内容は半期の科目を想定し，心理的障害を説明する部分と，心理療法を解説する部分で構成されています。もし，これらの内容を別々の科目として開講している場合，授業の一コマ（90分）で一章を解説し，もう一コマで関連する臨床例の紹介などをお願いします。本書であまりふれていない**心理臨床学**的な（一人ひとりを個別的に理解する）側面を補っていただければ，ありがたいです。

最後に，監修者の藤田哲也先生とミネルヴァ書房編集部の吉岡昌俊さんに，心からの感謝を伝えたいと思います。本づくりという作業に傾ける彼らの情熱には，ひたすら頭が下がります。私もいきおい執筆分量をオーバーしてしまいました（これには頭を下げたいです）。「絶対役立つシリーズ」は続刊予定と聞いています。今後ともどうぞご期待ください。

2016年6月

編者　串崎真志

監修者あとがき

　本書『絶対役立つ臨床心理学』を手にとってくださった読者のみなさん、どうもありがとうございます。みなさんは、どのようなきっかけで、本書を読んでみようと思われたのでしょうか？　もちろん「臨床心理学に興味があったので」という方もいらっしゃるでしょう。一方で「"絶対役立つ"…で始まる他の本を読んだことがあったので」という方もいらっしゃると思います。本書を通じて読者のみなさんに伝えたいことや本書の特徴などは、編者の串崎先生が第0章と編者あとがきで、的確にまとめてくださっていますので、ぜひそちらをお読みいただければと思います。ここでは本書の監修者としての立場から、本書が公刊されるまでの経緯や他の「絶対役立つシリーズ」との関連などに触れておきたいと思います。

　本書の特徴でもある「絶対役立つ」という表現をタイトルに冠した書籍は、これで四冊目になります。本書が刊行される時点で次の企画も進行中です。そういう見方をすれば「絶対役立つシリーズ」という表現も、あながちオーバーなものではないと思います。なぜこのような言い方をするのかといえば、「絶対役立つシリーズ」の第一弾である、『絶対役立つ教育心理学―実践の理論，理論を実践―』(2007年5月刊)の企画時点ではシリーズとしての刊行を想定していなかったからです。まずは、これまでの「絶対役立つシリーズ」既刊本の概略について説明したいと思います。

　第一弾の『絶対役立つ教育心理学』は、主に教職科目である「教育心理学」の教科書として使用されることを意図して、実際に学校教育現場で教職に携わる人や、学校ではなくても「子育て」という教育活動を家庭で行う人を読者として想定した編集・執筆を行いました。つまり、「教育を実践する上で絶対に役立つ」ことを目指した本です。

　第二弾は『絶対役立つ教養の心理学―人生を有意義にすごすために―』(2009

年4月刊)です。この本は,「教養として絶対役立つ」ことを目指した本です。主に学部1・2年生の,心理学を専攻としない学部・学科に所属する人たちを想定して作り上げました。すなわち,学問としての心理学との最初で最後の出会いの場として,この本を読むだけで十分に心理学の醍醐味が伝わるように編集・執筆を行いました。既存の「心理学入門」のような教科書は,その本を読んだ読者が,その後,各心理学分野をより深く学ぶことを想定した作りになっていて,専門への導入という役割を重視していることが多いのです。一方この本では「心理学について,読後にさらに学ぶ」ことを前提とせず,いわば「読み切りで十分に心理学を学べる」ことを主眼としています。ただし,取り上げているのは,いわばスタンダードな心理学の基礎的な分野であり,収録している分野の違いではなく,語り口による違いが,他の「心理学の入門書」との大きな違いとなっています。

　第三弾『絶対役立つ教養の心理学　展開編―人生をさらに有意義にすごすために―』(2013年5月刊)は,第二弾と同様に「教養の心理学」を取り上げ,内容をより充実させるとともに,心理学という学問分野がカバーしている範囲が「展開」していることを伝えるために編集・執筆を行いました。語り口は第二弾と同様ですが,より応用的な分野を取り上げたことが特徴となっています。

　以上が既刊の「絶対役立つシリーズ」の概要ですが,よく読んでいただければおわかりのように「誰にとって絶対役立つのか」は,第一弾『教育心理学』と第二・三弾『教養の心理学』とでは異なっています。前者は「教育を実践する人」に,後者は「心理学を学ぶのがこれで最初で最後の人」にとって役立つことを企画の趣旨としています。そして本書『臨床心理学』は,第0章でも述べられているように,「すでに臨床心理学に興味を持っている人」で,必ずしも「カウンセラーなどの臨床心理学の専門家を目指そうとは思っていない人」にとって,最大限に役立つように配慮して書かれています。具体的には,すでに心理学を学んでいる心理学専攻の学生で,これから卒論テーマを選ぶにあたって臨床心理学を候補に考えている人を主な読者として想定しています。

　「心理学の専門家・研究者」を主たる読者としては想定していないという点

監修者あとがき

では，他の「絶対役立つシリーズ」と基本的な考え方は同じです。また，けっして「学問として役立つことを放棄しているわけではない」ということも同時に強調しておきたいポイントです。「学問の世界に閉じる」のではなく，「広く日常生活の中で活かせる」ことは，学問の重要な価値の一つだと考えています。そのことを意識し，これまでに学んできたことを振り返るための好機となるという意味では，専門家・研究者の方々にとっても「絶対役立つ」内容であると確信しています。

同時に，本書における「絶対役立つ」という表現の位置づけは，今後の「絶対役立つシリーズ」の基盤をなすものとなるでしょう。心理学には多様な研究領域があります。それら多様な領域で得られた研究成果は「専門家・研究者」にとってのみ価値のあるものではなく，一般の学生にとっても有用なものであるはずです。今後，「絶対役立つシリーズ」は，いわゆる「〇〇心理学」と表現される多くの領域にまたがって展開していく可能性があります。おおいに期待をしてください。

次に，既刊本と本書の違いとして，「編者」と「監修者」を分けたことについて説明しておきたいと思います。このあとがきの筆者（藤田）は既刊本三冊では編者を務めました。編者として各章の執筆者を選定し，それぞれの本の一貫性を高めるために，各章の原稿の修正を求めるべく執筆者とやりとりを重ねてきました。それが可能だったのは，「教育心理学」については筆者の専門領域の一つであること，「教養の心理学」についてはかつて授業を担当した経験から，どういった内容や語り口が読者に響くのかについて明確なビジョンを持っていたことを理由として挙げることができます。しかし，今後の「絶対役立つ」シリーズでは，筆者（藤田）の専門からは距離のある領域を取り上げていくことになります。そこで，各巻で取り上げる内容・構成がシリーズ中の一冊として統一性をある程度保てるよう，監修者としてかかわることにしました。言い方を変えれば，それ以外の「一つの心理学領域を取り上げた際の内容のバランス」「各章の執筆者の選定」「各章で書かれた内容の妥当性や正確性のチェック」などは，筆者自身が担当するより，その領域，本書で言えば臨床心理学の専門

家にお任せするのが最適であろうと考えました。

　しかしながら，臨床心理学の専門家であれば，誰でも編者が務まるとは考えていないのも事実です。既刊本の企画趣旨を理解した上で，通常の専門書や教科書とは異なる形で実際に編集の労を執ってくださる方にお任せできなくては，そもそも企画倒れになってしまいます。

　その点，串崎真志先生に本書の編集をお引き受けいただけたことは，幸甚の至りでした。串崎先生とは10年以上前から交流があり，別の企画で執筆をお願いしたこともありました。また高校生や一般向けの臨床心理学の新書を何冊も出版されていることからも，本書の趣旨をよく理解していただけるであろうということには当初から確信がありました。それだけではなく，臨床心理学という学問・研究領域を科学的，客観的かつ論理的な枠組みから捉えることができる方であるというのが，編集をお願いした最大の理由といえます。もちろん，臨床心理学をどういった枠組みから捉えるのが最適なのかについてはさまざまな考え方があろうかと思いますが，少なくとも筆者（藤田）にとっては理解しやすく，共感の持てるアプローチであったということです。

　串崎先生に編者をお任せして，結果として，大正解でした。串崎先生がどのような観点から本書の章立てを構想され，執筆陣を選ばれたのかは「編者あとがき」をお読みいただければと思いますが，一つ確実にいえることは──当たり前のことではありますが──藤田が仮に編者を務めていたら，このように高い水準の本にはならなかったであろうということです。執筆してくださった方々は，藤田とは面識のない方ばかりです。しかしできあがった原稿を読ませていただくと，きちんと「絶対役立つシリーズ」の骨子を理解していただいた上で，学問・研究としての水準を落とさずに，日常生活との接点を最大限引き出すということが達成されています。監修という役柄は，いわゆる「最初の読者」になるという役得を享受することができます。今回，あらためて「臨床心理学」という学問の幅の広さ・応用可能性について捉え直すことができ，監修者としてはもちろんのこと，一読者としても率直に楽しく原稿を読み進めることができました。串崎先生と執筆をしてくださった先生方には，この場をお借

監修者あとがき

りして，厚くお礼申し上げたいと思います。

　最後に，この「絶対役立つシリーズ」では第一弾のときからお世話になっているミネルヴァ書房の吉岡昌俊さんには，藤田が監修者として至らぬ点が多かったことについてお詫びを申し上げるとともに，これまでとは異なる形で本書の校了まで熱意を持ってサポートしていただいたことに，お礼を申し上げたく思います。

　もちろん，本書を手にとってくださる方がいればこそ，「絶対役立つシリーズ」の続刊が現実となるわけですから，読者の皆様にもお礼を申し上げたい気持ちで一杯です。

　皆様，どうもありがとうございました！

　　　2016年8月

　　　　　　　　　　　　　　　　　　　　　　　　　　　監修者　藤田哲也

さくいん（＊は人名）

あ行

アイデンティティ　181
アクセプタンス＆コミットメントセラピー
　　156
アクティヴ・イマジネーション　144
アゴニスト　203
アスリートサポート　211
アスレティックトレーナー　211
アタッチメント　59
アドヒアランス　74
アドボカシー　177
アドラー心理学　138
アドレナリン　206
安全・安心　91
アンタゴニスト　203
アンナの症例　119
生き方を問う　108
閾下知覚　7, 8
育児ストレス　79
移行対象　139
いじめ　38, 147
異常心理学　20
依存症　199
痛み　199
遺伝-環境相互作用　6, 24
遺伝子多型　83
遺伝要因　5
遺伝率　11, 36
意味記憶　198
因果関係　236
因子分析　236
陰性症状　68
インターネット依存　7
インテーク面接　214
＊ウィットマー（Witmer, L.）　114
うつ病　33
生まれ順効果　9
＊ヴント（Wundt, W.）　114

か行

英国独立学派　138
エクスナー法　220
エクスポージャー　56, 92, 121, 154
エディプス・コンプレックス　135
エピジェネティクス　82, 90, 100
エピソード記憶　198
エビデンス　185
エビデンス・ベイスト・メディスン　185
エモーションフォーカスト・セラピー　167
＊エリクソン（Erickson, M. H.）　242
＊エリス（Ellis, A.）　122
エンカウンター・グループ　164, 165
援助ニーズ　147
エンプティ・チェア　124
応用行動分析　102
大きな問い　109
オープンダイアローグ　76
オキシトシン　101
オペラント条件づけ　121
オペラント反応　121
オルタナティヴ・ストーリー　186

か行

快感原則　134
回帰分析　236
解決志向短期療法　242
外向性　18
外向-内向　144
解釈　137
外側　195
改訂 長谷川式簡易知能スケール（HDS-R）
　　222
海馬　37, 88, 198
回避　86
開放性　19
解離症状　92
カウンセリング　178
過覚醒　87
覚醒度　198

さくいん

獲得段階　52
獲得免疫系　207
学派　133
家族療法　125
語り　127
語り方　182
学級集団　147
*カナー（Kanner, L.）　102
からだ　173
*河合隼雄　243
感覚処理感受性　25
感覚処理障害　102
感覚-直観　144
感覚野　90
環境要因　5
関係精神分析　141
関係妄想　67
観察可能　120
観察する　215
間主観性理論　139
感情　117
感情記憶　198
感情神経科学　142
ガンマアミノ酪酸（GABA）　202
記述統計　237
気づき　245
機能分析　152
気分安定薬　36
基本感情　142
きもち探知機　41
逆転移　137
逆転項目　17
急性ストレス障害　93
教員養成　147
強化子　121
共感的理解　165
鏡像段階論　140
協調性　10, 19
共同体感覚　138
協同的な対話　186
強迫観念　225
強迫行為　225

強迫症（OCD）　225
恐怖　198
恐怖条件づけ　52
共分散　234
共分散構造分析　236
教諭　147
勤勉性　19
苦悩の理解と支援に関する心理学　2
クライエント　136
クライエント中心療法　123, 163, 164
クライエントの物語　180, 181
クライエントの利益　225
クライン派　138
グルタミン酸　202
形式分析　221
経頭蓋磁気刺激　42
傾聴　91, 177, 184
傾聴ボランティア　177
*ゲージ（Gage, P. P.）　201
ゲシュタルト心理学　124
ゲシュタルト療法　124
月経前不快気分障害　34
決定因子　220
ゲノムワイド関連解析　36
*ケリー（Kelly, G. A.）　123
原因帰属　10
幻覚　66
限局性学習症（SLD）　97
限局性恐怖症　49
健康問題　88
言語化　184
言語新作　68
言語理解指標　222
幻聴　67
交感神経系　204
高次機能障害　222
高次認知機能　200
口唇期　135
構造化面接法　35
構造派家族療法　243
行動　117, 154
行動活性化療法　40

253

行動主義　120
行動抑制　52
行動抑制系　23
行動療法　152
公認心理師法　48
肛門期　135
高齢化社会　178
「心」という概念　188
「心」の実在性　189
心の理論　101
後催眠暗示　119
個人差　84
個人心理学　138
誤信念課題　101
個性化　144
固着　134
古典的条件づけ　120
言葉　140
言葉のサラダ　68
子どもと保護者の援助　147
コミュニティ・カウンセリング　177
コミュニティ支援　177
コミュニティ心理学　177
コルチゾール　38, 83, 206
コンパッション　109

さ 行

罪悪感　87
再固定化　184
サイコロジカル・ファーストエイド　93
再体験　86
再発脆弱性二要因モデル　40
催眠療法　119
させられ体験　67
三項随伴性　121, 152
散布図　236
自我障害　67, 74
自我心理学　133
刺激欲求　8
自己一致（誠実さ）　165
思考-感情　144
思考吸入　67

思考障害　68
思考伝播　67
自己概念　173
自己感　139
（自己）実現傾向　172
自己心理学　139
自己組織化　125
自己―他者知識の非対称性　216
自死問題　47
システム論　125
自然免疫系　207
持続性抑うつ障害　20, 34
実現化　123
実行機能　102, 200
質問紙法　217, 218
児童虐待　48, 89, 147
自動思考　39
児童相談所　138
シナプス間隙　57
支配的で温かみのない態度　58
指標得点　221
自閉症スペクトラム（自閉スペクトラム症）（ASD）　97
社会構成主義　187
社会的構築主義　127
社会的スキル訓練　72, 157, 158
社会脳　100
社交不安症　49
重回帰分析　236
従業員支援プログラム　157
従属変数　236
集団準拠テスト　223
集団心理療法　76
自由度　239
重篤気分調節症　34
12か月有病率　34, 49
十分に機能している人　173
自由連想法　119, 137
主訴　214
受理面接　215
準医療従事者　211
消化・休息反応　205

さくいん

状況要因　7
消去段階　53
衝撃的出来事　82
条件刺激　52, 121
条件反応　121
情緒不安定性　18
情緒不安定なパーソナリティ　9
情動　154
衝動性　10, 98
処理速度指標　223
自律訓練法　121
神経修飾物質　203
神経症傾向　18, 20, 39
神経心理学検査　217
神経精神分析　141
神経発達障害　97
人生の意味　183
身体　154
身体的虐待　89
心的外傷後ストレス障害（PTSD）　81, 184
心的外傷後成長　84, 183
心拍数変動　206
信頼関係　91
信頼区間　238
信頼性　224
信頼性係数　224
心理アセスメント　213
心理教育　91, 108
心理検査　217
心理的虐待　58
心理的障害　15, 20
心理的接触　167
心理的ネグレクト　58
心理臨床学　3, 243, 246
推測統計　237
スキーマ療法　39
スクールカウンセラー　147
スクールカウンセリング　147
筋立て　182
ストレス反応　88, 207
ストレスホルモン　206
スピリチュアリティ教育　108

性器期　135
正規分布　233
精神疾患の診断・統計マニュアル（DSM）　20, 22, 49, 97
精神病様　21
生成継承性　182
性的虐待　89
生物・心理・社会モデル　72
生命　245
生理的欲求　91
折衷的なセラピー　188
折衷・統合　129
セロトニン　5, 37, 57
セロトニントランスポーター遺伝子　5, 24, 36, 59
先行事象　102
前向性健忘　198
漸進的筋弛緩法　121
全体主義　124
全体の統合の弱さ　102
全体の評価　221
選択的セロトニン再取り込み阻害薬（SSRI）　41, 57, 92, 203
前頭眼窩野　199, 201
前頭前皮質　55
前頭前野　194, 200
前頭前野内側部　219
前頭葉内側部　100
1896年　114
1879年　114
全般不安症　49
潜伏期　135
前部帯状回　89, 199
戦略的家族療法　243
素因-ストレスモデル　5, 9, 70
相関係数　234
想起　184
早期発見・早期治療・早期復帰　212
双極性障害　21, 36
操作的診断基準　22
双生児研究　36
創造性課題　27

255

ソーシャル・サポート　80
促進的な風土　166
損害回避　23

た　行

体系的な推論の誤り　39
体験過程　169
体験過程理論　169
退行反応　87
帯状回前部　→前部帯状回
対象関係論　133, 138
対人関係・社会リズム療法　36
対人関係療法　40
対人恐怖症　22, 50
対人ストレス　52
大脳基底核　195
大脳皮質　193
大脳辺縁系　196
代表値　230
タイプ論　142
第四の条件　168
多因子遺伝モデル　99
多動性　98
妥当性　224
妥当性尺度　218
単回性　85
短期療法　172, 242
男根期　135
チーム医療　47
チーム学校　47, 147
知覚推理指標　222
知覚-反応　220
知能検査　217, 221
注意欠如・多動症（ADHD）　97
注意バイアス　54
注意バイアス修正法　56
中核3条件　165
注察妄想　67
中心極限定理　239
中心溝　194
中枢神経系　98
超越性　109

長期的なストレス　207
腸内フローラ（腸内細菌叢）　38, 100
治療構造　136
治療的な人格変化の必要十分条件　165, 167
対提示　121
出会い　166
デイケア　76
抵抗　137
ディスクレパンシー分析　223
適応　245
テスト・バッテリー　224
転移　137
投映法　217, 219, 220
統計的検定　237
統合失調症　21
統合失調症型パーソナリティ　28
洞察　137
当事者　190
闘争-逃走反応　204
島皮質　195
トークン・エコノミー法　121
ドーパミン　18, 37, 141, 199
ドーパミン仮説　71, 202
特性一致情動理論　27
特性不安　23
独立変数　236
時計描画検査（CDT）　222
ドット・プローブ課題　54
トップダウン処理　104
ドミナント・ストーリー　186
トラウマ　81
トラウマ反応　82
トロッコ問題　201

な　行

内在化問題　38
内側　195
内容分析　221
ナラティヴ　127
ナラティヴ・アプローチ　127, 179
ナラティヴ・セラピー　186
ナラティヴ・ベイスト・メディスン　185

二次障害　85, 98
日常生活を新しい視点で見直す　2
乳児観察　139
人間性心理学　123
人間に対する多様な見方　4
人間不信　87
認知　117, 154
認知行動療法　57, 92, 149
認知再構成法　40, 155
認知的再評価　201
認知的無意識　7
認知的要因　6
認知の歪み　87
認知療法　122, 152
ノルアドレナリン（ノルエピネフリン）　37

は 行

パーキンソン病　203
パーソナリティ　17
パーソナル・コンストラクト心理学　123
パーソンセンタード・アプローチ　163
＊パールズ（Perls, F. S.）　124
背側　194
バウムテスト　75
迫害妄想　67
発汗　205
発達障害　97
パニック症　49
＊パブロフ（Pavlov, I.）　120
場面の再現　87
反すう　159
反すう理論　40
反応内容　219
反応領域　219
被害妄想　67
光トポグラフィー　104
ひきこもり　51
非指示的療法　163, 164
皮質下　193
尾状核　197
ヒストグラム　233
ビッグ・ファイブ　17, 52

皮膚電気活動　205
描画テスト　220
病識の欠如　69
標準化　223, 232
標準誤差　240
標準得点　233
標準偏差　229, 232
病跡学　77
病態水準　74, 225
広場恐怖症　49
ファシリテーター　166
不安症　49
風景構成法　75
フェルトシフト　169
フォーカシング　169
フォーカシング指向心理療法　170
フォーカシング・ショートフォーム　171
副交感神経系　205
複雑性　85
腹側　194
腹内側前頭前皮質　55
不同感受性仮説　24
不登校　147
普遍的無意識　144
フラッシュバック　86
プリセラピー　167
＊フロイト（Freud, S.）　118
文化結合症候群　22
分析心理学　142
平均　229
＊ヘイリー（Haley, J.）　242
＊ベック（Beck, A.）　122
べてるの家　76
偏差値　233
弁証法的行動療法　156
扁桃体　37, 55, 89, 197, 198, 219
弁別刺激　121
ボーダーライン　145
母集団　223
ホットシート　124
ほどよい母親　139

257

ま行

- マインドフルネス　127, 172
- マインドフルネス認知療法　156
- マスター・セラピスト　242
- *マズロー（Maslow, A.）　123
- *マホーニー（Mahoney, M. J.）　122
- 未完結の経験　124
- 見立て　217
- 無意識　119
- 無作為化比較試験　145
- 無条件刺激　52, 120
- 無条件の肯定的配慮（眼差し）　165
- 無条件反応　120
- 無知の姿勢　186
- 無力感　87
- 無力感理論　10, 40
- 滅裂思考　68
- メンタライゼーション　145
- メンタライゼーションに基づく治療　145
- メンタルヘルス対策　47
- メンタルヘルス・リテラシー　245
- 妄想　67, 75
- もう一つの特徴　168
- モノアミン　203
- 物語　127
- 物語的認識　180
- 物語の支配　186
- 問題行動　88
- 問題の外在化　186

や行

- 薬物療法　92
- ヤコブセン症候群　99
- 病い　22
- 『夢判断』　119
- 養護教諭　147
- 幼児　88
- 陽性症状　68
- よき生き方　172

- 抑うつ障害（群）　34
- 欲動　134
- 四つのD　22
- 予防教育　108

ら・わ行

- ライフストーリー　181, 182
- ラカン派精神分析　140
- ラポール　215
- リージョン・スタディ　142
- 理性と感情の対立　200
- 理性と感情の融合　201
- リビドー　134
- リフレクション　164
- 臨床催眠　242
- 臨床尺度　218
- 臨床心理学　2
- レジリエンス　183
- ローカス・オブ・コントロール　180
- *ロジャーズ（Rogers, C. R.）　123, 164
- 論理科学的認識　180
- 論理療法　122
- ワーキングメモリー指標　222

アルファベット

- ABC分析　102, 151
- Athlete First　212
- BDI-II ベック抑うつ質問票　35
- BPSD　222
- DSM-5 →精神疾患の診断・統計マニュアル
- EMDR　92
- EXPスケール　169
- FKBP5　83
- HPA軸　38, 83, 207
- HTPPテスト　220
- MMPI　218
- MRI　70
- National Athletic Trainers' Association　211
- talking cure　119
- WISC　221

《執筆者紹介》

藤田哲也（ふじた　てつや・監修者，監修者あとがき）
　法政大学文学部　教授

串崎真志（くしざき　まさし・編者，第0章，第1章，第2章，トピック7，編者あとがき）
　関西大学文学部　教授

佐藤　寛（さとう　ひろし・第2章）
　関西学院大学文学部　教授

守谷　順（もりや　じゅん・第3章）
　関西大学社会学部　教授

平尾和之（ひらお　かずゆき・第4章）
　京都文教大学臨床心理学部・大学院臨床心理学研究科　教授

藤澤隆史（ふじさわ　たかし・第5章）
　福井大学子どものこころの発達研究センター　特命講師

望月直人（もちづき　なおと・第6章）
　大阪大学キャンパスライフ健康支援センター　准教授

菅村玄二（すがむら　げんじ・第7章）
　関西大学文学部　教授

成田慶一（なりた　けいいち・第8章）
　京都大学医学部附属病院臨床研究総合センター　特定研究員／Pacifica Graduate Institute Visiting Scholar

山本哲也（やまもと　てつや・第9章）
　徳島大学大学院社会産業理工学研究部　准教授

河﨑俊博（かわさき　としひろ・第10章）
　京都橘大学総合心理学部　助教

野村晴夫（のむら　はるお・第11章）
　大阪大学大学院人間科学研究科　教授

福島宏器（ふくしま　ひろかた・第12章）
　関西大学社会学部　教授

上西裕之（うえにし　ひろゆき・第13章）
　関西大学心理臨床センター　相談員

脇田貴文（わきた　たかふみ・第14章）
　　関西大学社会学部　教授

田中優子（たなか　ゆうこ・トピック１）
　　帝塚山学院大学大学院人間科学研究科　講師

姫田知子（ひめだ　ともこ・トピック２）
　　四国大学短期大学部幼児教育保育科　准教授

村上祐介（むらかみ　ゆうすけ・トピック３）
　　関西大学文学部　准教授

平井美幸（ひらい　みゆき・トピック４）
　　大阪教育大学大学院連合教職実践研究科　講師

水野治久（みずの　はるひさ・トピック４）
　　大阪教育大学大学院連合教職実践研究科　教授

目黒達哉（めぐろ　たつや・トピック５）
　　同朋大学社会福祉学部　教授

秀泰二郎（ひで　たいじろう・トピック６）
　　福岡大学学生部　教育技術嘱託職員（アスレティックトレーナー）

絶対役立つ臨床心理学
――カウンセラーを目指さないあなたにも――

2016年9月20日	初版第1刷発行	〈検印省略〉
2024年2月25日	初版第8刷発行	定価はカバーに表示しています

監修者　藤　田　哲　也
編著者　串　崎　真　志
発行者　杉　田　啓　三
印刷者　田　中　雅　博

発行所　株式会社　ミネルヴァ書房
607-8494　京都市山科区日ノ岡堤谷町1
電話代表　(075) 581-5191
振替口座　01020-0-8076

Ⓒ藤田・串崎ほか，2016　　創栄図書印刷・吉田三誠堂製本

ISBN978-4-623-07795-3
Printed in Japan

絶対役立つ社会心理学──日常の中の「あるある」と「なるほど」を探す
藤田哲也 監修　村井潤一郎 編著　Ａ５判　256頁　本体2500円
古典的な研究から最新の研究までを踏まえ，自分・他者・社会について多様な視点から考える。

絶対役立つ教養の心理学──人生を有意義にすごすために
藤田哲也 編著　Ａ５判　226頁　本体2500円
心理学の知見の持つ意味や，実生活の中でそれがどのように役立つのかを具体的に解説する。

絶対役立つ教養の心理学 展開編──人生をさらに有意義にすごすために
藤田哲也 編著　Ａ５判　226頁　本体2800円
教育・言語・認知・脳・感情・キャリア・集団・スポーツの各分野ごとに解説する。

絶対役立つ教育心理学〔第２版〕──実践の理論、理論を実践
藤田哲也 編著　Ａ５判　272頁　本体2800円
心理学の理論や知見が教育現場でどのように活用できるかを徹底的に分かりやすく解説。

絶対役立つ教育相談──学校現場の今に向き合う
藤田哲也 監修　水野治久・本田真大・串崎真志 編著　Ａ５判　202頁　本体2200円
教育相談で課題となる主要なトピックを取り上げ，実践例も挙げながらわかりやすく解説。

社会でいきる心理学
増地あゆみ 編著　Ａ５判　274頁　本体2500円
社会で生きる私たちの心と行動を解き明かす手がかりとして，心理学の知見を活かすための本。

いちばんはじめに読む心理学の本①
臨床心理学──全体的存在として人間を理解する
伊藤良子 編著　Ａ５判　256頁　本体2500円
臨床心理学を学ぶのに最低限必要な知識や概念，考え方，かまえを身につけるための本。

よくわかる臨床心理学〔改訂新版〕
下山晴彦 編　Ｂ５判　312頁　本体3000円
再構築されつつある新しい臨床心理学のあり方をわかりやすく解説する。

エッセンシャル臨床心理学──30章で学ぶこころの謎
氏原 寛・東山紘久 著　Ａ５判　256頁　本体2800円
人のこころのありように向かい合うための学問である臨床心理学を学ぶ30章。

臨床心理学への招待〔第２版〕
野島一彦 編著　Ａ５判　274頁　本体2600円
発展とともに細分化・専門化の進む臨床心理学を学ぶための実践的なテキスト。

──── ミネルヴァ書房 ────
https://www.minervashobo.co.jp/